幼儿教师说课技能

主编◎朱乾娜　田　甜

中国书籍出版社
China Book Press

本书编委会

主　编　朱乾娜　田　甜
副主编　徐献红　王金芳　金　敏

前 言

说课这一形式自中小学逐步发展到幼儿园，对于提高幼儿教师的专业素质和教育教学质量有积极的意义，因此，被广泛应用于幼儿园日常教研、在职幼儿教师培训、幼儿教师教学技能比赛等活动中。在各级各类的幼师院校中，说课也是学生必须掌握的教学技能之一。不管是职前还是职后幼儿教师，都有必要掌握说课的理论和技能。但是职前、职后幼儿教师进行说课准备时，所查阅到的大多是中小学教师的说课书籍，或是零散分布于网络、杂志上的一篇篇具体的说课稿，所获得的幼儿园说课理论和技能内容系统性不强。在此背景下，多位长期从事学前教育工作的高校教师，共同协力完成《幼儿教师说课技能》这本教材，以期对职前、职后幼儿教师有所帮助。

本书为师范院校学前教育专业职业能力基础课程教材。打破了传统课程过分理论化的倾向，在教学内容的组织方面，突破了传统的按章节来设计教学内容的程式化教材模式，采用了"项目"和"任务"来建构学习内容。每个项目下有对应的学习任务来支撑，通过"问题情境—基本知识—设计与实施—思考与练习"4个教学程序来实现教学目标，注重理论和实践相结合，实用性和操作性强。本书设置的大量案例改变了传统书本只注重知识、不注重能力培养的倾向，使读者真正掌握和具备幼儿园说课的知识、能力和素质，为读者的可持续发展奠定了良好基础。

本书共有五个项目。项目一主要介绍幼儿园说课的含义、类型、原则、意义等理论内容；项目二是本书的重点部分，详细介绍了幼儿园说课基本内容的每一方面，不仅有理论分析还有技能训练，力求使读者尽快把握如何设计五大领域的说课；项目三结合幼儿园说课案例分析了如何制作说课课件，这也是本书的特色之一；项目四阐述了幼儿园说课评价，为教师进行说课评价作指导；项目五精选了五大领域各个年龄阶段的说课稿，供读者参考。

本书的整体架构、纲目拟定和修改由朱乾娜、田甜完成，朱乾娜、田甜担任主编，徐献红、王金芳、金敏担任副主编。具体编写分工如下：金敏编写项目一，朱乾娜、田甜、金敏、王金芳编写项目二，朱乾娜编写项目三，田甜编写项目四，朱乾娜、田甜、徐献红、王金芳、金敏编写项目五。

本书在编写的过程中引用并参考了一些专家及网站、报刊的观点、案例和资料，不及注出，在此一并表示诚挚的谢意！

由于知识水平和经验有限，加上时间仓促，疏漏之处恳请各位专家、学者及读者批评指正，以便不断完善。

编 者

2019 年 1 月

目 录

项目一　说课概述 ·· 1
　任务 1　说课的基本知识 ·· 1
　任务 2　幼儿园说课 ··· 15

项目二　幼儿教师说课内容 ·· 25
　任务 1　说教学内容 ··· 25
　任务 2　说活动目标 ··· 34
　任务 3　说活动准备 ··· 42
　任务 4　说教法与学法 ·· 49
　任务 5　说活动过程 ··· 61

项目三　说课中多媒体课件的制作与运用 ······································ 108
　任务 1　多媒体课件设计与制作基础 ·· 108
　任务 2　多媒体课件制作素材处理 ··· 116
　任务 3　幼儿教师说课课件设计案例 ·· 131

项目四　说课评价 ··· 135
　任务 1　说课评价概述 ··· 135
　任务 2　说课评价实施 ··· 140

项目五　幼儿园说课案例 …………………………………………… 146
　任务1　健康领域 ………………………………………………… 146
　任务2　语言领域 ………………………………………………… 154
　任务3　社会领域 ………………………………………………… 163
　任务4　科学领域 ………………………………………………… 172
　任务5　艺术领域 ………………………………………………… 180

附录一　《3~6岁儿童学习与发展指南》 ………………………………… 188
附录二　教育部关于印发《幼儿园教育指导纲要（试行）》的通知 …… 213
附录三　《幼儿园教师专业标准（试行）》全文 ………………………… 222
主要参考文献 ……………………………………………………………… 226

项目一 说课概述

任务1 说课的基本知识

问题情境

现在在一些招教面试和技能大赛上,经常用到说课这种面试考核形式,因为说课能在短时间内考察出教师的教育教学能力。但是,参加说课的学生或老师通常会出现一些问题,如有的不清楚说课和上课的区别;有的认为说课就是把教案给大家讲讲;有的生搬硬套所谓的说课模板,结果内容与课题不符。所以,想说好课,得先了解说课的基本原理,这是说好课的第一步。

表1.1 教学任务一览表

基本知识	1.了解说课的产生、内涵、特点和类型。 2.掌握说课的基本模式和基本内容。 3.清楚说课与上课、备课之间的区别。
思考与练习	1.请思考说课与上课之间的区别。 2.请谈谈说课对教师和教学有什么意义。

基本知识

一、说课的产生

自有教育以来,教师备课、上课,基本上是一种个体活动。就当初教育的规模及教育的要求来说,这一种个体活动的方式尚能适应。当前,无论是现代社会对教育的要求,还是教育自身的发展,都需要迫切改变传统学校里那种权威式的传授知识的方式。未来教育将是一种要求更高的、发展更快的、更需要合作的、全社会的、跨学科性的、终身的、借助信息技术的综合性科学,学校教育要适应这种发展的需要,必须变更传统的方法,注入现代教育科学的理论和方法。

20世纪50年代,为了适应我国教育恢复和发展的需要,在一些学校中,开展了教研组定人、定时间、定内容的备课活动,为教师钻研教材、切磋教法创造了一个良好的研究气氛，提高了教师的备课质量和课堂教学质量，推动了教育的发展，适应了当时社会发展对学校教育的要求，孕育了"说课"的雏形。

20世纪80年代，社会对教育的发展提出了更多、更高的要求。如何在实践中提高教师的素质，帮助教师把握教材上好课？如何改变中、小学教师只"教"不"研"的状态？如何使教师适应现代教育技术发展的需要？"说课"活动应运而生，适应了这种发展的需要。

说课，作为一种教学、教研改革的手段，最早是由河南省新乡市红旗区教研室提出来的。1987年6月底，为参加"市教坛新秀"的评比，红旗区教研室需要选出本区的参赛选手，但因当时已到期末，课程已经结束，还用上课评选的方法已经不可能。于是，有人提出让有关教师说一说教学设计，其他教师听一听，评一评。这样做了之后，大家认为通过说教学设计基本可以体现出教师的业务素质、知识水平和教学能力，并且这种方法省时高效，简便易行。于是借鉴戏剧界导演给演员说戏的说法，就把这种教研活动取名为"说课"。红旗区教委及时抓住这次偶然，经过几年的试验研究和推广，最后完成了由偶然到必然、由感性到理性、由自发到自觉的过程，形成了一套完整的说课体系。

经过近30年的发展，如今，说课被广泛地应用于学校日常教研和教师培训与评比活动中。特别是，师范院校已把说课列为师范生必须掌握的一项教学技能。在全国各省市及学校的教师招聘中，也把说课作为面试教师的一种方式。

二、说课的内涵

什么是说课？对此有不同的界定。下面介绍几种。

1. 从内容上定义

说课就是让对教材的某章节有准备的教师，根据课程标准、教学理论，对教材内容、教学目标、教法、学法、教学过程等方面的内容进行全面地设计与叙述，不仅要层次清晰地说明这节课怎样教，而且要简练、精辟地揭示这节课为什么要这样教，然后由评委评说，提出改正意见，再由授课教师修改，改善其教学设计的教研形式。

2. 从操作环节定义

说课是教师在备课基础上，在授课前，对领导、同行或评委主要用口头语言讲解具体授课的教学设想及其依据的一种教研活动，它是教师将教材理解、教法及学法设计转化为"教学活动"的一种课前预演。

3. 从组织形式定义

说课是教师主要用口头语言对自身的教学设计、教学实施等情况进行分析和说明的教学行为。它作为教师职业活动中的基本构成部分，是课堂教学行为的延伸与扩展，是教师总结教学经验、发现教学问题、提升教学智慧的重要手段和桥梁。说课有两个突出特点：一是隐性认识显性化，二是显性行为隐性化。

总而言之，说课就是教师以教育教学理论为指导，在精心备课的基础上，面对同行、领导或者教学研究人员，用口头语言和有关的辅助手段阐述某一学科课程或某一具体课题的教学设计，并与听课者一起就课程目标的达成、教学流程的安排、重点难点的把握及教学效果与质量的评价等方面进行预测或反思，通过共同研讨进一步改进和优化教学设计的教学研究过程。

说课是课堂教学研究活动中的一个基础环节，也是贯穿整个教学研究过程中的一个常规内容，常常和上课、评课联系在一起。说课能促使上课者用教育教学理论观注课堂，提升理论修养。说课首在交流，重在分析，凸显智慧。

三、说课的特点

1. 理论性

说课不但要求教师说出"教什么"和"怎样教"，更要求说清楚"为什么这样教"。这个"为什么这样教"，就是"说理"，它使得说课具备很强的理论性。因为要对"为什么这样教"作出解释，教师就必须综合运用教育学、心理学和教学法等教育教学理论知识去阐明内中的道理。

2. 合理性

说课中的教学环节设计，必须要符合教学实际。也就是说，不仅要能说出来，而且要在课堂教学中实施。无论是对教材的分析处理，还是对教学方法的选择创新，无论是对教学手段的筛选应用，还是对评价手段的探究实践等，都必须说出合理的依据，摆出充分的理由。

3. 综合性

说课需要说课者从教材、教法、学法、教学手段、教学程序、评价方式、板书设计甚至精彩教学片段等多方面说明自己的操作办法和实施理由，其综合性既体现在说课环节的多样化，也表现在说课者素质的全面化等方面。

4. 灵活性

说课，所说的是针对教学活动正常实施的情况。然而，我们在教学实践中，难免会遇到备课时意料之外的情况，比如对学生情况的估计偏差，对教材内容的分析欠缺，对实际生活的联系不紧等，那么就需要教师在说课中体现对临场异常情况的处理办法，也就是针对具体学情，采取行之有效的措施。

四、说课的类型

说课，作为教学研究活动中的一个重要组成部分，因活动目的、要求不同，常有不同的分类方法。宏观来分，可以分为学科课程、课程目标、学科教材和课程资源利用等。具体来分，主要有课堂教学实施过程的设计策略和流程。

在一线的教研活动中，常见的说课类型有研究型说课、示范型说课、评比型说课和主题型说课四种类型。

（一）研究型说课

研究性说课通常是指以教研组或年级备课组为单位，以集体备课的形式，先由一位教师事先准备讲稿，然后对组内教师进行解说，之后由听课教师评议的教研说课。

这样的说课一般和上课紧紧联系在一起。所以，又可以分为课前说课和课后说课。

1. 课前说课

就是教师在认真研读教材、领会编写意图、分析教学资源、初步完成教学设计基础上的一种说课形式，是教师个体深层次备课后的一种教学预演活动。在研修活动中，课前说课，可以给听课者一个整体思路，便于有目的地听课。

2. 课后说课

就是教师按照既定的教学设计进行上课，并在上课后向听课教师或教学研究人员阐述自己教学思路及教后得失的一种说课形式。课后说课，既能促进上课者思考，也能让听课者对教者的思路及教学得失有更加清晰的认识，便于上课者改进教学。

（二）示范型说课

是指由一些素质较好的优秀教师承担进行的、具有一定的指导与导向功能的说课。这类说课还常常要求说课教师将说课内容付诸课堂教学，然后组织专家对说课及课堂教学进行客观系统地评析。这类说课对教学改革的方向具有较强的指向与示范作用，同时，也是培养教学骨干的重要途径。

（三）评比型说课

就是把说课作为教师教学业务评比的内容或一个项目，对教师运用教育教学理论的能力、理解课程标准和教材的实际水平、教学流程的设计的科学性和合理性等做出客观公正的评判的活动方式。它既是发现和遴选优秀教师的一种评比方法，也是以此带动教师队伍建设、促进教师专业发展的有效途径。

（四）主题型说课

就是以教育教学工作中遇到的重点、难点问题或热点问题为主题，引导教师在进行一段时间实践和探索的基础上，用说课的方式向其他教师、专家和领导汇报研究成果的教育教学研究活动。这是一种更深入的问题研究活动，有助于教学问题的解决。

五、说课的基本模式

说课的模式有"三说"、"四说"、"五说"、"六说"、"七说"等五种，目前常见的主要是"四说"与"五说"模式，相对新潮的是"七说"模式。

1. "三说"

这种说课模式的方法，是把整个说课内容分作"说教材"、"说教学程序设计"和"说板书"三个部分。这种说课模式所反映的是比较常规的教学模式，适用于常规教研活动。

2. "四说"

这种说课模式的方法，是把整个说课内容分作"说教材"、"说教法"、"说学法"、"说教学程序"，称为"四说"。这是最基本的一种说课模式。

3. "五说"

这种说课模式的方法，是把整个说课内容分作"说教材"、"说教学方式"(即教法和学法)、"说教学手段"、"说教学过程"、"说板书设计"。

4. "六说"

所谓"六说"，即"说教材"、"说教法"、"说学法"、"说教学程序"、"说板书（或练习）"，同时在"说教材"与"说教法"之间，插进概括陈述整堂课设计的指导思想和着重注意体现的一些问题。

5. "七说"

所谓"七说"，即是"说教学目标"、"说教材的重点和难点"、"说教法"、"说学法"、"说教学手段"、"说教学评价"、"说精彩教学片段"。

六、说课的基本内容

说课的基本内容包括两个方面：一是说一门课，二是说一节课。

（一）说一门课

其主要包括以下几个方面。

1. 说课程设置

就是说课者在认真研读课程标准和教材的基础上，对教学内容进行全面精准地阐释。即说课程定位、性质与作用，课程对人才培养目标确定的学生职业能力培养和职业素养养成起主要支撑或明显促进作用，且与前、后课程衔接得当。在此基础上，说明如何安排课时。这其实就是对"教什么"和"怎么教"的全面思考和阐述。

2. 说学情

教学目标的定位，教学内容的确定，教学方法的选择，除了以课标和年段要求为依据，还要关注学生特点。学情，主要就是指学生的年龄特点及已有的知识和经验。说明任教学生的基础，包括学生的学习态度、学习兴趣、多数学生的学习习惯甚至学习方法，由此说明对重点、难点知识决定采取的教学起点。

3. 课程目标

在对教材有全面把握的基础上，按照课程标准提出的知识与能力、过程与方法、情感态度与价值观这样三个维度来制定准确的教学目标。即通过本课程，培养学生什么样的职业能力，达到什么样的水平，拥有什么样的专业技能、专业素质、职业道德等。

需要说明的是，课标提出的三个维度目标，不是截然分开、并行实现的，而是交汇融合的，所以不要分别从知识能力、过程方法、情感态度价值观三个方面表述目标。

4. 教学内容

根据行业企业发展需要和完成职业岗位实际工作任务所需要的知识、能力、素质要求，选取教学内容，并为学生可持续发展奠定良好的基础。基础课要突出专业、学生的针对性。

同时要遵循学生职业能力培养的基本规律，以真实工作任务及其工作过程为依据整合、序化教学内容，科学设计学习性工作任务，教、学、做结合，理论与实践一体化，实训、实习等教学环节设计合理。基础课要遵循高职教育教学规律，实施科学组织和安排。

还要选用先进、适用教材，与行业企业合作编写工学结合的特色教材；课件、案例、习题、实训实习项目、学习指南等教学相关资料齐全，符合课程设计要求，满足网络课程教学需要。

5. 教学方法与手段

主要是说明"怎样教"和"为什么这样教"以及学生要"怎样学"和"为什么这样学"，即教师教的方法及学生学的方法。

教学方法要根据教材内容和学生特点，依据课标理论恰当选择。既要说教的方法，也要说学的方法。要对常用的接受式、合作式、探究式、自主式、情景式等方法进行优化组合。一堂课的教学方法，往往是若干教学方法的融合。

而教学手段则是信息技术的应用，即运用现代教育技术和虚拟现实技术，建立虚拟社会、虚拟企业、虚拟车间、虚拟项目等仿真教学环境，优化教学过程，提高教学质量和效率，取得实效。

6. 教学条件

（1）师资队伍。

第一，教师水平，如师德、能力与水平。师德高尚、治学严谨；执教能力强，教学效果好，参与和承担教育研究或教学改革项目，成果显著；与企业联系密切，参与校企合作或相关专业技术服务项目，成效明显，并在行业企业有一定影响。今后的努力方向明确，规划科学，举措可行。

第二，教学队伍结构，如"双师"结构、专兼职比例。专任教师中"双师"素质教师和有企业经历的教师比例、专业教师中来自行业企业的兼职教师比例符合课程性质和教学实施的要求；行业企业兼职教师承担有适当比例的课程教学任务，特别是主要的实践教学任务。建设思路明确，规划科学，举措可行。

（2）实践条件。

第一，校内实训条件。实训基地由行业企业与学校共同参与建设，能够满足课程生产性实训或仿真实训的需要，设备、设施利用率高。说课人参与校内实训基地建设的积极性高，思路明确，规划科学，举措可行。

第二，校外实习环境。与校内实训基地统筹规划，布点合理，功能明确，为课程的实践教学提供真实的工程环境，能够满足学生了解企业实际、体验企业文化的需要。说课人参与校外实训基地建设的积极性高，思路明确，规划科学，举措可行。

7. 教学评价

课程考核与评价，如何评价教学效果，期末考试、大作业、考证等。

8. 特色

本课程的特色与创新。

（二）说一节课

其主要包括以下几个方面。

1. 说本课内容

在教学过程中，每一课时教案所包含的内容是不同的，它们在每一学科的知识体系中的地位及其作用也是不同的，有些课时所含的教学内容极其重要，与今后授课的内容相关密切，是阶段性的关键点，甚至是本教材的重点内容，起着承上启下的作用，教师如何认识每一课时教案在学科教学中的地位，进而如何对学生进行学习指导至关重要，我们一些有经验的老教师为什么能称之为"把关"老师，也就是因为他们熟悉了学科知识体系中的要点和关键，并善于抓住这些知识关键点来指导学生，从而达到事半功倍的教育效果，确保教学质量。分清每一课时教案内容在学科知识体系中的地位及其作用，是青年教师必须下功夫掌握的一项极其重要的基本功。

2. 说课结构和目标

在有限的课堂教学时间中，掌握课堂教学目标是教师的基本功，实现课堂教学目标是很有讲究的，如何突出重点、掌握要点，如何化解难点、巩固知识，如何复习旧课、导入新课，如何演绎示范、归纳总结，如何提问设问、布置练习，都有一个时间合理安排问题，一节好的课离不开一个好的课时结构，要使每一课时的各个教育环节均能恰到好处，合理分配课堂教学时间尤为突出，作为说课者，必须紧紧围绕课堂教学目标，在说课过程中，体现课时结构，反映各个教学环节的时间分配。

3. 说教学重点、难点

每一课时的教学内容一般来讲都有自己独特的教学要点需要学生掌握，要让学生把握好一节课的教学内容，必须突出重点，从而起到提纲挈领的效果，便于学生掌握。在教学过程中，每一课时又往往有一些知识点学生难以明确、掌握，作为教师必须从学生的实际出发，把握重点、要点，找出难点，化解难点以达到预期的教学目的。这些都需要"说课"教师在说课过程中掌握并说清如何在教学过程中体现。

4. 说教学方法与手段

在课堂教学目标确定之后，用什么方法和手段实现课堂教学目标极为重要，它要求"说课"者根据教学要求和所教对象，说清如何运用相应的教学方法来完成教学任务，并运用何种教学手段，来强化教学目标的重点、要点，化解难点，使学生掌握所教知识。俗话说，"教无成法，但教要得法"，充分说明了教学方法不是一成不变的，每一种教学方法都有它们的合理性和科学性，在同一课时中，教学方法可以多样变化，但教学方法的多样性，必须和教学效果相一致。

5. 说教学过程

教学过程设计，很能反映一个教师的教学风格、个性特征、教学水平等。说教学过程就是阐释一堂课的教学环节和教学流程的安排，包括导入、新授、练习、总结以及这些环节中何时采用何种方法，比如质疑、讨论、合作、探究等。

在说教学过程中，要"说明怎么教"和"为什么这样教"。在评比型说课中，一般还要说出板书设计。

6. 说教学反思

不是所有的说课都要说反思，一般在课后要说出自己的上课反思。反思就是对教学得失进行及时地总结与分析，并提出自己的困惑。

说课应注意以下几点。

（1）要在个人钻研教材的基础上，写成说课稿。说课稿不宜过长，时间应控制在10~20分钟之内为宜。

（2）说课与授课、说课稿与教案有一定的联系，但又有明显的区别，不应混为一谈。教案多是教学具体过程的罗列，而说课稿侧重于有针对性的理论指导的阐述；教案只说"怎样教"，而说课稿重点说清"为什么要这样教"。说课稿是教案的深化、扩展与完善。

（3）说课的理论依据，要随说课的步骤提出，使教例与教理水乳交融，有机结合；要避免穿靴戴帽式的集中"说理"，造成教例与教理油水分离。

七、说课中要注意的几点要求

除了上述的要求以外，说课还要注意以下几点。

1. 要重视课程标准

课程标准（教学大纲）本身既是重要的说课内容，又是说课内容和说明为什么要这样教的重要依据。因此，教师在准备说课的过程中，必须学习和钻研课程标准，说课中必须重视"说"课程标准。一要说课程标准对本节课内容的基本要求；二要说课程标准中规定的对学生的能力要求；三要说本节课内容应该贯彻课程标准中规定的哪些教学原则，可以采用课程标准中要求的哪些教学方法。

2. 要说到有关理论

只有在正确理论指导下的实践才是自觉的、有实效的实践。说课中的说"理"，不能是为理论而理论，那些生拉硬扯、牵强附会的"理论"是没有用处的。我们要的是与说课紧密相关的教育科学理论，包括教育学、心理学、系统论、教学论等，要用先进的、科学的理论指导教学，充实、完善、提高说课的科学性、实用性与可行性，增加其深广度和可信度。

3. 要说得有程序

按照一定程序科学地排列各项说课内容，这是说课的基本要求。从说课顺序的排列，往往可以看出一个教师认真、严谨的工作态度，慎密细致的思维风格和雄厚扎实的业务功底。当然说课内容的顺序安排是没有固定模式的，根据对教材处理的思路而定，不可强求一律。但最起码要做到逻辑严密、层次清楚、顺理成章、思路明晰。

4. 要突出可操作性

虽然说课是独立于课堂教学的教研活动，但它却不能脱离教学，它是课堂教学的前奏。说课是为了提高课堂教学效率，优化课堂教学而"说"，是对教学活动的思想、过程、方法、手段的根本指导，要体现教学目标与教学手段的一致性，说清如何指导、引导、辅导学生质疑的具体操作过程，说课中的引例，要体现举一反三的特点。如果说课与教学相脱离，仅仅是为说而说，那只能是纸上谈兵，是没有实用价值的。

5. 要说出个性特点

同一篇教材，因时期不同、学校不同、学生情况不同，加上教师自身的性别、年龄、性格、知识结构、社会阅历、教学优势等特点，对教材从宏观的整体把握到微观的具体处理都应当有所不同。说课切忌照搬他人、人云亦云，要说好课，就要精心构思，要找准切入点，抓重点、抓关键，讲究创新，体现自己的个性特点，有自己的独到之处。要明确一点，说课是说给同行、专家、领导听的，是说如何上课，而不是简单介绍上课的内容，更不是上课给他们听的。

6. 要着重体现五个意识

（1）课程意识。即所教的课程、具体的章节、内容和培养目标的关系。要说说如何研究学生、研究教材、研究教法、确定教学的基本思路。要说清教什么、怎样教，还要说透如何贯彻帮助学生"获取知识，提高素质，发展智力，培养能力"这一教育教学原则。

（2）育人意识。不管哪一门功课，都有育人的任务。思想教育的内容涉及到许多方面，既寓于教材之中，也寓于知识传授和能力培养之中。要有机地结合教材内容，渗透思想教育，但也不能太牵强。

（3）头尾意识。说课像写文章一样，讲究凤头豹尾。开头要开得漂亮，能吸引听者；结尾要收得有力，能让听者有所回味。要做到这点，就必须认真分析、处理教材，精心设计教学过程。语言简洁、生动，要紧扣说课中心。结尾时可概括要点，给听者以深省。

（4）分层意识。说课应体现"特殊性"，即充分体现班级、学生的特点。学生是分层次的，在说课中要体现全面和重点相结合，分层推进，包括设计不同程度的要求，不同阶梯难度的练习，分层解决重点、突破难点的过程。

（5）创新意识。我们常说教学有法却不可拘泥于成法，说课也一样，说课有规更不能囿于成规，应因时、因地、因人的不同，勇于实践，敢于创新，创造出自己的有效、实用、有特色的说课方式、方法，不断丰富、充实说课活动。

八、说课与备课、上课的关系

（一）备课与说课

备课是教师在吃透教材、掌握教学大纲的基础上精心写出的教案。它有明确的教学目标，具体的教学内容，有连贯而清晰的教学步骤，有启发学生积极思维的教学方法，有板书设计和目标测试题等。

说课，则是教师在总体把握教材内容的基础上，说出在教学过程中，教师对各个环节具体操作的想法和步骤，以及这些想法和采用这些步骤的理论依据。简单地说，说课主要是回答了自己为什么这样备课的问题。因此，说课教师不能只按照自己写好的教案把上课的环节作简单概述。

1. 说课与备课的相同点

（1）目的相同，都为上课服务，同属课前准备。

（2）所涉及内容基本一致，因为说课是深层次备课后的展示活动。

2. 说课与备课的区别

（1）备课着重研究教学中"教什么"、"怎样教"等教学内容和实施技术问题。说课除上述两点外，还要研究"为什么这样教"的问题。

（2）备课是教师个体进行的静态的教学研究行为，是隐性的思维活动。说课是教师集体共同开展的一种动态的教学研究活动。说课者把个体备课中的隐性思维过程及其理论依据述说出来，大家共同探讨。

（3）备课是为了上课，以全面提高教学质量和促进学生发展为最终目的。说课是为了促进教师反思，改进和优化备课，以促进教师专业化成长为目的。

（二）说课与上课

上课是教师在特定的环境中，依据自己所编制的教案，实现教学目的、完成教学任务的过程。上课有具体的教学主体对象，有具体的师生配合过程，有一定的教学程序和具体的操作方法，是具体的教学实践活动。

说课则不同，这是由说课教师给特殊听众（教师）唱"独角戏"，是教师说给教师听的，它侧重于理论阐述。因为它带有相互学习、共同探讨教学方法、提高教学质量的性质，也可以说，它是集体备课的一种特殊形式。

1. 说课与上课的共同点

说课和上课是教学过程中具有紧密联系、互相促进的两个阶段。从内容来看，说课和上课的内容基本一致。说课中有关于"为什么这样教"的内容，虽不直接表现在教学中，但它对教学效果起到指导作用。

2. 说课与上课的区别

（1）对象不同：上课的对象是学生，说课的对象主要是同行。

（2）内容不同：上课是向学生传授知识、培养能力、熏陶情感的一种教学行为过程；说课是向同行分析教学内容，研讨教学设计的一种教学思维过程。

（3）研究侧重点不同：上课侧重于研究"教什么"和"怎样教"，主要是指教学过程的实施；说课更侧重于研究"为什么这样教"，主要是指为备课过程说理由。

九、说课应遵循的原则

近几年来，"说课"这一教研活动形式引起了教育界的广泛关注并得到了深入发展，无论从理论上还是时间上都探索并积累了不少有益的经验，正日渐成为提高教师素质的一条简捷、有效的途径。笔者认为，说课和其他形式教研活动的开展一样，也应该在一定的原则指导下进行。

1. 科学性原则——说课活动的前提

科学性原则是教学应遵循的基本原则，也是说课应遵循的基本原则，它是保证说课质量的前提和基础。科学性原则对说课的基本要求主要体现在以下几个方面。

（1）教材分析正确、透彻。

说课中，教师不仅要从微观上弄清、弄懂各知识点的内涵和外延，做到准确无误，更重要的是要从宏观上正确把握本节课教材内容在本学科、本年段的地位、作用以及本课内容的知识结构体系，深刻理解各知识点之间的关系。

（2）学情分析客观、准确，符合实际。

说课中教师要从学生学习本课的原有基础和现有困难两个方面分层次地、客观、准确地分析学情，为采取相应的教学对策提供可靠的依据。

（3）教学目的的确定符合大纲要求、教材内容和学生实际。

教学目的包括本节课的总目标与具体的基础知识目标、发展智能目标和思想教育目标，其确定都要与教材分析和学情分析保持高度的一致性，要有切实可行的落实途径。

（4）教法设计紧扣教学目的、符合课型特点和学科特点，可行性强。

说课中，教师既要说清本节课的总体构想以及依据，又要说清具体的教学设计，尤其是关于重点、难点知识的教法设计的构想及其依据，使教法设计思路清晰，具有较强的可操作性。

2. 理论联系实际原则——说课活动的灵魂

说课是说者向听者展示其对某节课教学设想的一种方式，是教学与研究相结合的一种活动。因此在说课活动中，说课人不仅要说清其教学构想，还要说清其构想的理论与实际两个方面的依据，将教育教学理论与课堂教学时间有机结合起来，做到理论与实践的高度统一。

（1）说课要有理论指导。

在说课中对教材的分析应以学科基础理论为指导，对学情的分析一概以教育学、心理学理论为指导，对教法的设计应以教学论和学科教学法为指导，力求所说内容言之有理、言之有据。

（2）教法设计应上升到理论高度。

教师在教学实践中，往往注意到对教法本身的探索、积累与运用，而忽略了将其总结上升到理论高度并使之系统化、规律化，因而淡化、浅化了教学实践的功能。说课中，教师应尽量把自己的每一个教法设计上升到教育、教学、理论高度并接受其检验。

（3）理论与实际要有机统一。

在说课中，既要避免空谈理论，脱离实际，"放之四海而皆准"；又要避免只谈做法不谈依据；还要避免为增加理论色彩而张冠李戴，理论与实际不一致、不吻合。要做到理论切合实际，实践是在理论指导下的实践，理论与实践高度统一。

3. 实效性原则

任何活动的开展，大都有其鲜明的目的，说课活动也不例外。说课的目的就是要通过"说课"这一简易、速成的形式或手段在短时间内集思广益，检验和提高教师的教学能力、教研能力，从而优化了课堂教学过程，提高课堂教学效率。因此，"实效性"就成了说课活动的核心。为保证每一次说课活动都能达到预期目的、收到客观实效，至少要做到以下几点。

（1）目的明确。

大体上，说课可用于检查、研究、评价、示范等几种目的。一般来说，检查性说课主要用于领导检查教师的备课情况；研究性说课主要用于同行之间切磋教法；评价性说课主要用于教学评比、竞赛活动；示范性说课则是为了给教师树立说课的样板，供其学习、参考。在开展说课活动前，首先要明确目的，也就是将要开展的是哪一类型的说课活动，以便做好相应的准备工作。

（2）针对性强。

这主要是针对检查性、研究性两种说课活动而言。检查性说课一般来说主要针对以下问题：教师的工作态度，教师的专业知识，教师的教学能力，教师的教研能力；研究性说课应主要针对承上启下的课节，知识难度较大的课节，结构复杂的课节以及同科教师之间意见分歧较大的课节等。只有加强了说课的针对性，才便于评说的准备和对问题的集中研究与解决。

(3) 准备充分。

说课前，说课人和评说人都围绕本次说课活动的目的进行系统地准备，认真钻研大纲和教材，分析学情，做到有的放矢。说课人还要写出条理清楚、有理有据、重点突出、言简意赅的说课稿。

(4) 评说准确。

评说要科学准确，指导性强。说课人说完之后，参加评说的人员要积极发言，抓住教学理论上的重大问题和教学中带有倾向性、普遍性、规律性的问题进行重点评说。主持人还应该将已达成的共识和仍存在分歧的问题分别予以归纳总结，以便在教学中贯彻执行或今后继续进行研究。

4. 创新性原则——说课活动的生命线

说课是深层次的教研活动，是教师将教学构想转化为教学活动之前的一种课前预演，其本身也是集体备课，尤其是研究性说课，其实质就是集体备课。在说课活动中，说课人一方面要立足自己的教学特长、教学风格，另一方面更要借助有同行、专家参与评说、众人共同研究的良好机会，树立创新的意识和勇气，大胆假设，小心求证，探索出新的教学思路和方法，从而不断提高自己的业务水平，进而不断提高教学质量。只有在说课中不断发现新问题、解决新问题，才能使说课活动永远"新鲜"，充满生机和活力。

十、说课的意义

1. 有利于教师的专业发展

说课，无疑是促进教师理性思考的教研形式，因为说课不仅要说教了什么，还要说出为什么这样教。为了使课上得合理，理说得明白，教师必须认真钻研大纲和教材，学习现代教育理论，吸收国内外已有的研究成果。教师要做有心人，注意积累自己在教学中的心得、经验和教训。这就必将提高教师自身的理论水平、创新意识和应变能力，把上课从知其然推向知其所以然的高度，并形成自己的特色和风格。

2. 有利于增强教研活动的实效性

以往的教研活动一般都停留在上几节课，再请几个人评评课的程度上。上课的老师处在一种完全被动的地位，听课的老师也不一定能理解授课教师的意图，导致教研实效低下。通过说课，让授课教师说说自己教学的意图，说说自己处理教材的方法和目的，让听课教师更加明白应该怎样去教，为什么要这样教，从而使教研的主题更明确，重点

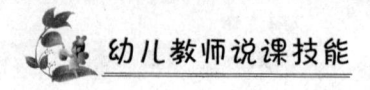

更突出，提高教研活动的实效。另外，我们还可以通过对某一专题的说课，统一思想认识，探讨教学方法，提高教学效率。

3. 有利于提高教师备课的质量

我们检查了很多教师的备课笔记，从总体上看教师的备课都是很认真的。但是我们的老师都只是简单地备怎样教，很少有人会去想为什么要这样备，备课缺乏理论依据，导致了备课质量不高。通过说课活动，可以引导教师去思考。思考为什么要这样教学，这就能从根本上提高教师备课的质量。

4. 有利于提高课堂教学的效率

教师通过说课，可以进一步明确教学的重点、难点，理清教学的思路。这样就可以克服教学中重点不突出、训练不到位等问题，提高课堂教学的效率。

5. 没有时间和场地等的限制

上课、听课等教研活动都要受时间和场地等的限制。说课则不同，它可以完全不受这些方面的限制，人多可以，人少也可以。时间也可长可短，非常灵活。

项目一 说课概述

任务2　幼儿园说课

问题情境

如前所述，说课最初产生于小学，后来发展到了幼儿园。在一次招聘幼儿教师的说课中，有的教师报完说课题目后，转身在黑板上板书课题名称。很显然，这是参考了中小学的说课要求。两者之间的说课确实有相似之处，但又因为幼儿独特的年龄特点，两者之间又有一些不同之处。这就需要大家来了解，幼儿园和中小学说课的联系和区别是什么？幼儿园说课中的"课"指的是什么活动形式？本节就此问题，引领大家学习幼儿园说课的内容和要求。

表1.2　教学任务一览表

基本知识	1. 了解幼儿园说课的内涵。 2. 掌握幼儿园说课的内容。
设计与实施	小班语言活动："下雨的时候"。 大班科学活动："风"。
思考与练习	1. 谈谈你是怎样理解说课的？ 2. 搜集一篇幼儿园说课稿，阅读并分析其说课内容。 3. 说课重在说理，说为什么这样教。对此，有的教师认为："说理"，就是从教育理论书上搬几句理论；"说依据"，就是从课程标准中找一些论述就可以了。你认为是这样吗？为什么？

基本知识

一、幼儿园说课的内涵

幼儿园说课的内涵包括幼儿园说课的广义与狭义界定。

从广义的角度看，幼儿园"说课"可以指向说各类教育活动，如说集体教学活动，说游戏活动，说区角活动，说主题活动等。

从狭义的角度看，幼儿园"说课"特指说集体教学活动。即教师有目的、有计划开展的、全体幼儿参与的活动。它以"游戏"情境和方法为手段，以幼儿全面发展为核心，以有效达成教师预设的目标为目的。

幼儿园把"课"称为教学活动，以体现幼儿学习的特点。确切地说，幼儿园说课应称为"说教学活动"，以突出幼儿教育的特点。但在教育实践中，沿袭了中小学"说课"

15

这一称谓。用"说课"来阐述幼儿园教学的相关问题比较符合大家的习惯。另外，本书从狭义的角度来阐述幼儿园的"说课"，不涉及说幼儿园其他类型的活动。

因此，把幼儿园说课内涵界定为：幼儿教师以教育教学理论为指导，在设计教学活动方案的基础上，向同行、领导或教学研究人员，用口头语言和相关辅助手段阐述对某一教学活动的设计及其理论依据。

二、幼儿园说课内容

说课内容是关乎于说什么的问题。幼儿园说课从中小学发展而来，因此它借鉴了中小学说课的模式。幼儿园教学有自身的特点和要求，突出体现在以下几点。

第一，幼儿园教学内容不像中小学必须来自于教材，教师可以根据幼儿的兴趣和需要设计教学内容。

第二，幼儿的学习对环境的依赖性很大，幼儿园教学中的情境创设及材料准备尤为重要。

第三，幼儿园教学设计中，有活动延伸这一项，要求教师将本次教学活动的内容延伸到其他活动中。

幼儿园说课大体有两种模式。

一种是同中小学的"四说"模式一样，内容包括"说教材"、"说教法"、"说学法"、"说教学程序"四部分。

还有一种是按照幼儿园教学活动设计内容所说的模式，包括"说教学内容"、"说教学目标（包括重点、难点）"、"说教学准备"、"说教法与学法"、"说教学过程设计"，最后，说"活动延伸"。

就第二种我们常用的这种模式，在这先来简单谈谈怎么写。

1. 说教学内容

即说清楚此次活动的内容是什么及为什么要选择这些内容。教师要说明题目来源，即从何而来、为何而选。如果你的活动是来自于主题的，讲清主题的内容及价值追求，本教材在主题中的地位、与主题内其他教材有无联系等。如果你的活动是来自于幼儿生活的，讲清为什么要从生活中选这个教材，要分析幼儿的年龄特点、心理特点、学习特点及其对促进幼儿发展的关系。如果你的活动是来自于独立教材，讲清教材本身的吸引力、分析教材的内在价值。

2. 说活动目标

说清楚：活动后希望达到的教学结果是什么？为什么这样确定？主要从知识技能、能力、情感态度等方面综合表达出来。

说明白：确立此目标的依据。如何依据教材内容（并结合发展目标和学情）来确定本活动的教学目标或任务。

3. 说重点难点

说本次教学的重点、难点，为什么要这样确立，怎样突出重点，以及突破的方法。

4. 说活动准备

说物质准备、知识经验准备以及为何要这样准备。

5. 说教法

说教法就是教师要说明"怎样教"、"为什么要这样教"的环节。

教师要说出在教育目标、教学内容确定之后，用什么方法、手段来实现。既要说出整个活动用什么教学形式及方法，是集体的、分组的还是个别进行的，更要说清为什么用这种形式方法、教师如何指导、为什么要这么指导等。教学方法种类繁多，尺度也不同。目前我们进行活动时，主要运用激情教学法、情景教学法、电教演示法、交流讨论法、互动法、操作法等教学方法，在一些艺术活动中也会用到审美熏陶法等。

6. 说学法

说学法就是说明幼儿要"怎样学"、"为什么这样学"的环节。

教师要说出教给幼儿哪些学习方法，培养幼儿哪些能力。教师在说学法时要说出活动中幼儿怎样学习、依据是什么；自己在活动中如何激发幼儿学习兴趣、引导幼儿积极探索的；还要讲出怎样根据班级特点和幼儿的年龄、心理特征，运用哪些教育教学规律指导幼儿进行学习的。在现在的幼儿园教学活动中常用多通道参与法、体验法、操作法、小组合作法、观察法等学习方法。

7. 说活动过程

说活动过程是说课的重点部分，它反映着教师的教学思想、教学个性与风格，也只有通过对活动过程设计的阐述，才能看到其活动安排是否合理、科学，是否具有艺术性。说活动过程就是说明整个活动的流程，即各个活动环节的实施过程。活动步骤的安排、方式方法的选择必须以活动目标为核心，而活动目标既依赖于整体的教育活动过程来实现，又以不同的侧重点分散实现于各个活动步骤，因此，教师必须分解活动目标，并分析各层次活动目标与各步骤及方式方法之间的适应性关系。

说活动过程要说出教学过程的整体安排。这种安排既体现在教材分析、教法设计和学法指导方面，又表现为可具体操作的程序。

(1) 引进课题（创设情景，导入新课），看选择的内容能否让幼儿进入新的课堂情景，看提出的问题是否服务于课堂重点，能否牵动全体幼儿的心；

(2) 讲授新课（据活动内容的教学目标、重点难点形成授课的思路）；

(3) 课堂练习（据教材知识点的示例，形成灵活多变的训练）；

(4) 内容小结。

8. 说活动延伸

教师要说出本次活动内容结束后，幼儿能否将其延伸到其他活动中，如游戏活动、家庭生活、社区生活中。因为一次完整的学习不是通过一次教学活动就能完成的,所以在活动结束时最好能让幼儿继续思考探索,或提出后续的行动要求。

设计与实施

案例1.1

小班语言活动:"下雨的时候"

小白兔在草地上蹦蹦跳跳,一会儿看看花,一会儿采采蘑菇,玩得真高兴。

忽然,刮起风,下起雨来了。小白兔急忙摘了一片大叶子,顶在头上,当作雨伞,这下可好了,淋不到雨了。它走呀走呀,看到前面走来一只小鸡,小鸡被雨淋得"叽叽叽"直叫,小白兔连忙叫:"小鸡,小鸡,快到叶子底下来吧!"小鸡说:"谢谢你,小白兔。"说着,就钻到叶子底下。

小白兔和小鸡一起顶着大叶子往前走,又看到一只小猫被雨淋得"喵喵喵"直叫。小白兔和小鸡一起叫:"小猫,小猫,快到叶子底下来吧!"小猫说:"谢谢你们!"说着,就走到叶子底下。

不一会儿,雨停了,太阳出来了。小白兔、小鸡和小猫三个好朋友在一起做游戏,玩得真高兴。

一、说教材

《下雨的时候》这个故事选用了小朋友熟悉而且喜欢的小动物小白兔、小鸡、小猫为角色,讲述了小白兔在下雨的时候想办法用树叶当伞,并且帮助小鸡和小猫的故事情节,既有趣又蕴含了许多的美德。现在的小朋友都是独生子女,个个以自我为中心,缺乏关心帮助他人的意识。《下雨的时候》这个故事既符合小班幼儿的年龄特点,又符合幼儿的现实需要。

二、说活动目标

《纲要》指出:要创造一个自由、宽松的语言交往环境,通过多种活动帮助幼儿加深对作品的体验和理解,发展幼儿语言的关键是创设一个能使他们想说、敢说、喜欢说、有机会说并能得到积极应答的环境。根据《纲要》精神和我班幼儿已有的能力实际、知识水平以及教材需要,我确定了本次活动的教学目标。

情感目标:体验帮助别人和被别人帮助的快乐。

知识目标:欣赏故事,初步理解故事内容。

技能目标:尝试用不同的语调和肢体动作表演角色间的对话。

三、说活动重难点

由于小班幼儿以具体形象思维能力为主,在故事教学中,我把知道故事名称,理解故事,体验帮助别人和被别人帮助的快乐作为本次活动的重点。语言的发展是反复练习、不断改正、逐步规范的过程，幼儿可以使用不同的语调表现角色语言，用语言的感情色彩表现故事的背景、情节发展和故事角色，因此我把尝试用不同的语调和肢体动作表演角色间的对话作为本活动的难点。

四、说活动准备

1. 物质准备

为幼儿准备了生动有趣的动画课件，小白兔、小鸡、小猫头饰。

2. 经验准备

在活动前让幼儿了解了下雨天需要的各种雨具。

五、说教法

为了有效地掌握重点、难点，我采用了视、听、讲、演相结合的方法。

"视"，是引导幼儿观察动画课件中的内容。

"听"，是引导幼儿倾听老师的语言启发、诱导。

"讲"是幼儿讲，满足幼儿说的愿望。

"演"是让幼儿表演故事中角色间的对话，满足幼儿乐于表现的愿望。

六、说学法

本次活动多采用游戏法，游戏是幼儿最喜欢的活动，能增强幼儿参与活动的兴趣，幼儿能在角色扮演中充分表现自我。还结合了观察法，通过观看课件让幼儿获得直接的印象。"结果前置提问法"是让幼儿在想像、创造性思维中自由自在地表达自己的看法，是练习说话的好机会。

七、说活动过程

根据本次活动的目标及重点难点，我将整个活动贯穿于游戏之中，把活动分为三个部分，设计以下教学程序。

1. 导入活动

猜谜游戏，激发幼儿活动的积极性。这一环节旨在短时间内吸引幼儿的注意力，充分调动幼儿的感官来感知游戏内容。

2. 理解故事，掌握学习方法

(1) 运用"结果前置"的提问方法，教师有感情地讲述第一遍故事。

在讲述故事时，教师不出示任何教具，是为了避免分散幼儿的注意力，引导幼儿在边倾听、边思考的过程中，初步感知故事内容。讲述完后提问："故事的名称是什么？""故事里有谁？"

(2) 观看动画课件，完整欣赏故事，渗透情感体验。

通过观看课件，结合故事情节，运用多种形式引导幼儿学说小白兔、小鸡、小猫之间的对话，如运用全体幼儿一起说、师幼分角色说、幼幼分角色说等不同的形式，充分调动了幼儿参与活动的积极性，其中还尝试用不同的语调和肢体动作来表现小动物的情感,从而内化为幼儿自己的行为。

(3) 再次欣赏课件,迁移故事主题。

通过观看课件,让幼儿获得"当遇到困难时,要学会想办法,学会关心、帮助他人,被别人帮助后要道谢"的一系列美德。

3. 游戏《找朋友》结束活动

整个活动贯穿于游戏之中,让幼儿感受更多的快乐。

八、说活动延伸

表演游戏:"下雨的时候"。教师提供道具、创设情境,引导幼儿扮演故事中的角色,用生动逼真的表演,促进幼儿想象力、创造力的发展。

续编故事:教师提供指导,幼儿借助直观的动物形象进行续编。

案例 1.2

大班科学活动:"风"

一、说教材

幼儿园《大纲》中指出,幼儿园科学教育的内容要从孩子身边取材,引导幼儿对身边常见的事物和现象的特点、变化产生兴趣和探究的欲望。科学教育的任务是:培养幼儿对科学的探索兴趣和爱好,重视探究能力的培养,教给幼儿主动探索的技能,发挥科学的教育作用。科学活动"风"就很好地落实了这一教育任务。

二、说活动目标

1. 知识目标:引导幼儿在活动过程中感知风的存在,包括快慢、强弱。

2. 能力目标:发展幼儿的观察力、记忆力、想象力和创造力。

3. 情感目标:让幼儿想象风的奥妙,激发幼儿的求知欲;培养幼儿从小热爱科学的情感。

三、说活动重点、难点

这是一次科学活动,其中穿插了一些科学常识教育,但教学仍以科学教育为主。因此,整个教学活动的重点放在尝试感知风的存在上。通过引导小朋友与风对话,激发幼儿的求知欲,尝试的形式是利用材料来寻找看不见的朋友。因此,幼儿动手操作探索风的形成是这次教学活动的难点。

四、说活动准备

为使活动呈现趣味性、综合性、活动性,寓教育于生活情境、游戏之中,我们作了如下活动准备。

1. 空间准备:操作桌子 10 张,呈直角摆放在侧面和后面,便于操作评价。

2. 物质准备:电风扇、扇子、吹风机、气筒、纸板、吸管、气球、吹气玩具、吹风玩具、书、雨伞、风车、有关龙卷风的碟片等。

3. 经验准备：已经知道空气的存在，活动前在户外感受风。

五、说教法

新《大纲》指出：教师应成为学习活动的支持者、合作者、引导者。活动中应力求形成"合作探究式"的师生互动。针对这次教学活动的教学目标、教学设计和学生的实际情况，在整个教学活动过程中以情境教学法为主，采用了情境教学法、问题教学法、演示教学法、操作教学法，所谓操作法是指幼儿动手操作，在与材料相互作用的过程中进行探索学习。本次活动安排了两次操作活动。第一次是引起兴趣后的操作，主要是探索产生风的趣味性、多样性，让幼儿在看一看、用一用、试一试中感知风的存在。第二次操作是试一试、比一比感受。

六、说学法

以幼儿为主体，创造条件让幼儿参加探究活动，不仅可以提高认识、锻炼能力，更升华了情感。本次活动采用的学法有以下几种。

1. 多通道参与法

新《大纲》在科学领域中的目标明确指出，（幼儿）能用多种感官动手动脑，探究问题；用适当的方式表达、交流探索的过程和结果。因此，活动中引导幼儿看一看、比一比、学一学、说一说、做一做、想一想等，多种感官的参与使其在不知不觉中对活动内容产生兴趣。

2. 体验法

心理学指出，"凡是人们积极参加体验过的活动，人的记忆效果就会明显提高"。为了让幼儿对风有更深的印象，采用了游戏体验法，在寻找风朋友的过程中引导幼儿体验、感受风的存在，激发幼儿的探究热情，继而去引发幼儿对风的好奇心与探究欲望。期间，还通过幼儿间的互补学习、师幼合作的方法，表达丰富、多样性的认识，体现着"以幼儿发展为本"的理念。

七、说活动过程

我采用环环相扣的方式组织此次活动程序，具体流程为：寻找风的朋友，激发兴趣——自由探索，感知风的存在——幼儿动手操作尝试，探索风的形成——与幼儿交流探索结果——运用生活经验及观看录像带，感知风对人的好处与坏处，交流有关风的经验——评价总结。

1. 激发兴趣（利用找看不见的朋友，激发幼儿的探索兴趣）

我根据教材实际，创设兴趣情景，来调动幼儿的学习热情。活动开始，问孩子："你们喜欢交朋友吗？"然后让幼儿闭上眼睛，"有个看不到的朋友想和我们班的小朋友做游戏。"引发幼儿的兴趣，从形式上、内容上深深吸引了孩子。

2. 自由探索（幼儿动手操作尝试探索风的形成）

创新意识是创新素质培养的前提，根据幼儿好奇、好动的特点，在第二环节中安排了孩子开展自由探索活动，我引导、鼓励幼儿利用各种物品的扇动来感觉风，激发幼儿的探究热情。这一过程中，教师是引导者、支持者、合作者。

3. 交流结果（对幼儿获取风的经验进行整理）

在前一过程中，孩子获得的经验是零碎的，那怎样进行加工整理呢？在探索活动结束后，幼儿最想的就是把自己所发现的寻找风的方法告诉其他幼儿和老师，如：她是用什么方法做的？为什么各种东西制造出来的风吹到身上的感觉是不一样的？为此，在自由探索后我们就通过幼儿介绍、集体讲评的方式，对幼儿获取风的经验进行整理。

4. 丰富经验（利用生活经验和看录像感知风对人的好处与坏处）

引导幼儿回忆自然界的风，运用生活的经验感知风对人的好处和坏处（好处：可以吹干衣服、风力发电、热的时候会觉得凉快等。坏处：龙卷风会把人吹飞、房子会吹坏，给人类带来危害等），为了使幼儿的兴奋点上升，我给幼儿看了有关龙卷风的录像，其动感使孩子感知龙卷风的力量，替代了图片死板不动的传统方法。在轻松的氛围中体验了学习过程的快乐。此环节较好地将艺术融入了科学，达到比较完美的统一。

5. 评价总结（总结幼儿自己探索到的有关风的经验知识）

在活动过程中，对幼儿进行了情感、语言、能力、动作、发展等多方面的随机评价和阶段评价，丰富幼儿有关风的经验知识。并采用幼儿自评和教师评价相结合的方法，达到师幼、幼幼互动作用，以使教育更好地为幼儿发展服务。

八、活动延伸

关键是引导幼儿持续不断地对风产生兴趣。我把本次活动的物品投放到活动区，这样更激发了幼儿学习的积极性。根据这次活动以及幼儿的兴趣、经验和需要，进行生成活动。在活动的组织中我始终坚持以幼儿为主体，以积极的体态语引导幼儿参与活动，用生动的语言对幼儿进行情感教育。活动中，幼儿思维活跃，始终能围绕活动内容积极思考，从而将本次活动推向了最高潮。最后，让幼儿轻快地走出活动室，到户外寻找风、感受风，结束本次活动。

三、说课的其他变式

说课有一定的模式可以参照，但并非要千篇一律，如八股文一样走向僵化，失去活力。在说课实践中，教师应把握住说课的基本内容并在此基础上进行变通，使说课具有特色和个性，现列举几种做法。

1. 说"教学设计理念"

教学设计是在一定的教育理念指导下进行的，教育理念贯穿于整个说课过程。说课时也可以把教育理念单独列出来说。

2. 说"教学设计理念"

说课时还可以说"教学特色"，其目的是促使教师梳理、提炼自己设计的活动在内容选择、教学方法、过程设计等方面有无亮点,"亮点"是什么,凸显教师的教学特色。说教学特色,会对整个说课起到画龙点睛的作用。

3. 说"设计思路"

说课开始,教师把如何依据目标选内容,对内容的分析,对幼儿学情分析综合在一起,总称为说"设计思路"。

说课有基本模式可以遵循,目的是使教师把握说课内容,但说课又不应该遵循固定模式。说课者的教学观念、教改意识,在教学内容、教学设计上的不断改革和创新,这是说课的灵魂。因此,无论选用什么说课模式,只要说出水平,说出自己的独到之处,就是好的说课。

四、说课的礼仪

除了要掌握说课的模式,事先写好说课稿外,说课人也要注意相应的礼仪。

1. 个人形象

整体要求说课人干净、整洁、大方、精神。男教师不留过长的头发,不烫发,不留怪发,以短发为主,干练精神为上;女教师以雅致大方、端庄高雅为宗旨,可化淡妆,自然大方。

2. 着装要求

女教师应着职业装(西服套裙最佳,连衣裙,两件套裙),忌露、透、紧、异、乱,全身饰物不超过3件,注意项链不要太粗太明显,耳环、手镯、戒指(左手)等也要简洁大方。

男教师的衬衫以素净为好,不穿花衬衫,穿皮鞋,系黑色皮带,可带手表,忌带耳环、耳钉、项链、手链、戒指。

3. 入场礼仪

事前说课人要准备好讲稿的顺序;准备好问候语和结束语;要提前对着镜子练习,充满自信地笑。

入场时要轻推门,眼朝向评委席,面带微笑,以自然、自信的步伐走向讲台(留心脚下),距讲桌1米左右,自然转身向评委鞠躬敬礼,在讲桌前迅速但不慌乱地整理讲稿,然后向评委老师问好。

4. 语言礼仪

说课人要讲普通话(英语教师口语标准),文明用语,富有激情。说课语言声音要宏亮、口齿清楚,不要重复,停顿、迟疑次数不能较多,注意语言的过渡、承转要顺畅,若能做到言简意赅、抑扬顿挫则更好。开头话语不宜过长,最好直接切入课题,语言应干脆利落。语言要具有亲和力、喜闻乐见、幽默,能体现"寓教于乐"思想最好。说课过程中表述不能出错,引经据典、广泛联系实际时留心遣词造句的细节,如"建构主义"不能说成"构建主义";说课中若能随口说出一些饱含哲理、寓意深刻的教育教学经典名句则更能令评委感觉耳目一新。

5. 说课过程中的礼仪

说课过程中尽量脱稿，注意与评委进行目光交流，脸上表情丰富一些，最好面带微笑。目光以中间的主评委为主，兼顾所有评委。板书设计应线索分明、科学新颖、版面布局合理，字号稍大、工整大方、书写速度不宜太慢。板书书写应和说课同步（教学过程）进行，不要等到最后再进行，不要让评委等待看你写板书。切入标题时大标题应板书在黑板上。

6. 出场礼仪

说课结束时，要有明确的结束语。最后要鞠躬致谢，步履坚定，不慌不忙。

7. 说课的禁忌

说课时切记不能面无表情、静止不动，也不能张牙舞爪、过于夸张，同时也不能读说课稿或背说课稿。

思考与练习

1. 谈谈你是怎样理解说课的？
2. 搜集一篇幼儿园说课稿，阅读并分析其说课内容。

项目二　幼儿教师说课内容

任务1　说教学内容

问题情境

某幼儿园举办说课研讨活动,教师们对如何"说教学内容"产生了疑问。刘老师说:有的教师说的是"说教材",有的教师说的是"说教学内容",教学内容和教材是一回事吗？这反映出教师对教材和教学内容的概念不明确。本节就此问题,引领大家了解教材和教学内容的相关知识,明确幼儿园教材和教学内容的特点,并在此基础上阐述怎样说教学内容。

在学生说课中,教师也经常发现学生对幼儿学情分析存在很多问题。有的是一带而过,未深入阐述；有的是套用模式化语言,如"幼儿能力发展不完善""幼儿思维水平有限"等模糊不清的语言。本节就此问题,引领大家了解分析学情的相关知识,并在此基础上阐述怎样说学情。

表2.1　教学任务一览表

基本知识	1. 了解教学内容的来源和依据。 2. 清楚说教学内容时应注意的问题。 3. 掌握如何说教学内容和说学情。
设计与实施	小班健康活动:"笑一笑"。 语言领域:"不敢张嘴的小鳄鱼"。 社会领域:"大班合作真快乐"。 科学领域:"生活中的数学"。 艺术领域:大班音乐欣赏《四小天鹅舞曲》。 大班绘画活动:"奔跑的马"。
思考与练习	1. 说教学内容时应注意的问题有哪些？ 2. 说"学情"时应该注意哪些问题。 3. 请以春天为主题来源,尝试说一说大班美术活动的教学内容和学情。

基本知识

说活动教材就是通过分析所选活动主题的内容特点,指明它在整体或主题网络教学中的地位。所以教师首先必须说清楚此次活动的内容是什么及为什么要选择这些内容，要说明教材选择是为当时、当地幼儿群体的需要而准备的。如果在选材方面涉及地域特色，甚至是幼儿园特色就要更加突出说明，以此来发展幼儿园的园本课程。活动内容和教材不是同一概念，活动内容应包含教材，但不局限于教材。

幼儿园里的说教材不单指说教材内容，还包括分析幼儿的现状及发展水平，即简要分析幼儿的年龄特点、身心发展状况，幼儿原有知识和基础技能的掌握情况、智力的发展情况；幼儿的非智力因素，包括幼儿的兴趣、动机、行为习惯、意志等发展状况。这一环节，教师要将平时对幼儿观察的零散印象，逐步条理化、明晰化，有针对性地表述出来，既能更清楚地了解幼儿，又能使教师将幼儿发展水平与教学活动设计的关系紧密联系起来去考虑目标、内容的确定与选择，从而达到教育活动能有效促进幼儿发展的程度。

一、说教学内容

教学内容是关于本次教学活动教师"教什么"和幼儿"学什么"的问题，是教学的载体。说"教学内容"，一般要说清楚以下几点。

（一）教学内容的来源及选择依据

1. 说明教学内容出处

教学内容是从幼儿园教材中所选，需要说明内容出自于什么教材。来源于主题活动，就应说清本活动内容在主题中的地位；来源于日常生活，就应说清为什么从生活中选择这一内容。另外，所选教学内容如涉及地域特色或是园本课程特色时也可以加以说明。

案例2.1：来源于主题的活动内容

大班语言活动："甜蜜的回忆"

"时间时间像飞鸟，嘀答嘀答向前跑。今天我要毕业了，明天就要上学校。"伴随着孩子稚嫩的歌声，大班最后一个主题"走进小学"拉开了序幕。从幼儿园到小学，是孩子人生的一大转折点。因此，本主题的主要目标是：陪伴孩子共同度过这段特别的时光，让孩子体会憧憬小学的兴奋，以及离别幼儿园的伤感。感悟成长的幸福，体验人与人之间友好相处的美好情谊，初步学会珍藏过去、憧憬未来。主题按照"小学什么样""小学生""再见幼儿园"三个层次展开，给孩子们的幼儿园生活画上一个圆满的句号。

"甜蜜的回忆"是"再见幼儿园"这一板块的内容。对于即将毕业的大班孩子来说，他们与同伴之间、与老师之间的交流更为频繁和顺畅，他们的表达、表述能力明显提高。因此，我们将和孩子、家长一起收集孩子"小时候"和"现在"的不同用品及照片资料，并以此为抓手引导孩子进行观察、对比，表达自己的感受，体验成长的幸福与快乐，品味幼儿园三年集体生活的甜蜜。

以上案例从幼儿的歌声导入，亲切、生动，一下子将听者引入到温馨感人的情境之中；而后清楚地交代了"甜蜜的回忆"在"走进小学"主题中的地位与作用、大班孩子的心理特点，以及如何开展这一教学活动的简单思路，语言简洁，表述清楚。

案例 2.2：选自日常生活的活动内容

大班数学活动："设计车牌"

《纲要》明确指出，幼儿园的数学教育应引导幼儿从生活、游戏中感受事物的数量关系，体验数学的重要和有趣，引导幼儿对周围环境中的数、量、形、时间和空间等现象产生兴趣，建构初步的数量概念，并学习用简单的数学方法解决生活和游戏中某个简单问题。《纲要》提出的目标要求，既帮我们指明了幼儿园数学教育改革发展的方向，也指导我们努力实践幼儿园数学教育生活化的理念。

随着社会的进步和经济的发展，大街上的汽车越来越多，不少小朋友的家里都拥有私家车。孩子们对车越来越熟悉，他们有关车的讨论也越来越多，讨论的内容以车的种类品牌、颜色为主，有时也会关注到车牌，会说"我家的汽车车牌是×××""你家的汽车车牌是×××"等。为此，我们开展了"我们的汽车"主题活动，引导幼儿从汽车分类、行车安全方面探索汽车的秘密。

"设计车牌"是其中的一项活动。车牌号码中蕴含的"排列与组合"知识是大班幼儿数学教学的重难点之一。在本次活动中，通过引导幼儿探索与体验"1、2、3、4"这四个数字的不同组合，变化出一系列不同的车牌，以此培养幼儿对数字的敏感性和思维的灵活性，引领他们充分体验数学活动带来的乐趣。

以上案例从日常生活中孩子们熟悉的车牌入手，探究车牌蕴含的有关数字的秘密，符合《纲要》《指南》所倡导的"数学学习来源于生活，应用于生活"的教学理念，也符合大班幼儿爱探究的心理特点。

2. 说明选择教学内容的依据

说明为什么要选择此项内容。阐述选择教学内容依据时，需从内容与领域目标的关系，内容蕴含的促进幼儿发展的价值，内容与幼儿年龄的适宜性关系等方面说明。

（二）教学内容的分析及处理

1. 说明对教学内容的取舍和重点的选择

说明如何根据教学要求、教材特点和幼儿实际，确定教学内容以及这样处理的理由。

2. 说明对教学内容的理解

阐述教学内容的特点及对教学内容的准确理解。

二、说教学内容应注意的问题

（一）交代清楚教学的具体内容

有的教师说教学内容时，听者不清楚幼儿到底要学什么。例如，某教师说中班数学活动"推排"内容时说道："我说的是中班数学活动'排一排'，这项内容对发展幼儿初步的逻辑思维能力具有很大价值。"该教师没有说清楚幼儿到底学什么，"排一排"指的是什么。其实，该教师说的是数学中的排序内容，让幼儿学习按一定规则排序。这个例子中，教师把"课题名称"等同于教学内容，但课题名称并不涵盖教学内容。

有的老师说教学内容时比较空洞，我们所说的教学内容是具体的、明确的、可操作的事情，是活动的基础和载体。我们来比较庆祝"三八节"的两个案例。

案例 2.3

"三八节"快到了，大一班的 W 老师设计了一个"我爱妈妈"的教学活动。活动开始，她请小朋友说说自己最爱的人是谁，然后引出妈妈的话题；接下来，她请小朋友说说平时妈妈是怎么保护、关心自己的，从而了解妈妈是家中最辛苦的人；然后，再请小朋友看课件中妈妈们辛苦工作的场景，听听他们的妈妈送给他们的一句话来激发孩子的情感；最后，请小朋友想一句祝福的话送给妈妈。

案例 2.4

"三八节"到了，大二班的 F 老师设计了一个"庆三八"的教学活动。她先让孩子们想想今天是几月几号、是什么日子，从而引出"三八节"的话题。然后，请小朋友想想这是哪些人的节日，并播放课件中孩子们的奶奶、外婆、妈妈等辛勤工作、操持家务的场景，让孩子们回忆自己的女性长辈是如何爱护自己的；接着，F 老师重点组织孩子们讨论了如何为奶奶或妈妈等庆祝节日；最后，她让孩子们根据自己的想法分组去准备：录一句美妙的祝福语、做一张贺卡、准备一个节目、练习一段按摩……

两个案例中的教学活动都是针对"三八节"、针对"爱"的教育开展的。案例 1.3 是幼儿园实施的非常典型的社会性教学活动，有很多幼儿教师可能会觉得这个活动设计得还不错，这个活动的目标清晰、形式多样，流程也有序，并且"让儿童知道妈妈最辛苦，要爱妈妈"的目的也达到了。但在活动的过程中，总感觉少了些什么。这个活动的最大问题是没有具体的事物做内容。"我爱妈妈"其实不是具体内容，而是一个目标，而谈话、课件和录音都只是教学的手段，所以教师只能不停地和幼儿直白地讲道理，让活动向着目标"裸奔"。而案例 1.4 中的教师巧妙地运用了载体做内容，其载体是节日日期。这就让教学有了依托，使孩子们的活动更具象，更具有操作性，教师的教育也更委婉巧妙，而不仅仅停留在说教上。同时，用某个载体做内容也可以让儿童获得更多元的发展。比如，案例 1.4 中孩子们在讨论如何庆祝节日时，不但增进了同伴之间的互动交流，更可以发挥各自的创造性，想出不同的方法。

（二）交代清楚选择教学内容的依据

内容的选择，意味着"教什么"的问题。它是教学活动的信息载体，所包含的一切都能作为信息在师幼之间进行传递和交换。不正确或不科学的内容很有可能会对幼儿造成伤害或引发误导，所以教学活动内容必须能承载正确的教育导向，并符合幼儿发展的需要。一般来说，来自于幼儿园教材的内容，教材编者已经考虑了合目的性。合目的性指的是选择的教育内容必须符合并有助于实现课程目标。当教学内容是教师根据幼儿兴趣点设计的内容时就要考虑到儿童的实际情况，考虑到儿童当下面临的问题，考虑到儿童目前的成长需要，从而找到他们发展的关键点，而这些关键点就是最适宜的教学内容。例如某教师发现幼儿对雾霾天气认识模糊，很多幼儿认为是一种天气现象，就如风、雨、雪一样，还有个别幼儿认为是下雾了。《纲要》科学领域目标要求幼儿"关心周围环境，有初步的环保意识"，于是就设计了探究"雾霾"的教育活动。这项教育内容就有助于实现"培养幼儿环保意识"的教育目标。

案例 2.5：大班陶艺活动

圣诞礼物

圣诞节是孩子们喜欢的节日，他们都憧憬着圣诞老人能送给自己最喜欢的礼物。随着圣诞节的临近，圣诞礼物成了孩子们最关心的话题。于是，我们结合圣诞节的主题开展了一系列活动。因此，选择幼儿感兴趣的事物和问题，关注他们的好奇心和求知欲，是我设计本次活动的一个重要条件。

陶艺课程是我园的特色课程。大班幼儿已经掌握了基本的揉、搓捏等技能，并热衷于在玩泥中进行创作。于是，我把用陶泥制作圣诞礼物作为载体，设计了这个教学活动。

活动中，我运用 PPT 演示法（观察法）、谈话法等多种方法充分调动幼儿学习的积极性，旨在发展幼儿的想象力和创造力，提高他们的陶艺制作能力。幼儿在自由创作和与同伴的分享中，获得了陶艺活动带来的乐趣。

在这个案例中，教师既交代了内容是根据幼儿的兴趣和需要选择的，又说了课程设计的特色，内容具体明确，值得借鉴。

三、如何"说学情"

说学情就是阐述对幼儿学习情况的分析，可以围绕以下内容进行。

（一）说幼儿年龄特点

这些特点包括 3~6 岁幼儿年龄的一般特点及小班、中班、大班幼儿的年龄特点。如大班的幼儿表现出以下年龄特点：自我评价能力逐步发展，情感的稳定性和有意性增

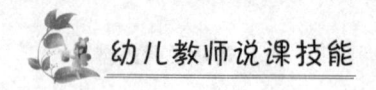

长，自理能力和劳动能力明显提高，合作意识逐渐增强，规则意识逐步形成，动作控制能力明显增强，爱学、好问，有极强的求知欲望。

（二）说幼儿认知能力

分析幼儿的认知特点和能力，包括幼儿在语言、社会、科学、艺术、健康领域学习中的认知发展水平，如不同年龄幼儿语言发展特点、水平，不同年龄幼儿数量概念发展特点、水平，不同年龄幼儿社会性发展特点与水平等，幼儿的观察能力、思维能力、操作能力等。对幼儿能力的培养是教学的重要目标，同时，幼儿的能力也是教学活动得以开展的重要因素与资源。正确、准确地分析幼儿的能力，是正确、准确地设计教学目标的前提。

（三）说幼儿已有知识经验

对幼儿知识、技能的分析是对幼儿情况最基本的分析。主要指幼儿在学习新内容时所具有的基本的、前提性的知识经验与技能，这是幼儿学习新内容的基础。针对教学内容，分析幼儿已具备的相关知识经验。如果幼儿不具备这些知识，需要在课前丰富幼儿的知识经验，还可以适当调整教学难度和教学方法。

（四）说幼儿学习方式与特点

《3~6岁儿童学习与发展指南》（以下简称《指南》）指出：幼儿的学习是以直接经验为基础，在游戏和日常生活中进行的。要珍视游戏和生活的独特价值，创设丰富的教育环境，合理安排一日生活，最大限度地支持和满足幼儿通过直接感知、实际操作和亲身体验获取经验的需要。是否把握幼儿的学习方式和特点，决定着教师所采用的教学方法和手段是否适合幼儿。

案例 2.6

大班语言活动："雨中的森林"

大班上学期幼儿年龄在5岁左右，他们思维活跃，想象力丰富。散文诗《雨中的森林》为幼儿展开想象提供了广阔的空间。我班幼儿在以往类似的语言活动中，大多能够在教师的引导下理解作品的主要内容。但他们在口语表达方面有所欠缺，语言表达不是很流畅，有时表现为用词不恰当。所以，根据幼儿的表达水平，本次教学我注意引导幼儿积累一些词汇，使幼儿在口语表达方面有所进步。

大班幼儿爱表现，希望得到教师的表扬，他们的竞争意识比较强。抓住了大班幼儿这个心理特点，教学中我积极创造条件和机会，让幼儿发表见解并给予表扬和鼓励，采用小组比赛的形式诵读，充分发挥幼儿学习的主动性和积极性。

在上述"说学情"案例中，教师对大班幼儿的年龄特点，本班幼儿的口语表达水平等方面进行了有针对性地分析和阐述，并在此基础上选择恰当的教学方法和组织形式。

四、"说学情"应注意的问题

(一) 要重视"说学情"

有些教师说课时,往往比较注重内容选择、方法运用、材料准备和过程设计,对分析学情不够重视,体现在说课时不说学情,或三言两语一带而过。学情分析是对以"幼儿为中心"的教学理念的具体落实,因此,必须从思想上重视学情分析。在说课中,无论是把学情和教学内容一起作为教学资源加以分析,还是单独阐述,必须有对幼儿学情的分析和思考。

(二) "说学情"要说得具体、准确

分析学情的目的在于更好地制定教学目标和选择教学方法,正确的学情分析既可以体现教师对某年龄幼儿的了解程度,同时能够为正确地选择教学方法奠定基础。每个年龄段的幼儿都有各自不同的特点,不论是生理上、心理上还是认知方面,要针对所说领域及教学内容有针对性地分析学情,不要生搬硬套一些与教学内容无关的幼儿特点。有的教师从一些教材或者辅导材料上摘抄一些模式句,对学情分析用词模糊。如说幼儿思维特点时,无论哪个年龄段都说"幼儿的思维以具体形象为主"。小、中、大班幼儿的思维水平不同,如小班幼儿是从直觉行动思维向具体形象思维发展,中班幼儿是典型的具体形象思维,大班幼儿抽象逻辑思维开始萌芽。分析学情时,要在明确幼儿身心发展的普遍特点基础上,根据所说内容和年龄段把学情说得具体、准确。

设计与实施

本节精选了幼儿园各个领域、各个年龄段说教学内容部分,供同学参考。

一、健康领域

小班健康活动:"笑一笑"

"笑一笑"是幼儿园小班下学期健康领域中的一个活动。快乐作为一种积极情绪是心理健康的重要标志之一,对于幼儿的成长尤为重要。愉快的情绪既来自于成人的关怀呵护,更取决于幼儿自身的主观体验。现在的孩子大多是独生子女,在家中都是小皇帝、小公主,非常受宠,在幼儿园这个小社会中则要学习与性格各异的小朋友一同相处。小班幼儿的情绪较易受周围环境事物的影响,经常会因为一点小事、一点小摩擦而情绪低落,或嚎啕大哭或隐隐落泪。《纲要》中指出:幼儿的身体健康与心理健康是密切结合的,要高度重视良好的人际环境对幼儿身心健康的重要性。通过活动让幼儿感受到笑一笑的魔力,不仅能让自己开心,还能影响别人,给别人带来快乐,愿意当个快乐的

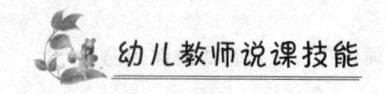

宝宝。

二、语言领域

"不敢张嘴的小鳄鱼"

《不敢张嘴的小鳄鱼》是一个充满爱心的小故事。故事讲述了食肉动物小鳄鱼当当和小鸡成了一对好朋友,小鳄鱼当当的爸爸妈妈非常不理解,指责小鳄鱼当当是个大傻瓜,并叫小鳄鱼吃掉小鸡来填补自己的身体。小鳄鱼当当再次见到小鸡时又出现了本能的流口水、肚子咕咕叫的生理反应,可是面对站在自己面前说着友好和关心的话的小鸡,小鳄鱼当当却不敢张嘴,因为他担心自己一张开嘴巴就会把小鸡给吃了。在内心的纠结和矛盾中,善良的小鳄鱼当当选择了不张嘴辩解。为了不伤害小鸡,最终小鳄鱼当当孤零零地一个人离开了小鸡。这个故事通过矛盾的心、反常的情节吸引着孩子,让孩子感受善良和友谊的美好,在孩子情感发展的重要时期给予了正面的熏陶和引导,是个很有价值的文学素材。

三、社会领域

"大班合作真快乐"

1. 内容分析

随着社会的进步,科技的发展,现今生活的各个领域中越来越需要人们具备与人合作、与人分享的品质。《纲要》把"乐于与人交往、学习互助、合作和分享"作为幼儿园社会教育总目标之一。要求"养成对他人、社会亲密、合作的态度,学会初步的人际交往技能。"《指南》中也指出:"活动时能与同伴分工合作,遇到困难能一起克服。"由此可见培养幼儿建立"与人合作、与人分享"的品质已经成为当前幼儿教育的重要目标之一。因此,我设计"大班合作真快乐"这一活动,引导幼儿发现理解合作的内涵及重要性,并让幼儿在游戏过程中体验合作的乐趣,学习合作的方法。

2. 学情分析

大班幼儿基本上都接触过简单的、基本的"合作"这种社会交往技能。在日常生活中,孩子们一起游戏、一起完成值日生工作,他们无意识中习得了合作的技能。但幼儿并不清楚这种行为就是合作,更不理解合作的真正内涵及其重要性。大班幼儿有合作的愿望,但缺少科学的合作方法和技能。

四、科学领域

"生活中的数学"

1. 内容分析

《指南》数学认知目标提出:让幼儿感到数学的有用和有趣。生活中无处不在的数字正是帮助幼儿理解数字意义的生动教材。本次教学活动内容来源于生活,从幼儿身边常见物品上的数字入手,帮助幼儿认识数字在生活中的作用。这对增进幼儿学习数学的积极情感和态度具有重要的价值。

2. 学情分析

数量概念水平:中班幼儿已掌握了自然数基、序数含义。知道数的大小和位置关系,能认读数字。这是学习本节内容的认知基础。原有经验:中班幼儿在生活中有意无意地获得了关于数字用途的经验。如他们经常看到钟表、电话等物品上的数字,对这些数字的用途也略知一二。

五、艺术领域

大班音乐欣赏:《四小天鹅舞曲》

《四小天鹅舞曲》选自柴可夫斯基的四幕舞剧《天鹅湖》中的第二幕舞,该曲是舞剧中最受人们欢迎的舞曲之一,音乐轻松活泼,节奏干净利落,描绘出了小天鹅在湖畔嬉游的情景。音乐的A、B段交叉反复,是明显的单二部曲式结构,八分音符奏出活泼跳跃的伴奏音型,以二重奏的形式奏出轻快的乐句,形象地刻画了小天鹅天真、活泼、可爱的形象,显得十分有趣。根据《纲要》中班艺术活动发展要求"自然、愉快地唱歌,能随音乐做游戏、表演、自由舞蹈等,体验音乐活动中交流合作的快乐",我在活动中以幼儿为主体,重视通过"观察—体验—发挥—现象—表现—创造"来进行音乐欣赏活动。

大班绘画活动:"奔跑的马"

处理绘画技能与幼儿表现的关系是美术教育中始终有争议的问题。我认为绘画更应该以发挥幼儿的艺术天性和创造力为主。对幼儿而言,喜欢绘画、愿意绘画和绘画的过程比绘画的结果更为重要。本次活动我尝试改变了以往国画活动中普遍使用的"教师示范,幼儿临摹"的方法,尽力让幼儿摆脱教师范画的束缚而大胆画出自己想画的东西,让幼儿在绘画活动中真正体验到创作的乐趣。

思考与练习

1. 说教学内容时应注意的问题有哪些?
2. 说"学情"时应该注意哪些问题?
3. 请以春天为主题来源,尝试说一说大班美术活动的教学内容和学情。

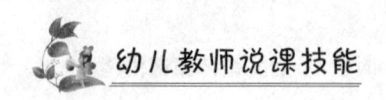

任务2　说活动目标

问题情境

在某院校学生的说课练习中，教师发现很多学生说教学活动目标时，只是把活动目标讲述一遍，不清楚如何阐述理论依据。另外，教学活动目标内容也存在很多问题。本节就此问题，引领大家学习关于教学活动目标的相关知识并阐述怎样说教学活动目标。

表2.2　教学任务一览表

基本知识	1. 了解教学目标的重要性。 2. 正确书写教学活动中的教学目标。 3. 掌握如何说教学目标及重难点。
设计与实施	小班健康活动："网鱼"。 大班语言活动："母鸡萝丝去散步"。 大班社会活动："团团圆圆过中秋"。 中班科学活动："有趣的转动"。 小班数学活动："认识圆形"。 大班歌唱活动："国旗红红的哩"。 中班美术活动："爸爸的领带"。
思考与练习	1. 教学目标的制定依据有哪些？ 2. 说教学目标及重难点应注意的问题。 3. 以"我长大了"为题目，尝试设计小班社会活动的说课目标。

基本知识

"活动没有目标就像航海没有指南针"。活动目标是指教学活动实施的方向和预期达成的结果。它是活动设计的重要部分，既是活动设计的起点，又是活动设计的终点。有了活动目标，教育活动的设计与安排、教育活动的组织和开展才有一个基本的依据。正确理解、分析和把握目标与重难点是活动成功的基础。在阐述活动目标前，教师可适当分析一下制订目标的理论依据和自己的认识，从认知、技能与情感态度三方面提出具体的目标；而重难点正是三个目标中的核心目标，在说课时教师应进行简单地分析，说清重难点是什么、为什么以及如何突破这三个问题。

一、教学目标的基本知识

（一）教学目标的含义

教学目标是对学习者通过教学活动将获得什么的一种明确具体的表述，主要应描述学习者通过学习后预期产生的行为变化。教学目标在教学中居于核心，是教学的出发点和归宿。

（二）教学目标的制定

1. 制定依据

《幼儿园工作规程》《幼儿园教育指导纲要（试行）》以及最新颁布的《3~6岁儿童学习与发展指南》是教师设计活动目标时应遵循的根本依据。《幼儿园教育指导纲要（试行）》中各领域的目的和要求是国家为管理和评价课程而制定的，是确定各年龄段课程水平及课程结构的纲领性文件。《3~6岁儿童学习与发展指南》分别对3~4岁、4~5岁、5~6岁三个年龄段末期幼儿应该知道什么、能做什么，大致可以达到什么发展水平提出了合理的期望。因此，活动的目标是依据领域目标以及指南要求来设计的，领域目标和指南要求应贯穿和体现于活动目标之中。

新课程背景下的教学与传统教学的一个较为明显的区别所在，就是活动目标的确立必须是多元的，要从知识与技能、过程与方法、情感态度与价值观三个方面来设计。知识是指事实、概念、原理、规律等，技能是指动作技能以及观察、阅读、计算、调查等技能；过程与方法是指认知的过程和方法，科学探究的过程和方法，认知过程中人际交往的过程和方法，特别强调在过程中获得和应用知识，学习和运用方法；情感态度与价值观，一般包括对己、对人、对自然及其相互关系的情感、态度、价值判断以及做事应具有的科学精神。确定教学目标的内容范围时，一定要全面考虑三个领域，不可有所偏废，而在具体的每节课中，教学目标又要有不同的侧重点。在阐述这三方面目标时，又要阐明这三个目标是一个有机融合的统一体。因为幼儿园教学活动的本质就是要使幼儿得到全面、和谐、持续的发展，而幼儿的身心发展不仅仅表现在身体、认知、能力、情感等个别属性上，还表现在幼儿整体内在身心结构及其质量水平上。身心发展的整体性要求实施整体性教育，而整体性教育必须由整体性的课程来支持，整体性课程必须通过整体性的活动目标来实现。因此，教师设计活动目标应以新课改的理念为引领，确立多元而融合的目标。

幼儿园教学和中小学的显著差异在于，中小学教师的专业是相对固定的。有语文、数学、英语及其他学科之分，而幼儿教师则以主题、综合、整合教学为主，且整合、综合不是健康、语言、社会、科学、艺术五大领域的简单拼凑相加，而是在准确把握各领域特质基础上的有机渗透和融合，但在各领域教学中，仍要强调该领域的特质。如，语言活动中的幼儿语言应用能力的培养，数学活动中幼儿思维能力的培养，科学活动中幼儿探究能力以及科学精神的培养等。

幼儿的已有经验是设计活动目标时应遵循的重要依据。奥苏伯尔指出："假如让我把全部教育心理学仅仅归纳为一条原理的话，那么，我将一言以蔽之：影响学习的唯一最重要的因素就是学生知道了什么，要探明这一点，并应据此进行教学。"因此，在设计活动目标时，教师要充分考虑幼儿的已有经验，并在此基础之上设计具有悬念和适度战胜的目标，只有这样，才能使每个幼儿在原有基础上得到相应的发展。

2. 制定要求

（1）全面。即从认知目标、情感态度目标、技能目标三维角度考虑。需要注意的是，三维目标不是割裂的，就如同立方体的长、宽、高三个纬度一样，是一个事物的三个方面，而不是独立的三个目标。从"三维目标"考虑，不是说三维目标都要涉及，而应根据不同领域的具体教学内容有所侧重。在具体表述时，可以把其他维度目标渗透到所撰写的目标中去，或渗透到活动的环节和流程细节中去。

（2）具体明确。即目标不是大而空泛，应具有可操作性。以行为主义目标陈述理论为基础，可以获得具有可操作性和可观察性的目标表述。行为主义目标理论的主要观点是：教学目标表述应包括四个要素，即行为主体、行为活动、行为条件和行为标准。

（3）难易适合幼儿。即目标不能太高，幼儿经过努力无法达到；也不能太简单，不能促进幼儿进一步发展。

（4）符合逻辑性。目标表述有教师作为行为主体以及幼儿作为行为主体两种方式。当前倡导幼儿作为行为主体来表述目标。需要注意的是，在一个教学活动目标的表述中，行为主体要一致。

（三）明晰活动目标的具体内容

活动目标是教学中师生通过教学活动预期达到的学习结果和标准，是对学习者通过学习后能做什么的一种明确的、具体的要求。一个活动目标设计得越具体、越有条理，反映执教者对本次活动的考虑越充分、认识越深刻。而以往的活动目标设计，存在一个最大的不足就是活动目标不可观测、目标陈述含糊不清，常常把活动目标设计成一些套话、空话，是一些放之四海而皆准的目标，如"培养幼儿的观察力、想象力和语言表达能力"、"使幼儿掌握知识"、"养成幼儿……好习惯"、"培养幼儿……品质"等。尽管这类目标也含有期望幼儿经过学习后产生一定变化的意向，但它并没有包含检查幼儿实际是否达到上述意向的标准，而且这些目标基本都指向于个人的基本素质，因而也是较为含糊笼统的。这样的目标在教育活动的过程中，乃至教育活动结束后是很难检验的。这样的目标也不对教育活动起导向、控制作用，使教育活动的评价失去可靠的依据，从而使得活动目标应有的评价功能大打折扣。

活动目标内容的陈述除了应该是策略性的、可观察和可测量之外，还要做到活动目标主语的表述一致，尽可能地要以幼儿为主体，因为新课改的一个最大的特点，就是由注重教师怎样教变为更加重视幼儿的"学"和"学的效果"。因此，在表述活动目标时，要把幼儿当做行为的主体，以行为目标的方式进行具体、精确地陈述，使得活动目标具有较好的清晰度，保证目标的可测性，使得评价具有直接的"标杆"。

活动目标的阐述应遵循以下思路进行：一要尽量以课程标准的总目标以及各领域特性、幼儿的已有经验等为指导，结合活动主题要求说活动目标，指出目标确定的依据；二要按知识与技能，过程与方法，情感态度与价值观三个维度具体分解活动的目标，切勿以活动所属领域和主题的活动目标取代活动的具体目标；三要从"幼儿学到什么、获得什么、悟出什么"的角度表达，不能用"教师教什么、怎么教"来表达；四要有相应的量化指标；五是语言的表达要简单、明了。具体的教学目标都是预设的，统领所有的教学环节，因此，活动目标要便于说课的实际操作，应是对具体活动内容、活动过程、活动结果的抽象概括，其语言表述要有概括性、指向性和动作性。

（四）教学重点与难点

确立教学重点和难点的目的主要是有利于在教学设计和实施中分清主次，合理分配教学精力，为采取适宜的教学方法与学习方法做好准备。

1. 教学重点

教学重点是指在教学目标中起决定性作用的内容。从认知角度看，是该教学内容知识体系中的关键点；从技能角度看，是获得知识最关键的方法与技能；从情感角度看，是影响学习效率最核心的态度、情绪体验、价值观、个性特征。

2. 教学难点

教学难点是指教学目标中幼儿难以理解和掌握的内容。教学难点确立的依据主要是某教学目标与幼儿学力水平的关系。教学难点的确立因幼儿的实际水平而定，同一内容，对某个班幼儿来说是难点，但对另外一个班的幼儿来说不一定是难点。

教学重点和难点有时是一致的。

二、如何说教学目标及重难点

说教学目标和重难点时要说清楚以下两点。

1. 教学目标的内容及制定依据

即教学目标是什么？为什么这样制定？

2. 教学重点难点的内容及确定依据

即教学重点是什么？难点是什么？为什么是难点？

案例 2.7

小班综合活动："我学小动物"

通过分析教学内容及小班幼儿对"小动物"的已有经验，制定的教学活动目标是：

（1）体验模仿小动物的乐趣；

（2）运用自然音说话、正确发音，能够大胆表演出几种常见动物的叫声和动作；

（3）在活动中，幼儿发展观察、模仿和口语表达能力。

本次教学是一个综合活动，其中渗透了语言领域、科学领域与艺术领域方面的内容。但教学重点以语言领域中的故事为主，主要引导幼儿理解故事内容并能够模仿出几种常见动物的叫声与动作。因此，把目标（2）"运用自然音说话、正确发音，能够大胆表演出几种常见动物的叫声和动作"定为教学重点。

教学活动的难点定为：理解故事中的词汇"轻、响、快、慢"，并能用自然音说话、唱歌。故事中的词汇是具有相反意义的词汇，需要幼儿有一定的比较能力，而小班幼儿自我控制能力差，因此定为难点。在教学中，通过在游戏中的多次练习、重复，使幼儿反复感受、反复体验，从而理解词的意义，明白道理，以突破难点。

上述"说教学目标"案例中先说了教学目标、难点的具体内容。然后解释了为什么把该内容定为重点、难点。阐述了教学中突破难点采用的方法。

三、说教学目标及重难点应注意的问题

（一）教学目标制定要准确

在说教学目标时先要保证制定的教学目标内容没有问题。如果教学目标存在问题，说课时这些问题就会暴露出来。教学目标制定常出现以下问题。

（1）目标空泛、抽象、笼统、缺少可操作性；

（2）目标过高或过于简单，不具有年龄适宜性；

（3）目标单一；

（4）目标表述没有层次、前后矛盾、存在语病。

（二）说清楚确定教学重难点的依据

说课时，有的教师只是说出确定的重点、难点内容，为什么是难点则不予解释或解释不清楚。确定难点后，要说明确定的依据，即对幼儿来说，难在哪儿。

设计与实施

一、健康领域

小班健康活动："网鱼"

针对刚刚入园的小班孩子还不能很好地适应集体生活，对教师的相关要求和指令还不能很好地理解的现状，我们可通过多种途径来培养孩子良好的行为习惯。"网鱼"是个趣味性比较浓的游戏，要求幼儿在儿歌最后一句话的末尾处开始逃脱渔网，对小班孩子

充满了诱惑。针对小班孩子的年龄特点和幼儿园健康领域教育的相关要求，可制定如下活动目标。

认知目标：在游戏中能按照指令四散跑开。

能力目标：会倾听要求，能在儿歌最后一句话的末尾处从"网"中迅速"游"出去。

情感目标：主动参与到游戏中，体验游戏所带来的快乐。

二、语言领域

大班语言活动："母鸡萝丝去散步"

《母鸡萝丝去散步》是一本畅销中外的经典绘本，书中用寥寥无几的文字讲述了一只名叫萝丝的母鸡出门去散步的平淡无奇的故事，而丰富生动的画面却描绘了一只倒霉的狐狸追逐萝丝却屡遭失败的情节。书的文字与画面形成了幽默、诙谐的对比，颇具有喜剧色彩，很适合充满好奇、探究精神的大班幼儿阅读。《幼儿园教育指导纲要（试行）》指出：幼儿的语言能力是在运用的过程中发展起来的，发展幼儿语言的关键是创设一个能使他们想说、敢说、喜欢说、有机会说并能得到积极应答的环境。这个文字偏少而画面丰富的经典绘本，为幼儿充分想象、自由表达提供了机会与平台。根据该特点以及大班幼儿的年龄特点，可制定如下活动目标。

认知目标：在仔细观察画面的基础上，能运用已有的生活经验，大胆想象、推测并用较为完整的语言表达自己对故事情节的理解。

能力目标：能用较为准确的动词与形容词描述绘本中的人物动作与形象特征。

情感目标：在适当运用拟声词描述故事情节的过程中，体验绘本的风趣诙谐与幽默。

三、社会领域

大班社会活动："团团圆圆过中秋"

中秋节是中华民族的传统佳节，也是孩子们非常熟悉的一个节日。中班时已经开展过"庆祝教师节"、"迎接新年的到来"等节日活动，因此，大孩子对节日活动已经有了较为丰富的认知与感受。《幼儿园教育指导纲要（试行）》明确指出：社会领域的教育具有潜移默化的特点，要创设一个能使幼儿感受到接纳、关爱和支持的良好环境，避免单一、呆板的言语说教。针对大班幼儿已有的生活经验和年龄特点，可制定如下活动目标。

认知目标：在和家长共同收集资料的过程中，了解中秋节的由来及习俗，知道中秋节是家人团聚的节日。

能力目标：能主动与同伴或家人交流、分享自己感受与体验，并能在集体面前大方地表演。

情感目标：感受与教师、同伴、家人共庆佳节的快乐，萌发爱教师、家人、同伴的情感。

四、科学领域

中班科学活动："有趣的转动"

转动是孩子生活中最为常见的现象，如电扇的转动、陀螺的转动、风车的转动、旋转木马……这些现象深深地吸引着孩子们。《幼儿园教育指导纲要（试行）》中指出：科学教育应密切联系幼儿的实际生活进行，利用身边的事物和现象作为科学探索的对象。因此，在孩子已经探索、研究过风车转动的现象之后，可以通过提供更为丰富的材料，让幼儿通过操作、感知去发现生活中物体只要借助一定的工具可以转动起来的现象，激发幼儿对生活中转动现象进一步探究的兴趣与愿望。根据中班幼儿好奇、好探究的年龄特点和已有的生活经验，可制定如下活动目标。

认知目标：对转动这一科学现象感兴趣，初步了解转动在日常生活中的应用。

能力目标：能借助一定的工具让一些生活物品转动起来，并能用较为完整的语言表达自己在活动中的发现。

情感目标：主动参与探究活动，体验让生活的物体转动所带来的快乐。

小班数学活动："认识圆形"

圆形的物体在孩子的生活中随处可见，圆形的玩具、圆形的饼干、圆形的脸盆等，它们引发了孩子们对物体形状的感知与探究。而引导幼儿对周围环境中的数、量、形、时间和空间等现象产生兴趣，建构初步的数、形概念等，是数学领域的重要内容。因此，针对小班孩子已有的生活经验和年龄特点，可制定如下活动目标。

认知目标：能正确说出圆形的名称。

能力目标：通过观察、操作，能从各种形状的物体中找到圆形的物体，并能用短语"×××是圆形"来表述。

情感目标：主动参与有关的操作活动，体验按要求找到圆形物品的快乐。

五、艺术领域

大班歌唱活动："国旗红红的哩"

歌曲《国旗红红的哩》是大班热爱祖国主题活动中的内容。它旋律优美、内容生动，描述了孩子观看升国旗时激动的心情，是很好的爱国教育素材。而音乐是儿童表现情绪、表达情感的最好方式。引导幼儿感受美、表现美的情趣，丰富他们的审美经验，使之体验自由表达和创造的快乐，是幼儿园音乐活动的重要功能所在。针对他们的已有生活经验和年龄特点，制定如下活动目标。

认知目标：感受乐曲欢乐、热烈的情绪，学习用跳跃、欢快的歌声演唱活动目标歌曲。

能力目标：体验歌曲节奏xxx/xx0 /xx 0x/x-/，学习前半拍休止、后半拍起唱的方法。

情感目标：积极参与演唱活动，体验多种形式演唱歌曲的快乐。

中班美术活动："爸爸的领带"

众所周知，在孩子的成长过程中，父爱是不可或缺的。针对当前在孩子的抚养教育中过于强调母爱的崇高，而弱化父爱的状况，我们在班级内开展"亲亲一家人"的主题活动，而"爸爸的领带"则是活动内容之一。爸爸的领带是孩子比较熟悉的生活用品，它可用简单的线条和色彩来表现。中班幼儿在教师的指导下，积累了一定的观察物体的经验，并能用简单的线条来表现葡萄、苹果等水果，还能用各种颜色和团、压、搓等技能制作水果、点心等物品，这些都为幼儿自由表现"爸爸的领带"奠定了良好的基础。针对中班幼儿的已有经验和年龄特点，可制定如下活动目标。

认知目标：在和爸爸准备领带的过程中，欣赏各种领带的图案和色彩。

能力目标：在观察、讨论的基础上，能尝试用线条组合勾勒出领带的外形，并能用自己喜欢的色彩进行装饰。

情感目标：积极参与设计活动，体验给爸爸设计、制作礼物的快乐。

思考与练习

1. 教学目标的制定依据有哪些？
2. 说教学目标及重难点应注意的问题。
3. 以"我长大了"为题目，尝试设计小班社会活动的说课目标。

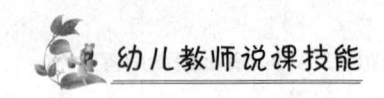

任务3 说活动准备

问题情境

某一幼儿园准备举行说课比赛,教师们对活动准备提出了一些问题,例如,说活动准备是否就是把教具、学具一一罗列即可;说活动准备在整个说课中处于什么地位,是否简单说一下就行。本任务就此问题,引领大家了解活动准备的相关知识,并在此基础上阐述如何说好活动准备。

表2.3 教学任务一览表

基本知识	1. 了解活动准备的意义。 2. 掌握如何说物质准备和经验准备。
设计与实施	中班科学活动:"沉与浮"。
思考与练习	1. 尝试设计相关活动的活动准备。 2. 作为幼儿教师或家长怎样做,才能增加孩子的经验准备?

基本知识

一、基本知识

"兵马未动、粮草先行",充分的活动准备是一个教学活动能否取得实效的前提和保证。说活动准备,就是要把为完成活动目标而进行的相关准备说清楚、说明白,这不仅能让听课者了解说课者对活动的准备是否充分与适宜,还能反映出说课者是否具备新课改所倡导的一些理念,如是否具有一定的课程资源意识和课程开发能力,以及是否具有正确的儿童观、教学观等。幼儿教师在说活动准备时,一般可从环境创设、材料提供、知识经验等方面加以阐述。

(一)营造良好的教学环境

《幼儿园教育指导纲要(试行)》指出:环境是重要的教育资源,应通过环境的创设和利用,有效地促进幼儿的发展。幼儿园教学环境是重要的课程资源和交流平台,在幼儿园教育中起着至关重要的作用。因此,创设与活动相适应、与幼儿年龄特征相适宜的教学环境,可以引发幼儿参与活动的积极性与创造性。

1. 创设与活动相关的墙饰

苏霍姆林斯基曾说："无论是种植花草树木，还是悬挂图片标语，或是利用墙报，我们都将从审美的高度深入规划，以便挖掘其潜移默化的育人功能，并最终连学校的墙壁也在说话。"让每一面墙壁都会说话，充分发挥墙饰的育人功能，已成为当下广大幼儿教师的共识。在幼儿园语言、艺术、社会以及健康等领域活动中，我们可以围绕主题，和幼儿、家长一起创设主题墙，把创设好的墙饰作为教学资源之一。由于墙饰是幼儿亲自参与制作的，他们自然会对墙饰充满喜爱之情，也更乐于和墙饰进行交流与互动，从而增强参与活动的主动性和积极性。

如在开展大班语言活动"我长大了"时，活动前可以让孩子从家中带来他们小时候的照片，以及穿过的衣服、鞋袜，玩过的玩具，用过的奶瓶、小杯子等物品，然后教师和幼儿一起把这些照片和物品布置成"我长大了"的主题墙。活动时，可以让幼儿互相猜猜墙上的照片是谁，并引导幼儿用"小时候，我……现在我长大了，变得……"的语言在集体面前讲述自己的变化，或用"我长大后想……"的句式表达自己的美好愿望。

如在开展大班健康活动"辨认安全标志"时，活动前可以让幼儿从网络、废旧图书、报纸等途径收集相关的标志，然后教师和幼儿一起把这些标志布置成有各种各样标志的主题墙。活动时可让幼儿讲述自己所认识的标志及这些标志的作用，同时随着活动的开展还可以让幼儿为自己的班级或幼儿园设计不同的标志，并把这些标志逐步增添到主题墙中去，不断丰富墙饰的内容，激发幼儿继续研究不同标志的兴趣。

2. 布置活动所需要的场地

活动场地安排得是否妥当也是教学活动能否顺利开展的前提和保证。幼儿园不同领域的教学活动所需要的场地布置不同，我们可以根据学科领域的特性和幼儿的年龄特点布置相应的场地，让幼儿在合适的场地中自如地活动。在幼儿园科学教育领域活动中，由于幼儿所需要操作的空间比较大，考虑到幼儿注意力容易被丰富的材料吸引，我们可让幼儿围坐成半圆形，把操作材料放在幼儿背后或前面的空地中，集中交流时幼儿坐在座位上，探究操作时幼儿再到空地上操作。这样的安排，不仅使得幼儿操作充分，而且集体交流时也不会受到材料的干扰而影响交流的效果。

幼儿园音乐活动涉及的内容比较多，如唱歌、欣赏、舞蹈、音乐游戏等，它们对场地的要求也是不完全一样的。在唱歌教学中，我们一般可以根据班级幼儿的实际情况，让幼儿围坐成半圆形或排成几排进行教学，而在舞蹈教学或音乐游戏活动中，可以让幼儿围成一个大半圆或围成马蹄形，有充分的空间尽情地舞蹈或游戏。在幼儿园健康教育活动中，教师要根据每个活动内容的具体要求，对室外的场地进行妥善地安排，如在中班"蜗牛走路"活动中，要用笔在场地上画出若干条直线和一个像蜗牛形状的圆形图，并注意两者之间的距离，使得幼儿能自由地在教师所创设的情境中快乐地游戏。

（二）提供丰富的操作材料

皮亚杰提出，"儿童的智慧源于操作"。幼儿是在对材料的操作、摆弄过程中建构自己的认知结构的。因此，教师应根据各领域活动特点和具体教学活动的要求，以及幼儿的不同发展要求提供丰富而有层次的材料，并根据教学的具体要求让幼儿、家长参与材料的准备、制作过程，从而更好地激发幼儿参与活动的愿望。活动材料一般包括教师用的教具和幼儿用的学具，在阐述活动材料的准备时，可从以下方面进行。

1. 注意材料的实用性

简单、实用是教师准备教具和学具时应遵循的原则之一。充分发挥教具和学具在活动中的实际价值，尽可能地让这些教具和学具的使用贯穿于活动的全过程，这样的材料能够帮助我们更好地实现预设的教学目标。有些教师过于追求材料的新颖、变化，一会儿出示这个教具，一会儿出示那个教具，不仅分散了幼儿的注意力，还使得教师把过多的时间浪费在教具的制作上，而用于研究学情、分析教材的时间大为减少，这样既浪费时间效率又不高。对完成目标没有很大作用的教具我们应尽量避免使用。

如在中班科学活动"有趣的磁铁"中，可以为幼儿提供人手一份的磁性纽扣；铁制品若干，如人手一份回形针、发头小剪刀、铁夹子；非铁制品若干，如人手一份木头夹或木头积木、纸质动物卡片、塑料雪花片等。这些材料在活动导入，以及区分哪些东西能够被磁铁吸住、哪些不能被磁铁吸住，如何让纸质的动物卡片也能够跳起舞蹈来等环节中，都能充分地发挥作用。而有些教师虽然在导入部分组织幼儿玩了钓鱼的游戏，但游戏一结束，教师精心制作的钓鱼教具就扔在了一边，在后面的教学中再也没有发挥应有的作用。

2. 注意材料的结构性

所谓有结构的材料，就是这些材料暗含着教育者的教育意图，是教师经过精心设计的典型材料的组合。这种材料的组合，既能揭示教学内容有关的一系列现象，体现教材的科学性，又符合学生年龄特征和认知规律，贴近幼儿的日常生活，还具有一定的趣味性，使幼儿喜欢，并有能力通过对材料的探索来发现问题、解决问题，获取新知。

如中班科学活动"好玩的纸球"，其活动目的为：喜欢玩报纸，积极探索报纸的不同玩法；能想办法把报纸变成纸球，并能探索出固定纸球的方法，体验成功的快乐。教师可以为幼儿提供若干报纸，以及乒乓球拍、篮球架、足球门等材料，而这些乒乓球拍、篮球架、足球门与报纸之间有着内在的关联，是教师为了启发幼儿把报纸变成球而特地提供的，暗含着教师鲜明的教育意图。

3. 注意材料的层次性

幼儿的发展是有个体差异的，因此，各项活动中投放的材料也应满足不同发展水平幼儿的操作需要。教师可按班级幼儿的不同发展水平，提供多种具有不同功能、不同难度的材料，允许他们从不同的起点按不同的要求、不同的速度选择，逐步达到发展目标。对于同一目标内容，材料的难度也应有层次差异，以满足每一个幼儿的需要，开发每一个幼儿的最近发展区。

如中班语言活动"小猪变形记",当教师和幼儿共同讲述了小猪变成小鹿、斑马后,可以出示若干张图片,如小猪变成大象、小鸟等图片,让幼儿根据自己的情况自由讲述,能力强的幼儿可以把所有的图片都完整地讲述出来,而能力弱一点的孩子可以选择自己喜欢的动物来讲述。

4. 注意材料来源的多渠道

教具和学具准备的过程,不仅是幼儿参与学习的过程,也是家长了解幼儿教育的渠道与途径。因此,教师应积极地帮助幼儿成为材料准备的主人,引导幼儿和家长广泛地参与到材料准备、制作与装饰等活动中,充分发挥幼儿、家长、社会等教育资源的作用,放大教育活动的效果。

如在大班社会活动"祖国是个大家庭"中,活动前,可以让幼儿和家长一起收集各个民族的照片、服饰、土特产,以及关于各民族文化的影像资料,活动时可以邀请家长和幼儿共同穿上不同的民族服饰,举行民族大联欢活动,感受各个民族不同的文化特性,体验祖国大家庭的温暖。

再如在中班社会活动中,活动前可以让幼儿和家长一起表演,并拍摄成视频带到幼儿园,同时提供全家福照片。活动时,可以邀请爷爷、奶奶或爸爸、妈妈来幼儿园参与活动,活动中播放视频,让幼儿介绍自己一家的快乐事情或现场表演等,感受家庭的其乐融融。

(三)了解幼儿的基本情况

"零起点的教学是不灵的。"幼儿是活动的主体,教师对幼儿的了解程度直接关系到活动的效果。教师在说课时,要将自己对学情的分析作为重要内容,这既反映教师教学设计的基本出发点,也能体现教师是否切实将以幼儿发展为本的教学理念真正落实到了实处。

学情涉及的内容非常宽泛,幼儿现有的知识结构、兴趣点,幼儿的思维状况,幼儿的认知状态和发展规律,幼儿的个性、学习动机,幼儿的生活环境等,都是教师把握学情的切入点。

但教师说课时,并不见得要面面俱到,而是要选择与本活动设计密切关联同时也是自己在教学设计时确实加以考虑的内容,作为说学情的对象。一般在说学情时,可从以下三个方面来阐述。

1. 分析幼儿原有的知识基础

小、中、大班各领域的教育内容,一般是遵循孩子的年龄特点和身心发展水平,按照循序渐进的原则来编写的。尤其是数学、语言、健康、艺术等领域,幼儿在学习、感知某一个新知识的时候,他们总是拥有着与此相关的知识与经验积累,如,在学习《6的组成》的时候,他们其实已经具有了2、3、4、5组成的知识基础;在创编儿歌或故事时,幼儿对儿歌的内容、故事的情节已经有了较为深刻的理解;在进行剪纸造型时,幼儿已掌握了用剪刀剪东西的技能；在开展运西瓜的游戏时，幼儿已掌握了拍球的技能……因此，教师应从幼儿的认知发展水平和已有的生活经验出发，正确把握各领域教学活动的起点，以确保教学的针对性、适切性和实效性。

2. 分析不同年龄阶段幼儿的特点

不同年龄阶段幼儿各方面的发展水平是不一样的，同一年龄阶段幼儿各方面的发展也存在着一定的差异，主要表现在认知规律、学习方法、思维发展水平等方面。如小班幼儿的思维发展水平处于前运算阶段，他们的思维加工以图形为主，并初步涉及符号，思维加工能力还是以认知、记忆为主；中班幼儿的思维加工材料仍以图形为主，但符号加工得到较大发展，思维加工能力以认知、记忆为主，但发散思维、聚合思维、评价能力偶有体现；大班幼儿的思维加工材料和能力得到较大发展，对图形、符号、语义、行为的加工都有涉及，认知、记忆、聚合思维、发散思维、评价在思维活动中都有体现等。如果能清楚地了解不同年龄阶段幼儿乃至班级中不同幼儿的思维、语言、技能等发展水平，那么教师只要在问题的关键处稍加点拨就可以推动幼儿的发展。

3. 分析幼儿可能会遇到的困难

任何一个教学活动的实施过程与教师的预设总会产生一些偏差，当偏差在教师可以掌控的范围内时，教师就可以沿用原本的设计思路进行教学，教学流程一般就会比较流畅自如。但当幼儿的现场反应与教师预设之间的偏差较大时，那么原本的设计方案就要及时地调整，如果不顾幼儿的反应一味执行原有方案，那么不仅不能取得良好的教学效果，还会对幼儿的发展造成一定的负面影响。因此，教师在活动前应当尽可能估计出幼儿在学习过程中可能会遇到的各种困难，这样就可以针对每种问题采取相应的策略，使得预设与生成动态结合，从而有效地达成活动目标。

如大班语言活动"城市老鼠和乡下老鼠"，现实生活中，城市孩子可能对故事中所描述的乡村情景了解不深，因此，教师要在活动之前对班级幼儿的生活情况作充分的了解，并准备好相应的图片或视频让幼儿能直观地感受城乡之间的差异，从而使得他们更好地用语言来表达自己的体会。

再如在大班科学活动"我和影子做游戏：小猫的亮眼睛"中，幼儿发现手电筒对着教师提供的有洞的白纸做成的小猫照射时，就能在墙上或地面上发现小猫亮眼睛的影子。但幼儿自己操作时，部分孩子不会用剪刀在白纸上剪出小洞来，观察小猫亮眼睛影子的游戏就无法进行下去。面对这种情况，教师可以事先在小猫眼睛上挖一个小小的眼，以便于幼儿用剪刀剪出眼睛来，或者提早在平时的手工活动中组织幼儿练习剪圆的技能，从而保证所有幼儿都能积极参与到活动中来。

综上所述，最后我们总结为物质准备和经验准备这两方面。

首先，物质准备，既要准备好教学活动中所需要的各种材料，如课件、图片、模型、玩偶等，又要布置好活动场地，调试好教学仪器和设备，创设与教学相对应的情境。

其次，经验准备，既包括教师需要储备好相关的知识经验，也包括教师或家长帮助幼儿准备相关的知识经验，后者更为重要。幼儿的学习是以已有知识经验为基础的，没有相关知识经验的准备，幼儿很难理解和掌握所学的新知识。教师可以与家长沟通，让家长帮助幼儿积累相关的知识经验，如给孩子讲故事，带孩子去公园、逛超市等。

二、如何说活动准备

1. 说明教学准备的内容

说清楚为实施本次教学所做的经验准备和材料准备，如准备了什么材料，材料的种类数量等。

2. 说明准备材料的依据、思路及在教学中发挥的作用

依据教学准备的相关要求，有侧重地说明准备材料的思路。如数学活动"有趣的椭圆形"，教师说材料准备时说道"请幼儿每人带一件椭圆形的东西"，幼儿在搜集材料的过程中，自然获得了对椭圆形的认识经验。

三、说教学准备应注意的问题

教学准备在整个说课中虽不能用太多时间，但并非说教学准备就不重要，关键是要说得详略得当。要注意以下两点。

1. 重点说明主要材料及投放依据

说教学准备时，一定要避免一一罗列材料的说法。如有的教师说：我准备了什么……还准备了什么……把所有的准备说一遍，给人的感觉像说流水账。教学准备中有主要材料和辅助材料，需要阐述主要材料如何为达成教学目标服务。一些辅助材料如移动黑板、纸、笔之类不用赘述。

2. 巧妙设计说教学准备的方式

如采用课件辅助说课，要充分利用课件的直观性，把教学准备的内容展示出来，课件上出示教具、学具、教学环境布置图片，结合课件重点阐述投放材料的依据即可。如某教师说体育活动"小兔采蘑菇"时，将场地布置图用课件呈现出来，听者一看就非常清楚，说课者不用再介绍。另外，也可以准备好教学中的主要教具、学具，在说的时候演示一下，不仅使说课显得生动活泼，又展示了教师制作玩教具的能力，可谓一举两得。

设计与实施

中班科学活动："沉与浮"

科学活动中，给幼儿投放什么材料很重要，它直接关系到能否构成问题情境的探究点。围绕教学目标，准备了以下材料：鹅卵石、钥匙、回形针、泡沫板、木块、橡皮泥等。

这些材料帮助幼儿获得有些东西沉在水底、有些东西浮于水面的认识。橡皮泥这种材料是为幼儿探索改变物体在水中沉浮状态专门投放的。改变橡皮泥形状，橡皮泥就能浮在水面上，使幼儿获得沉与浮是可以改变的认识。在环境布置上，将幼儿分为5人组，围坐在大的透明塑料盆前，以方便幼儿观察、探索沉浮现象。

　　上述案例不仅说清楚了材料的种类、数量及教学环境布置，并且恰当阐述了投放这些材料的依据。阐述依据时把握住了科学教育材料投放的要求，即材料构成问题的探究点。

思考与练习

1. 尝试设计相关活动的活动准备。
2. 作为幼儿教师或家长怎样做，才能增加孩子的经验准备？

任务 4　说教法与学法

问题情境

"教无定法，贵在得法"，在课堂教学目标和内容确定之后，运用什么样的教学方法实现课堂教学目标显得极为重要。学生在说课技能训练中，经常提出一些疑问：说课时应该说教学方法还是说教法与学法？有些同学争论应该说教学方法，有些同学坚持说教法与学法。这两种不同的说法有什么区别呢？教法和学法应该合起来说还是分开说？

表 2.4　教学任务一览表

基本知识	1. 了解教学方法的内涵和本质。 2. 了解国内外教学方法的分类模式。
设计与实施	1. 熟识如何说教法和学法。 2. 掌握常用的几种教法和学法。
思考与练习	1. 说教学方法和说教法、说学法有什么区别？ 2. 说教法和学法时要说哪些内容？

基本知识

一、教学方法的内涵

由于所处时代、社会背景、文化氛围的不同，研究者研究问题的角度存在差异，使得国内外不同时期的教学研究者对"教学方法"概念的表述也不尽相同。

教学方法是教师和学生为了实现共同的教学目标，完成共同的教学任务，在教学过程中运用的方式与手段的总称。这一内涵可以从以下三个方面来理解。

第一，它指具体的教学方法，从属于教学方法论，是教学方法论的一个层面。教学方法论是由教学方法的指导思想、基本方法、具体方法和教学方式四个层面组成。

第二，教学方法包括了教师教的方法和学生学的方法两个方面，是教学与学法的统一。

第三，教学方法不同于教学方式，但与教学方式有着密切的联系。

二、教学方法的内在本质特点

1. 教学方法体现了特定的教育和教学的价值观念，它指向实现特定的教学目标要求。

2. 教学方法受到特定的教学内容的制约。

3. 教学方法要受到具体的教学组织形式的影响和制约。

三、国内外教学方法的分类模式

（一）国外对教学方法的分类

1. 巴班斯基的教学方法分类

巴班斯基的教学方法分类是依据对人的活动的认识，认为教学活动包括了三种成分，即知识信息活动的组织、个人活动的调整、活动过程的随机检查。把教学方法划分为三大类：

第一大类：组织和自我组织学习认识活动的方法；

第二大类：激发学习和形成学习动机的方法；

第三大类：检查和自我检查教学效果的方法。

2. 拉斯卡的教学方法分类

此分类模式是依据新行为主义的学习理论，即刺激——反应联结理论（教学方法——学习刺激——预期的学习结果）。根据实现预期学习结果中的作用，学习刺激可分为A、B、C、D四种，据此相应地归类为四种基本的或普通的教学方法。

第一种方法：呈现方法。

第二种方法：实践方法。

第三种方法：发现方法。

第四种方法：强化方法。

3. 威斯顿和格兰顿的教学方法分类

此模式依据教师与学生交流的媒介和手段，把教学方法分为四大类：教师中心的方法，主要包括讲授、提问、论证等方法；相互作用的方法，包括全班讨论、小组讨论、同伴教学、小组设计等方法；个体化的方法，如程序教学、单元教学、独立设计、计算机教学等；实践的方法，包括现场和临床教学、实验室学习、角色扮演、模拟和游戏、练习等方法。

（二）我国对教学方法的分类模式

1. 李秉德教授的教学方法分类

李秉德教授按照教学方法的外部形态，以及相对应的这种形态下学生认识活动的特点，把中国的中小学教学活动中常用的教学方法分为五类。

第一类方法：以语言传递信息为主的方法，包括讲授法、谈话法、讨论法、读书指导法等。

第二类方法：以直接感知为主的方法，包括演示法、参观法等。

第三类方法：以实际训练为主的方法，包括练习法、实验法、实习作业法。

第四类方法：以欣赏活动为主的教学方法，例如陶冶法等。

第五类方法：以引导探究为主的方法，如发现法、探究法等。

2. 黄甫全教授的层次构成分类模式

我国学者黄甫全教授从具体到抽象，认为教学方法是由以下三个层次构成的。

第一层次：原理性教学方法。包括解决教学规律、教学思想、新教学理论观念与学校教学实践直接的联系问题，是教学意识在教学实践中方法化的结果。如：启发式、发现式、设计教学法、注入式方法等。

第二层次：技术性教学方法。向上可以接受原理性教学方法的指导，向下可以与不同学科的教学内容相结合构成操作性教学方法，在教学方法体系中发挥着中介性作用。例如：讲授法、谈话法、演示法、参观法、实验法、练习法、讨论法、读书指导法、实习作业法等。

第三层次：操作性教学方法。指学校不同学科教学中具有特殊性的具体的方法。如语文课的分散识字法、外语课的听说法、美术课的写生法、音乐课的视唱法等。在幼儿教育中，如社会活动中的价值澄清法、艺术活动中的临摹法、体育活动中的口令法。

（三）不同分类模式之间的共性

一般来说，教学方法是为实现既定的教学目标，在教学过程中师生共同活动时所采用的一系列办法和措施。因此不管是以上哪一种分类模式，它都有以下几个共性。

1. 教学方法要服务于教学目的和教学任务的要求。
2. 教学方法是在教学过程中展开的。
3. 教学方法是教师和学生之间相互联系的活动方式。

设计与实施

一、说教学方法还是说教法与学法

教法和学法具有辩证统一性。教法和学法是不能分割的，教法中包含着学法，学法里体现着教法，二者共处于教学过程之中。教法与学法是两个不同教学主体进行的不同活动，教法的教学主体是教师，而学法的主体是学生，它们彼此相对独立但又不可相互代替。

教学永远是教与学互相作用的统一活动，在说课的过程中既可以将两者结合起来，也可以分开说，因此，在幼儿教师说课的过程中既可以说教学方法也可以说教学与学法。当前幼儿园的教育理念是以人为本，为促进每位幼儿的发展，教学必须建立在幼儿的基础上，因此分开说更有利于说课者思考教与学的关系，更重视学法指导，更关注幼

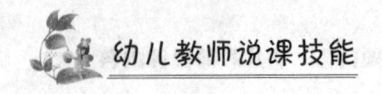

儿的发展。

二、说教法

（一）如何说教法

说教法主要说明在本次活动中将采用的教学方法和运用的教学手段，以及这样做的原因，还要着重说明其中独创的做法，特别是培养幼儿创新精神和实践能力的具体做法。说教法时要根据活动内容的特点、幼儿的认知发展水平以及幼儿园教学环境等情况，来说明选择某种方法或手段的依据。

《纲要》中指出：教师应成为幼儿学习活动的支持者、引导者和合作者。因此说教法时，要说明在教学活动中选择了什么样的教法，为什么要用这种教法，即教师是如何组织教学、如何引导幼儿学习、如何参与幼儿的活动的；又要说明在教学活动中教师是如何最大限度调动幼儿学习的积极性；更要说清楚为什么用这种形式和方法，教师为什么要这么指导等。

（二）常用的教法

教学方法种类繁多，尺度也不同，根据不同领域的教学内容，目前我们在进行活动中经常运用的方法有以下几种。

1. 游戏激趣法

幼儿园教育应当以游戏为基本活动，寓教育于各项活动之中。游戏是幼儿最喜欢的活动形式，爱好游戏是他们的天性，他们能在游戏中按照自己的想法和心意，自由选择游戏内容和同伴，并在游戏活动中用自己独特的行为方式去玩。

儿童教育家卡尔维认为："唤起孩子兴趣的最好方法是采用游戏的方式进行教育。"由此可见，在幼儿园教育教学活动中，采用游戏的教学方法，必能激发幼儿的兴趣，引发幼儿们参与活动的积极性和主动性。

如在中班科学活动"多变的触觉"中，教师用游戏的形式让幼儿体验到脚痒痒的触觉感受。

教师：毛毛虫呀！爬出来呀！哩哩哩哩哩哩哩。小朋友们准备好了吗？（教师将羽毛举起来，一手拿羽毛，一手拿毛毛虫图片，边念儿歌边挠痒痒。）

幼儿：准备好了！（所有幼儿将鞋子和袜子脱掉，席地而坐在海绵垫上，小朋友们伸出脚丫，变大树举起来。）

教师：大树爷爷笑起来呀！哈哈哈哈哈哈哈。（教师用羽毛触碰幼儿的脚底。）

幼儿：哈哈哈哈哈哈哈！

教师：小朋友告诉老师羽毛碰到脚底是什么感觉？

幼儿：痒痒的。

在"多变的触觉"活动中教师用游戏碰一碰的形式让幼儿感受脚的触觉，体验触觉中的"痒",为幼儿创设了轻松愉悦的氛围,感受活动中所带来的乐趣,增进了生生之间、师生之间的情感沟通与交流。

2. 情境教学法

新课程改革倡导"让幼儿在生动具体的情境中去学",也就是说,在教育教学过程中,要根据幼儿的年龄特点和生活经验,通过创设问题情境或游戏情境,来诱发幼儿学习新事物的内在动力,促使他们以最佳情绪状态投入到教学过程中,让幼儿乐学、愿学。

情境教学法是指在教学过程中,教师有目的地引入或创设具有一定情绪色彩的、以形象为主体的生动具体的场景,以引起幼儿一定的态度体验,使幼儿的心理机能得到发展的教学方法。情境教学法的核心在于激发学生的情感。

如在社会活动"保护好我们的小手"的导入环节中,教师创设了一个幼儿感兴趣的游戏情景:我们的森林里有一只可爱的小猴子多多,它非常喜欢在树林中荡秋千、翻跟斗,就在刚刚它在玩耍的过程被树枝划破了手掌,哇哇地哭了起来,我们的小朋友知道它为什么哭吗?原来啊它是感受到了"疼"。

通过情境的创设,迁移幼儿已有的知识经验,从而引出问题:我们的小手很敏感,划伤后能感受到疼痛感,我们要在生活中懂得保护好自己的小手。

如中班科学活动"有趣的磁铁"中,教师创设了这样一个问题情境。

教师:小朋友看看,今天老师给你们带来了什么?(出示磁性纽扣)

幼儿:磁铁、吸铁石。

教师:那你们知道磁铁是用来干什么的吗?

幼儿1:能够吸住老师用的图片。

幼儿2:能够把我们的画的画吸住。

幼儿3:能够吸住玩具。

教师:那磁铁能够把老师用的图片和小朋友的画吸在哪里呢?

幼儿:前面的黑板上面。

教师:好,现在请每个小朋友到前面来拿一个磁铁,到黑板上来吸一吸,看看你会有什么新的发现。(为孩子提供了一块纯木头做的黑板)

教师:小朋友发现了什么呢?

幼儿:磁铁吸不上去了。

幼儿:磁铁掉下来了。

教师:今天这个磁铁为什么吸不上去了呢?

在这个环节中,教师充分利用了幼儿已有的生活经验,孩子们在日常生活中已经获得了磁铁能够吸住黑板的生活经验,教师在此基础上有意创设了一个认知冲突的问题情境:今天这个磁铁为什么不能吸到黑板上去了呢?从而引发了幼儿的问题意识和探究的欲望，促使他们积极投入到对问题的探索之中。

3. 谈话交流法

与幼儿的谈话和交流，是教师引导幼儿运用已有的经验和知识回答教师提出的问题，借以获得新知识或巩固、检查已学知识的过程，它是教师"以学定教"的依据和前提。在幼儿园各领域活动中，巧妙地运用谈话交流法，能够唤醒幼儿的已有经验，并在幼儿的旧知和新知之间架起一座沟通的桥梁，从而丰富幼儿对事物的感知和了解。

4. 直观演示法

3~6岁幼儿的思维方式以具体形象思维为主，它依赖于事物的具体形象、表象以及表象的联想，其特点为具体性和形象性，需要依靠教师提供直观的材料进行思考。直观演示教学法是指教师在教学中，利用学生的各种感觉器官和已有的经验，通过"直接观察"来帮助学生学习知识和技能，使学生对所要学习的内容获得生动的、清晰的、真实及正确的表象。

夸美纽斯在《大教学论》中写道："一切知识都是从感官开始的。"借助于直观演示，可以使一些较为抽象的知识具体化、形象化，从而有助于幼儿的理解和接受，因此在幼儿的教育活动中，根据幼儿年龄的特点和教学内容，采用直观演示的教学方法，把较为复杂的教学内容变得简明、形象、直观，从而促使幼儿很快地进入教学情境之中。

5. 讲授教学法

幼儿的思维具体、形象，有些知识和技能如果仅仅依靠他们自己进行探索和思考，则很难把握事实、道理或规则的本质，这时候需要教师必要的讲授、讲解，有助于降低幼儿理解的难度。讲授教学法是指教师通过正确的语言向幼儿说明一些简单的道理、规则及其意义，让幼儿知道什么是对的、什么是错的，应该怎样做和为什么这样做。

讲授教学法是教育活动中普遍应用的一种教学方法，不应该错误地认为讲授教学法是灌输式的教学方法，也不能片面地认为现在提倡幼儿自主、合作、探究式的学习，就不需要讲授教学法了。关键是要弄清楚什么时候、什么内容要用讲授法，如何用讲授的方式引导幼儿去学习，怎样把讲授法与其他教学方法有机结合起来，从而达到"教学无法、贵在得法"的境界。

如大班健康活动"保护环境靠大家"教学片段。

教师：今天老师给大家讲个好听的故事《美丽的家园》，仔细听一听、想一想：故事里面的小动物为什么要离开美丽的家园？（教师用生动的语言讲述）

幼儿1：人们乱扔垃圾，把小动物喝水的小河污染了。

幼儿2：人们把大树砍了，小鸟们没有家了。

幼儿3：地上、水里面到处都是垃圾，臭烘烘的，小动物们没有东西吃了。

教师：美丽的环境需要我们大家共同创造，如果人们不注意保护环境，那么地球不仅不利于动物们生存，多少年以后，我们人类也无法在地球上生存了。那我们该如何来保护我们的家园呢？

幼儿1：不乱扔垃圾。

幼儿2：节约用水。

幼儿3：保护野生动物。

教师：对了，每个人从现在做起，从自己做起，从不乱扔垃圾做起，一起来保护环境，让我们的家园越来越美丽。

6. 小组合作法

新课程改革实施以来，小组合作式教学方法就广泛运用于幼儿园各领域的教育教学中，它能有效地培养幼儿的合作意识，促进幼儿合作技能的形成，并对塑造幼儿健康的人格起着重要的作用。因此，幼儿教师必须积极思考和探索小组合作学习的良方，为幼儿提供更多的合作机会与帮助。

如大班健康活动"运西瓜"教学片段。

教师：农民伯伯种的西瓜丰收了，想请我们小朋友帮忙把田里的西瓜运回来。可是天就要下大雨了，我们怎样才能又快又好地把西瓜运回来呢？

幼儿1：我一个人拿两个西瓜。

幼儿2：用篓子帮忙运。

幼儿3：用袋子来运最好。

教师：我们每个人都用自己想的方法来运西瓜，看看一次能运几个？（幼儿自由选择方法，单独运西瓜。用球代替西瓜，运的过程中不能掉下来）

教师：你们一次能运几个西瓜？

幼儿1：我只能运1个。

幼儿2：我可以运2个。

幼儿3：我最厉害我能运3个呢。

教师：那怎么样才能把田里的西瓜一下子都运回来呢？

幼儿：我们可以用个很大的袋子来装着运。

教师：今天老师给小朋友准备了很多大的袋子还有大的网，我们小朋友4个人一组来运西瓜，要求把这些西瓜一下子都要运回家，注意不能把西瓜掉下来，看看哪一组运得又快又好。

上述几种教学方法是在幼儿园教育活动中经常采用的教法，此外，在教育活动中，教师还可以采用角色扮演法、引导发现法等，使活动获得更好的效果。

案例2.8

小班数学活动："4以内数数"

结合本次教学活动的内容，根据小班幼儿的年龄特点，拟运用以下教法。

情景教学法：过生日是小班幼儿熟悉而且很感兴趣的事情，能激发幼儿的学习兴趣。因此，在教学中创设"小兔子过生日"的情境。随着动物朋友给小兔子送生日礼物、小朋友给小兔子送生日礼物、为小兔子唱生日歌等情景的出现，让幼儿点数生日礼物的数量。

演示讲解法：演示讲解法直观、形象，能帮助幼儿理解相关数学知识。本次活动采用多媒体教学手段，利用课间播放朋友们送的各种物品的数量，让幼儿点数物品。

案例 2.9

中班健康活动："小刺猬搬家"

教学方法是达成活动目标的手段，整个活动以幼儿为主体，变过去的"要我学"为现在的"我要学"，让幼儿在轻松愉快的氛围中掌握活动的重难点。采用的学法有以下两种。

游戏法：游戏法是指以游戏形式组织幼儿进行身体锻炼的方法，游戏也是幼儿最喜爱的活动，可以激发幼儿参加活动的兴趣，在轻松的氛围中掌握跳、投掷、平衡、钻爬等运动技能。

角色扮演法：角色扮演是一种情境模拟活动，在活动的导入环节，让幼儿扮演小刺猬来激发幼儿参加活动的兴趣。

案例 2.10

中班语言活动："米宝宝去旅行"

要使幼儿对本次活动具有浓厚的兴趣，教学方法尤为重要，结合幼儿年龄特点，采用的教法有以下两种。

直观教学法：直观教学法主要是通过实物、图片、动作等使幼儿建立形象思维，可大大提高记忆效果，也是在讲述活动中常用的一种方法，在活动中利用图画中的内容，引导幼儿用完整的句子说出故事中的内容。

提问法：提问法是语言活动中运用最普遍的一种方法，在教学中发挥着不可替代的作用。在活动中通过提问的方式，引导幼儿用发散思维展开丰富的想象，如：我们的米宝宝看到了哪些东西？它的心理又会怎么想呢？从而发展幼儿思维和口语表达能力。

三、说学法

（一）如何说学法

《3~6岁儿童学习与发展指南》强调，在教育教学过程中要尊重幼儿的学习方式和学习特点，要最大限度地满足和支持幼儿通过直接感知、实际操作和亲身体验获取经验的需要。因此，幼儿怎样学决定了教师应该怎样去教，在教学中应该体现以学为中心，真正把学习的主动权还给幼儿，促使幼儿变被动学为主动学，变学会为会学，变苦学为乐学，促进幼儿全面、和谐、健康地发展。

说学法即说明在教学活动中幼儿学习知识和技能的方法，主要解决幼儿学习过程中"怎样学"、"为什么这样学"的问题。教师要说出活动中幼儿怎样学习、依据是什么，自己在活动中如何激发幼儿学习兴趣、引导幼儿积极主动探索的；还要讲出怎样根据班级特点和幼儿的年龄、心理特征，运用哪些教育教学规律指导幼儿进行学习的。

为了说好学法，首先要深入研究幼儿，了解幼儿的年龄特征和发展特点，理解幼儿的学习方式；其次，要说清楚指导幼儿学会什么学习方法，培养幼儿哪些能力，如何使幼儿真正成为学习的主体；此外，还要注意对某种方法指导过程的阐述，如教师通过什么情景设计，幼儿在什么样的活动中，形成哪些良好的学习品质，即让幼儿"想学"、"会学"、"乐学"。

（二）常用的学法

通常情况下，幼儿的学习方法和教师的教学方法是紧密联系在一起的，甚至是分不开的，比如，观察法既是教学方法，同时也可以说成是幼儿的学习方法。幼儿的观察是在教师的引导下进行的，是离不开教师的提问的，"引导幼儿观察"是教师在设计活动中很重要的一个环节。一般情况下，在说课中经常采用的学法有以下几种。

1. 多感官参与法

多感官参与法是指幼儿综合感知眼前的事物特征，运用听觉、视觉、运动觉、皮肤觉、触觉等多个感官的刺激，同时通过创设良好的教学情境，使幼儿的多感官（眼、耳、口、鼻、肢体）受到信息的刺激，有助于幼儿用多感官的方式去吸收、体验，从而全方位地获取相关信息。

2. 观察法

观察是获取周围世界信息的源泉，是儿童认识世界、增长知识的重要开端。观察法是指教师有目的、有计划地组织和启发幼儿运用多种感官，去感知客观世界的事物和现象，使之获得具体的印象，并在此基础上逐步形成概念的一种方法。

幼儿善于观察事物变化，对其以后获取知识、认识世界、发展智力及良好的心理品质有着极其重要的作用。在幼儿园常用到的观察法包括对个别物体的观察、比较性观察和长期系统性观察三种方法，观察可以提高幼儿感官的综合活动能力，发展幼儿的抽象思维能力，为形成概念提供丰富的感性经验。因此，学习观察事物的正确方法，学会有目的、全面、细致地观察事物，可以让幼儿受用终身。

例如，小班幼儿以观察个别事物、现象为主，主要是运用各种感官观察物体的明显外部特征和简单现象，以获取感性经验，如观察苹果、乌龟等。

中大班幼儿以比较观察和长期系统性观察活动为主，幼儿同时对两种以上的物体进行观察、比较，发现共同点和不同点，如各种各样的纸制品。长期系统性观察对幼儿观察的要求高，主要在大班开展，如观察蚕宝宝的一生。

3. 讨论交流法

讨论交流法是幼儿通过口头语言，表达自己在活动中的发现和探索的方法、过程，以及咨询、了解教师与同伴的意图和看法。它常常伴随着幼儿探索活动的全过程。讨论交流法包括教师与幼儿之间的"一问一答式"和教师把问题抛给幼儿后的"自由谈论式"这两种方式。

如大班绘本阅读《三打白骨精》教学片段。

教师：刚刚我们一起阅读了《三打白骨精》这个故事，小朋友们能来说一说你们看完故事后都有什么想法？

幼儿1：孙悟空神通广大，会七十二变，我很崇拜他。

幼儿2：孙悟空不怕妖魔鬼怪，真勇敢，我很喜欢他。

幼儿3：唐僧是一个好人，心地善良。

幼儿4：唐僧太可怜了，那么多的妖怪都想吃他的肉。

幼儿5：唐僧有时候分不清谁是好人，谁是坏人，差点被白骨精带走。

幼儿6：唐僧他还总是和孙悟空吵架，还不听孙悟空的话，我有点不是很喜欢他。

(这时一个孩子大声喊了起来)

幼儿7：我觉得孙悟空也有一点不好，不听他师傅的话。

幼儿8：孙悟空打了那么多的妖怪，还不好啊！

教师：那你们有喜欢白骨精吗？（为了解幼儿对反面人物的看法，继续问这个问题）

幼儿1：不喜欢，她太坏了，她要吃唐僧的肉呢。

幼儿2：我也不喜欢她，坏得要命。

幼儿3：我有一点点喜欢她和她的军师。

教师：你能说出喜欢她的理由吗？

幼儿3：因为白骨精和军师从来都不吵架，而且都听对方的话，非常团结还特别爱动脑筋。

教师：虽然白骨精会动脑筋，可是她想的都是坏主意、害人的主意，你也喜欢吗？

幼儿3：如果她改正错误了，我就还是会喜欢她的。

讨论与交流也是一种倾听和表达的过程，在这个过程中幼儿才能与他人求同存异，实现和而不同，或者不同而和。通过讨论交流，才能得到各种各样的声音、观点或立场，幼儿才能获得对每一个事物更为完整的认识和了解，这也是师生之间、生生之间良好互动的体现。因此，在幼儿园教育教学中，教师要为幼儿创造宽松、和谐的心理氛围，引发幼儿从多个角度来思考问题，大胆地表达自己真实的思想和行为。

4. 实验操作法

心理学家皮亚杰认为：在整个学前时期，儿童处于直觉行动和具体形象思维阶段，即直接的感知与事物的具体形象是儿童思维的重要支柱，对具体事物的操作、感知是儿童形成自己的经验结构和智慧结构的主要方式。实践操作法是幼儿参加并亲自动手操作的实验，也是获得相关结论和经验的一种方法，它符合幼儿的认知特点。

在幼儿园教育活动中，教师必须根据教学内容和不同的年龄阶段幼儿的特点，创设充分的操作环境，给幼儿更多动手实践的机会，让他们在丰富的感知中体验，在深刻的体验中收获。

实验操作法在幼儿科学活动中是经常会用到的一种方法，一般实验活动时间短，能较快地观察到实验结果和变化。如在科学活动"沉与浮"的实验中可以让幼儿通过在玩一玩、试一试中观察到"哪些东西是浮在水面上的，哪些东西是沉到水下的"的现象。

上述几种教学方法是在幼儿园教育活动中经常采用的学法，在实践教育活动中幼儿的学习方法有很多，教师在说课过程中要依据活动目标的要求和活动内容的特点以及幼儿的发展需要，采用并引导幼儿运用不同的方法，创造性地表现主题活动内容，以达到预期教育目标。

案例 2.11

小班数学活动："4以内数数"

幼儿是学习的主体，让幼儿在"做中学"、"玩中学"。运用以下方法支持幼儿学习。

操作法：操作是幼儿学习数学的主要方法，在教学中，给幼儿提供塑料小水果，让幼儿数一数，说出总数。

游戏法：游戏法在教学中，以给小兔过生日的游戏情境贯穿始终，设置让幼儿给小兔送礼物的游戏情节及唱生日歌的场景。例如让幼儿边送边说"小兔，我送你4颗草莓，祝你生日快乐"，来激发幼儿的学习兴趣。

案例 2.12

中班健康活动："小刺猬搬家"

幼儿园的教育活动是教师以多种形式有目的、有计划地引导幼儿主动活动的过程，因此本次活动采用的教法如下。

观察指导法：在活动过程中教师通过巡回观察指导，并适时调整游戏器材，促使游戏活动的顺利进行。

练习法是体育活动中最基本、最重要的方法，在教师的指导下，幼儿做练习，以实现健康教育的目标。

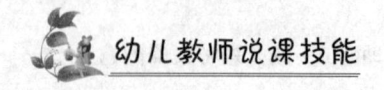

案例 2.13

中班语言活动:"米宝宝去旅行"

在活动中始终以幼儿为主体,带动幼儿的积极性,采用的学法有游戏法和讲述法。

游戏法:游戏是幼儿最喜欢的活动,通过进行排图游戏的方式,使幼儿更好地记忆故事内容,同时教师与幼儿一起验证幼儿的排序是否正确。

讲述法:让幼儿采用听一听、看一看、说一说等形式来引导幼儿观察图片中的内容,在活动中启发幼儿大胆地、基本完整地表达自己的想法,激发幼儿的兴趣,提高对事物的细致、全面地了解。

资料链接

幼儿园教育活动常用的方法从大的方面来分,包括语言类方法、直观类方法、实践类方法、游戏类方法。有的方法是各领域活动都较常用的方法,也有的方法是某个领域的特殊方法。

表 2.5 不同领域教育活动常用方法

不同领域教育活动	常用方法
健康教育活动	示范法、讲解法、练习法、游戏法、比赛法等。
语言教育活动	讲述法、示范法、谈话法、练习法、游戏法、表演法、视听讲做结合法。
科学教育活动	观察法、实验法、游戏法、操作法、演示法、比较法、讨论法、科学探究法。
社会教育活动	讲解法、讨论法、参观法、榜样示范法、角色扮演法、移情训练法、陶冶法。
艺术教育活动	讲解法、示范法、范例法、练习法、多感官参与法、临摹法。

思考与练习

1. 说教学方法和说教法、说学法有什么区别?
2. 说教法和学法时要说哪些内容?

任务 5　说活动过程

问题情境

说教学活动过程是说课的中心内容，说清楚活动过程是说好课的关键。在说课技能练习中，同学们对说教学活动过程产了一些困惑。例如，说活动过程是否就是把活动过程的环节和活动步骤一一阐述出来？说活动过程是否需要把幼儿教师提问以及预测的师幼互动情景也说出来？活动延伸是否属于活动过程的一部分呢？

表 2.6　教学任务一览表

基本知识	1. 了解活动过程设计的含义。 2. 理解活动过程设计的特点。 3. 掌握活动过程设计的基本原则。
设计与实施	1. 掌握幼儿园活动过程的基本环节及设计。 2. 熟识幼儿园五大领域活动过程设计的基本模式。 （1）健康领域活动过程设计与案例评析。 （2）语言领域活动过程设计与案例评析。 （3）社会领域活动过程设计与案例评析。 （4）科学领域活动过程设计与案例评析。 （5）艺术领域活动过程设计与案例评析。 3. 掌握如何说活动过程。
思考与练习	1. 将理论运用于解决实践问题。 2. 尝试设计各个领域说活动过程部分。

《幼儿园教育指导纲要（试行）》（以下简称《纲要》）第三部分"组织与实施"第二条指出：幼儿园的教育活动，是教师以多种形式有目的、有计划地引导幼儿生动、活泼、主动活动的教育过程。幼儿园教育活动的形式丰富多样。按活动的组织形式分为集体活动、小组活动、个人活动；按活动的地点分为室内活动、户外活动；按活动的性质分为教学活动、生活活动、游戏活动等。教育活动包含教学活动。狭义的幼儿园"说课"特指说集体教学活动，本节内容特指说集体教学活动过程。

基本知识

一、活动过程设计的含义

活动过程设计是教师为达成活动目标对教学活动内容呈现、教学方法运用所设定的基本步骤和顺序,是对相互关联的一系列教与学的活动的具体安排。

幼儿园的教育活动,是教师以多种形式有目的、有计划地引导幼儿生动、活泼、主动活动的教育过程。在一次教学活动中,活动过程是教师创造性地开展工作的过程,是对教学活动如何开展的思考,往往蕴含了教师基本的教学观和儿童观。

二、活动过程设计的特点

(一)活动过程设计应体现幼儿的心理特点

幼儿的认知方式具有行动性和形象性,他们只有通过亲自摆弄、操作、观看、触摸、倾听等感知行为,才能从不同角度认识客观事物,发现事物的变化和关系,理解事物并形成相对概括的认识。

幼儿园的教学活动具有情境性和游戏性的特点。幼儿的思维具有直觉行动性和具体形象性,他们有一定的口头语言理解能力,但基本不认识文字符号,以无意注意为主且注意力容易转移,好奇心强,兴趣广泛却不持久。幼儿的这些心理发展特点决定了幼儿园教学过程中应该呈现一定的实物、模型、图片、声频或视频资料并结合语言描述创设一定的故事情境或生活情境,以帮助儿童进行感知和理解,调动儿童的兴趣,吸引儿童的注意力,使他们愿意参与教学活动。根据这种特点,教师常常会把教学的某些环节设计成"游戏",或把整个教学过程用游戏的形式贯穿起来,使儿童在情境中积极探索、主动表达以便实现"玩中学"的目的。例如,中班科学活动《小蜗牛》设计了以下几个环节:兴趣导入,呈现蜗牛;观察蜗牛,获取认识;动手操作,给蜗牛造家。这些正是基于幼儿具体形象性思维、好奇、好动、好探索的心理特点来设计的。

(二)活动过程设计应反映教师的"三观"

拥有正确的教育观,是深化学前教育改革的必要前提,为了树立科学的学前教育观,教师要热爱儿童、尊重儿童,通过多种形式对儿童进行全面发展的教育,寓教育于托儿所、幼儿园的一日活动之中,注意儿童化因材施教,争取家庭的支持和配合。活动过程设计中,教师应明确幼儿园教育是基础教育的重要组成部分,是我国学校教育和终身教育的奠基阶段,应从实际出发,因地制宜地实施素质教育,为幼儿一生的发展打好基础。

推进幼儿园全面发展教育是指以幼儿身心发展的现实与可能为前提,以促进幼儿在体、智、德、美诸方面和谐发展为宗旨,并以适合幼儿身心发展特点的方式、方法、手段加以实施的,着眼于培养幼儿基本素质的教育。活动过程设计中,导入环节的设计就应从幼儿各年龄阶段的特点入手,基本部分的设计中,利用适宜的方法手段,促进幼儿身体正常发育和技能协调发展,增进求知兴趣,养成良好的学习习惯,发展社会性,培养正确的审美观。

树立"育人为本"的儿童观,包括幼儿是发展中的人,要用发展的观点认识幼儿;

幼儿是一个完整的、独一无二的人；幼儿是学习的主体，是具有能动性的教育对象；幼儿是权利的主体。我们在活动过程的设计中，应承认幼儿所具有的各种发展的需要，并尽可能为幼儿创造良好的环境与条件，不仅保证其身体的正常生长发育，还要给他们充分参加各种活动的机会，使其获得最充分的发展。幼儿发展具有个体差异性，要设计不同层次的活动内容，尽可能地满足每个幼儿的发展需要。幼儿的发展受制于多种因素，要让幼儿在活动中充分发挥其积极主动性和创造力，才能使幼儿得到真正的发展。

所谓"教师观"，就是关于教师职业的基本观念，是人们对教师职业的认识、看法和期望的反映。它既包括对教师职业性质、职责和价值的认识，也包括对教师这种专门职业的基本素养及其专业发展的理解。现代教师观认为教师是促进幼儿发展的指导者、塑造幼儿心灵的工程师、幼儿学习的支持者、幼儿的养护者、沟通幼儿与社会的中介者、幼儿教育的研究者。例如，大班谈话活动"我们的动画片"，张老师观察到幼儿经常在游戏、洗手甚至上厕所时交流自己喜欢的动画片和动画角色，于是张老师抓住这个教育契机，促成了一节谈话活动——我们的动画片。张老师把幼儿作为学习的主体，对幼儿进行积极正面地引导。首先出示了一系列幼儿爱看的动画片图，引导幼儿在集体面前大胆地说出这是什么动画片以及动画片里的人物，并能安静地听别人的谈话；其次，引导幼儿辨别哪些角色是善良、勇敢、聪明的，哪些角色是阴险、狡猾的等；最后，请幼儿说说自己最喜欢哪部动画片，最喜欢动画片里的哪个角色，用完整连贯的语言说明自己的理由。本次教学活动之所以取得了良好的效果，正是因为教师树立了正确的教育观、儿童观及教师观，并运用到实践活动中。

（三）活动过程设计是教学活动成败的关键

活动过程设计关乎活动目标是否达成，活动内容是否得以全面呈现，教学方法如何得以应用。教学活动过程设计往往以目标为主线，重视教师主导和幼儿主体作用的发挥，展现教师如何引发幼儿学习兴趣、如何展开教学内容、如何安排教学程序，是整个教学活动成败的关键。例如，大班数学活动"我会分图形"设计了以下活动环节：环节一，创设问题情境，导入活动。此环节由故事引出要解决的问题，集中幼儿注意力，激发幼儿学习兴趣。环节二，操作探索——等分图形。此环节是教学重点。又细分为：步骤1，等分圆形和其他图形；步骤2，表达、交流操作结果——建构二等分概念；步骤3，观察比较——理解整体与部分的关系。三个步骤由易到难，层层递进，重点突破本活动的认知和能力目标，运用的教学方法是操作法。环节三，玩拼图游戏——结束活动。本环节采用游戏法，让幼儿在轻松愉悦的氛围中操作，加深图形分和关系的体验。

三、活动过程设计的基本原则

活动过程的设计应在《纲要》和《指南》的指导下，围绕活动目标，结合教育内容及幼儿的实际情况，合理布局教学活动的基本框架结构。幼儿园教育活动设计的原则是

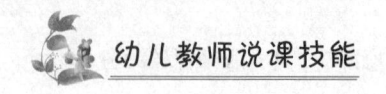

教师设计教育活动时必须遵循的基本要求。

（一）活动性原则

活动性原则是指幼儿园教育活动设计应立足于活动。幼儿是在感兴趣的活动中不断积累经验、调节和更新认知结构而获得发展的，因此，教师应满足幼儿喜欢活动的愿望，通过有目的、有计划地组织各种生动有趣的活动，吸引幼儿参加，使幼儿的身心均处于积极主动的状态中，在活动中学习，促进幼儿全面发展。

贯彻这一原则时应注意做到以下几点。

（1）在活动过程中，必须能激发幼儿参与的主动性和积极性，即设计的活动应能引起幼儿对认知对象的注意和兴趣，能使幼儿从被动地接受变为主动地探索学习。

（2）在活动过程中，为幼儿提供丰富的物质材料，让幼儿在与这些材料的互动中获得发展。

（3）在活动过程中，为幼儿提供较多的社会交往机会。教师应重视为幼儿提供与同伴之间交往的机会，如组织讨论；组织开展需要协商、互助的活动。教师与幼儿应建立平等的交往关系，不能以指导者的身份强制幼儿接受、服从现成的答案或教师的想法。

（二）发展性原则

发展性原则是指设计教育活动时应考虑幼儿的现有水平及"最近发展区"，通过活动使每个幼儿都得到最大限度的发展。

贯彻这一原则时应注意做到：

（1）对幼儿提出适当的要求，依据幼儿的不同水平因材施教；

（2）考虑幼儿发展的整体性，充分挖掘活动中可促进幼儿发展的因素。

（三）综合性原则

综合性原则是指在设计教育活动时，不仅要充分发挥活动内容、形式、过程等因素的功能，还应加强各因素间的协调、配合，发挥其综合效能，从而促进幼儿的整体发展。

贯彻这一原则时应注意做到以下几点。

（1）实现教育内容的综合，即尽可能地把多种活动的内容科学地组合起来，使之形成合理的、科学的网络结构，发挥综合教育的效应，实现多面的发展目标，促进幼儿的和谐发展。

（2）实现教育活动形式的综合，如集体活动、小组活动、个别活动；统一活动、自选活动、自由活动；核心课程、学科课程、活动课程。这些活动形式互相配合，发挥各自的优势，有利于教育目标的实现。

（3）实现教育过程的综合，即实现教育过程中各因素间的协调。例如，教师的教与幼儿的学，教育内容、环境创设与教具使用；幼儿的身体发展、认知发展与社会性发展等，使活动过程成为促进幼儿发展的过程。

设计与实施

一、幼儿园活动过程的基本环节及设计

幼儿园集体教学活动过程指教学活动的环节安排，说明每一个环节要实现的教学目标、要学习的教学内容及使用的教学方法。活动过程的设计不拘一格，但从总体上来说，一般包括开始部分、基本部分和结束部分三大环节。

（一）开始部分

好的开始，直接影响活动的成败。开始部分即教学活动的"导入"环节，主要目的是激发幼儿的学习兴趣，集中幼儿的注意力。教师结合实际教学内容及幼儿的年龄特点，灵活设计适宜的导入方式，达到事半功倍的作用。开始部分的设计要具有启发性、针对性、趣味性、艺术性和简洁性的特点，即要富有感染力，能激起幼儿思考和探究的欲望，富有情趣，使他们感到新奇。常用的导入方式如下。

1. 直接导入

直接导入即教师用简明的语言直接告诉幼儿活动的内容，并向幼儿提出活动的具体要求和方法，使幼儿马上明确活动任务。这是一种最简单、最常用的导入新课的方法。如：大班主题活动"秋天的故事"，上午在教师的引导下，幼儿开展了科学探索活动，在户外寻找秋天，掌握了秋天的基本特征。下午开展美术领域的活动，教师用直接导入的方式："小朋友们，让我们把上午观察到的秋天，用画笔来画一画吧。"用开门见山的方式，直接使幼儿参与活动。

使用此导入方式应注意观察幼儿投入活动的积极性，如个别幼儿没有明确活动任务，需教师用语言或实物进一步进行启发。

2. 问题导入

问题导入即教师通过设计与教学相关的问题，引起幼儿的好奇心和学习愿望。问题导入包括直接问题导入和悬念导入。

直接问题导入，多指教师围绕教学内容或幼儿的实际经验直接发问。如：小班科学活动"你会盖盖子吗？"教师直接发问："瓶盖有什么用呢？"

悬念导入指教师通过精心设计的问题，造成悬念，激起幼儿的探索欲望，导入新课。如中班文学活动"小羊和狼"，教师设置问题："狼最喜欢吃小羊，小羊是不是一遇到狼就会被吃掉呢？小朋友听完故事《小羊和狼》，就知道了。"短短的几句话，就激起了幼儿强烈的好奇心，促使幼儿集中注意力听老师讲故事。

3. 前经验导入

前经验导入即教师根据幼儿已有的知识经验来发起活动。如：大班散文诗活动"冬爷爷的胡子"，可以这样设计导入："小朋友们，你爷爷的胡子是什么样子的？谁知道冬

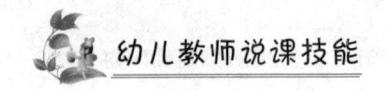

爷爷的胡子是什么样的?"教师用跟本活动相关的、小朋友熟悉的内容,巧妙衔接并导入新内容。

4. 文艺作品导入

文艺作品导入即教师利用文学作品(故事、谜语等)、歌曲、视频等吸引幼儿积极投入活动。

故事导入即通过讲述与活动内容相关的小故事,自然导入。如中班数学活动"数的守恒",教师设计一个故事:"森林里好热闹,因为小动物们要举行盛大的联欢会,小兔子、小老鼠、大象都来参加了,你们想知道他们都表演了什么节目吗?谁获得了最受欢迎奖?让我们一起来看一看吧。"

谜语导入即在活动开始时,用琅琅上口的谜语,吸引幼儿的兴趣。如小班语言活动"小小电话",就可以这样导入:"叮铃铃,叮铃铃,这儿说话那儿听,两人不见面,说话听得清。"当幼儿猜出谜底"电话"时,便可以自然地引入教学内容。

歌曲导入,选取与活动内容有密切联系的歌曲,让幼儿在活动开始时欣赏或吟唱也是一种好的导入方法。如,大班学习诗歌《春天的秘密》前,让幼儿欣赏歌曲《春天在哪里》,使幼儿从歌曲中获取更多有关春天的知识,为后面的活动做好铺垫,也调动了幼儿的兴趣。又如,中班谈话活动"夸夸我的好妈妈",开始前可组织幼儿演唱歌曲《我的好妈妈》,用歌声感染幼儿,调动幼儿的积极性。

视频导入,通过多媒体设备,播放一段小视频,导入活动内容。如大班谈话活动"有趣的广告",教师先利用班里的一体化教学设备播放几段幼儿耳熟能详的电视广告视频,来激发幼儿参与活动的兴趣。

5. 游戏导入

游戏是幼儿最喜爱的活动,因此在活动时可以用游戏的方式来引出活动,激发幼儿的学习兴趣。例如,大班看图讲述活动"捉迷藏",开始时教师告诉幼儿:"今天小熊来和我们一起捉迷藏,你们赶快躲起来。"于是,幼儿纷纷躲藏,教师扮演小熊开始寻找,让被找到的幼儿用方位语言描述自己刚才躲藏的地方。然后教师通过游戏性的口吻,自然地引出"捉迷藏"这一新内容。

6. 情境导入

情境表演导入,这种方法是由教师事先排练一段情境表演,活动开始时让幼儿观看,随着情节发展引出问题展开讨论,再进一步引入新内容。如,小班社会活动"不和陌生人说话"就可以用这种导入方式,可以设计以下情境让幼儿观看:放学了,别班老师扮演的陌生叔叔来幼儿园接小明,先是告诉小明他是爸爸的同事,要带他去找爸爸,小明不相信,陌生叔叔又拿出糖果零食要送给小明,小明有点动摇了,这时老师及时出现,制止了小明。然后,教师再引导幼儿讨论,如果小明吃了陌生叔叔的东西或者跟陌生叔叔走了,可能会发生什么事呢?鼓励幼儿各抒己见。这样的引入,能使幼儿的注意力迅速地集中起来，并将问题自然地呈现在幼儿面前，使幼儿产生解决问题的愿望。

7. 教具导入

教具导入即通过出示实物、图片、玩具等引起幼儿的学习兴趣。如中班科学活动"梨子内部的秘密"，教师出示梨子，请幼儿观察梨子的外形，引起幼儿的兴趣，引导幼儿简单地说出自己已经知道的有关梨子的经验。又如，大班美术活动"秋天的故事"，教师为幼儿呈现秋天场景的图片，幼儿观察图片中千姿百态的菊花，丰收的果园和田园……使幼儿获得直观经验。

值得注意的是，导入环节不是活动的主体，更不是活动的重点，它所占的时间一般不宜过长，应控制在3分钟左右，避免长篇大论地铺垫或离题万里的赘述。例如：在一次实习教学活动中，实习学生试讲课题为中班科学活动"认识大蒜"。

实习学生："小朋友们，你们喜欢吃水果么？"

幼儿："喜欢……"

实习学生："你们都喜欢吃什么水果？"

幼儿："苹果"、"香蕉"、"西瓜"、"桃子"、"猕猴桃"、"樱桃"、"草莓"……

实习学生："你们都喜欢吃什么蔬菜？"

幼儿："土豆"、"芹菜"、"西蓝花"、"番茄"、"大白菜"、"小青菜"、"生菜"、"胡萝卜"……

部分没回答过的幼儿还在积极举手发言，这时时间已经过去七八分钟了，回答过几次的幼儿开始百无聊赖，甚至有的幼儿大声表示："老师，我要去厕所。"显然，实习学生并没有听到她想要的"大蒜"的答案，只得自己突兀地自圆其说："哦，小朋友们喜欢吃这么多的蔬菜水果啊，今天老师要带你们认识大蒜……"。

此外，一个活动的导入方式并不是唯一的，而是多种多样的。只要教师树立科学的儿童观，时刻站在幼儿的角度，立足于幼儿的身心发展特点，就一定能设计出有吸引力的导入方法，从而使教学达到预期效果，更好地开展教育教学活动。

请分析下列案例采用了哪些类型的导入，并仔细体会教师的导入语。

案例 2.14

在小班语言活动"美丽的小船"中，活动开始时教师说了这样一段话："在一片大森林里，一群小动物们比赛看谁的小船最漂亮。看，有的小船是香蕉做的，弯弯的香蕉船又黄又香；有的小船是大鞋子做的，坐在里面又稳又舒服；还有的小船谁也猜不出它是什么做的，小朋友们，你们想知道吗？让我们一起到比赛现场看看精彩的小船大赛吧。"听了教师形象生动的叙述，幼儿们迫切地希望马上到"比赛现场"去，看教师所描述的"小船大赛"。

案例 2.15

小班科学活动"图形食品品尝会"中,活动开始时教师说:"今天有许多图形宝宝来和我们一起做游戏,他们是谁呀?"教师逐一出示图形,幼儿说出图形宝宝的名称。教师说:"你们知道这些图形宝宝爱藏在哪里吗?"幼儿说出藏在活动室周围的物品,教师出示水果娃娃说:"图形宝宝除了爱藏在××地方外还爱藏在哪里?"幼儿说出爱藏在的食品中。"还有哪些食品中藏有图形宝宝呢?我们一起去看一看。"

(二)基本部分

基本部分即教学过程的主体部分,由设计合理的若干教学步骤组成。这一部分是活动设计的主要内容,要设计得稍详细一些。要求步骤清楚、环环相扣、时间分配合理。五大领域教学活动类型基本部分设计思路虽不相同,但总体要求一致。一般要满足以下基本原则。

1. 每个环节围绕目标设计

活动过程是落实活动目标的关键所在,因此在设计三、五个环节时,教师不能想当然地随意设计,每个环节都需要围绕着活动目标来设计。

2. 教学步骤清晰、环环相扣

设计时要考虑教学步骤之间的关系和顺序,要符合认识事物的规律,即由易到难,由简到繁,由具体到抽象,由感性到理性。认知发展过程是一系列有序发展的过程。如提取原有经验、感知新的信息、吸纳新信息,应保证幼儿学习上的层层递进。即这一个环节的设计除了实现某一活动目标,还为下一环节的设计做了铺垫,理清层层深入的脉络。

3. 各环节详略得当、重难点突出

通过以上过程的实施,要求每个环节围绕目标设计处理好环节的详略,如重点环节是什么,难点环节怎样解决。

4. 合理分配各环节时间

国家教育部早在1981年制定的《幼儿园教育指导纲要》(试行草案)中明确规定:小班每周上课六至八节,每节10~15分钟。中班每周10~11节,每节20~25分钟。大班每周12节,每节25~30分钟,大班末期延长5分钟。设计活动过程的各个环节部分,需明确每个环节所需大概时间,重难点环节多分配些时间,这样才能保证活动达到良好的效果。

5. 关注幼儿兴趣,灵活调整活动环节

在活动过程中,教师通过提问、讲解、演示、讨论等各种方式,引导儿童进行积极的观察、操作、思考、理解和发现,同时还应关注儿童的兴趣和问题,并据此对教学计划做适当调整,保证儿童能够积极主动地进行学习。

一个好的教学过程应有一个最佳结构。

案例 2.16

小班科学活动:"糖到哪里去了"

活动目标:

1. 对溶解现象产生好奇心。
2. 愿意在集体面前大胆讲述自己的发现。
3. 观察糖在水中溶解的过程及所发生的变化。

活动准备:

1. 知识经验准备:幼儿已认识方糖。
2. 物质准备:每人一小杯温开水,一块方糖及用于搅拌的筷子等。

活动过程:

环节一:出示方糖,激发幼儿兴趣。

环节二:引导幼儿进行猜测并用语言进行表达。

教师:你们的桌上有什么?如果把方糖放到水里去会怎么样呢?

环节三:幼儿动手试验,并观察溶解的过程。

教师:每个小朋友一杯温开水,拿一块方糖放进水里,仔细观察方糖在水里有什么变化?

环节四:引导幼儿讨论溶解现象。

教师:你们刚才把方糖放到水里,搅拌了一会儿,你发现了什么?方糖到哪里去了呢?

小结:原来糖放到水里面会慢慢变小,最后看不见了。

环节五:引导幼儿联系其他溶解现象,丰富生活经验。

教师:你还知道有什么东西像糖一样,在水里会"化掉"呢?

小结:今天我们发现了一个有趣的现象:糖放到水里去就不见了。请你们回家以后再试一试还有哪些东西也是这样的。

活动延伸:在区角活动中投放一些可溶性物质,引导幼儿进一步探索溶解现象。

(晋江市灵水幼儿园 庄丹容)

活动评析:此活动属于现象观察活动。对小班幼儿来说,溶解现象既是难以理解的,又是日常经常接触和观察到的。该活动立足于观察溶解现象的发生过程而不是讲解为什么糖会溶解,符合小班幼儿的年龄特点。教师以猜测问题激发幼儿参与活动的兴趣,调动幼儿的积极思维,引导幼儿讨论溶解现象,要求通过自己的操作寻求解释,对于维护幼儿的好奇心和养成积极思考的习惯是很有帮助的。

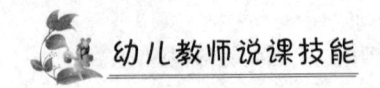

（三）结束部分

结束部分即教学的"结束"环节，主要是教师归纳、总结学习活动，或者评价儿童的学习情况，也可以由教师组织儿童进行总结或相互评价，激发儿童再学习的愿望或引发新的学习课题。一个完美的结束形式，可以对活动起到画龙点睛的作用，因此教师要精心设计结束部分。结束部分有很多形式，常用的有以下三种。

1. 总结性结束

教师把活动的主要内容加以总结，加深幼儿对活动的印象，帮助幼儿有重点地记住活动内容。

2. 悬念性结束

指教师的"结尾性"教学用语具有悬念性，能够激发幼儿的想象力和探索的欲望，为延伸活动做铺垫，也可为幼儿提供更广阔的空间。例如"龟兔赛跑"，在结束部分教师设问："如果龟兔举行第二次赛跑，谁会赢呢？为什么？"

3. 活动性结束

活动结束时，可采用和教学内容相关的游戏、表演等活动方式结束。例如，"龟兔赛跑"故事结束时，教师弹奏乐曲，幼儿学乌龟爬行或小兔子跑跳，在自由表演活动中结束。

活动的结束也要讲究教学艺术，一般要简洁明快、生动有趣，使幼儿有意犹未尽的感觉。具体选用哪一种方式，均需在活动设计中简练、明确地写出来。

（四）活动延伸

活动延伸指计划中的教学结束之后，还可以进行的教学活动或者生活活动、游戏活动等，以便儿童有机会练习和巩固所获得的知识，或者进一步探究尚未解决的问题。

需要注意的是：活动延伸不属于教学过程结构的一部分。活动延伸体现了幼儿园教育整合性、发展性的特点。在幼儿园教育中，应使幼儿在一段时间内获得的经验得到整合。因此，活动延伸不是可有可无，也不是形式化。教师应设计切实可行的活动延伸方式及内容。活动延伸的方式和途径主要有以下几种。

1. 家园共育

即家长与幼儿园共同完成孩子的教育。《纲要（试行）》中指出：家庭是幼儿园重要的合作伙伴。应本着尊重、平等、合作的原则，争取家长的理解、支持和主动参与，并积极支持、帮助家长提高教育能力。而幼儿园家长工作的出发点就在于充分利用家长资源，实现家园互动合作共育。比如中班社会活动"我会做值日"把活动延伸至家庭，请幼儿回家后帮爸爸妈妈做一些力所能及的家务。

2. 区域活动

即把活动延伸至区域活动中，区域活动是幼儿自主自愿的小组活动，因此幼儿参与度和积极性比较高。把活动延伸至区域活动，有利于巩固练习所得经验或进一步探索问题。比如，中班科学活动"磁铁的秘密"，把活动延伸至科学区域活动中，即活动结束后，把若干个磁铁投入科学区角中，供幼儿进一步探索。

3. 领域渗透

即把活动延伸至本领域之外的活动中，以帮助幼儿整合相关知识经验。如中班语言活动"美丽的秋天"延伸至艺术领域，请小朋友们用绘画、粘贴等方式创造一幅关于秋天的作品。

4. 日常生活

即把活动延伸至幼儿的日常生活中，帮助幼儿把所学的知识经验用于指导自己的生活。比如中班数学活动"数的守恒"，把活动延伸至日常生活，请小朋友把数的守恒的知识经验用来解决生活实际问题，超市购物时，不受物品颜色、形状、大小的干扰，要用点数的方式判断物品的数量。

5. 游戏活动

即把活动延伸至游戏，游戏是幼儿最喜爱的活动形式，把活动延伸至游戏，更利于幼儿巩固练习新知识、经验。比如户外游戏中，可以加入语言活动中学到的儿歌，使游戏更生动、有趣。

6. 环境创设

即把活动延伸至环境创设中。其一，在活动室内设计活动内容相关专栏。比如中班社会活动"互相帮助"，活动结束后，在班级设立互相帮助专栏，对幼儿的良好行为加以宣传表扬，鼓励幼儿的互助行为，而专栏也称为活动室环境创设的特殊部分。其二，幼儿参与环境创设。环境创设真正的主人是幼儿，有幼儿参与的环境创设才能实现它真正的价值。比如艺术活动之后，请幼儿把自己的美工作品粘贴展示出来，不仅起到了优化环境的作用，还提高了幼儿的自豪感。

活动延伸的方式多种多样，并没有标准统一的答案。教师需根据教学内容，结合幼儿的实际情况，本着促进幼儿发展的原则，灵活地选择适宜的活动延伸方式及内容。

二、幼儿园五大领域活动过程设计的基本模式及案例分析

（一）健康领域活动过程设计

幼儿健康教育，是根据幼儿身心发展的特点，提高幼儿健康认识、改善幼儿健康态度、培养幼儿健康行为，维护和促进幼儿健康系统的教育活动。它包括身体和心理的健康教育，体育、生活常规教育，安全教育，环境教育。可概括为身心保健教育活动和身体锻炼活动。

1. 身心保健教育活动过程设计

身心保健教育活动的内容主要包括：生活卫生习惯、饮食与营养、人体认识与保

护、安全自护及心理健康等内容。是对幼儿健康意识和良好生活习惯的养成教育。

幼儿园身心保健教育活动的任务是通过专门健康教育活动、生活活动、家园合作等组织形式实现的。各种组织形式共同承担《纲要》规定的幼儿园健康教育任务，它们有各自的教学因素，各有特点，又相互联系。专门的正规性幼儿园身心保健教育活动过程的设计一般包括活动导入、引导幼儿参与活动、参与思考及引导幼儿总结这三个环节。教师应明确知晓希望幼儿在哪些方面获得发展、希望解决什么问题、如何启发幼儿思考、如何带动幼儿参与活动、什么时候提什么问题、如何使用最佳的教育方法、如何让幼儿对活动作出总结，使幼儿已有的经验得到提升。

在开展活动时可以运用多种文学艺术载体，增强活动的趣味性，提高活动的效率。常见的文学艺术载体有故事、童话、儿歌、儿童诗、歌剧、演唱等。

好的健康教育活动不是止于特定的某一次活动，而是一个长期、持续的过程，特别是能力、习惯的培养及心理素质的提高，活动延伸不可缺少。活动延伸的方法可以是家园共育、领域渗透、环境创设、区角活动等。例如，教师利用健康教育活动教幼儿学习正确的刷牙方法，在活动结束后的当天，就应该及时在家园联系栏上给家长留言，要求家长在家中督促幼儿按时以正确的方法刷牙，以帮助幼儿巩固刷牙的正确方法，并养成良好的刷牙习惯。

案例 2.17

小班身心保健教育活动："我的小手"

活动目标：

1. 喜爱自己的小手，喜欢做小手的游戏。
2. 认识小手，知道保护自己的小手。
3. 学习关于小手的安全保健常识。

活动准备：

1. 节奏欢快的音乐磁带。
2. 保护小手的图片。

活动过程：

1. 律动"小手爬"引出活动。

教师带领幼儿随音乐做小手在身体上爬的动作，感受小手的活动

2. 引导幼儿通过多种形式了解自己的小手，知道保护小手。

（1）认识小手，喜爱自己的小手。

通过观察、感知和描述，知道小手上有手指、指甲盖、手心、手背等，说一说：小手小手真可爱，1、2、3、4、5，5个手指头。

（2）挠一挠小手，体验小手游戏的快乐。

挠挠自己的手心，挠挠同伴、老师的手心，说一说有什么感觉。说一说：小手小手真好玩，挠挠小手哈哈哈，痒死喽。

(3) 了解小手的本领，懂得要保护自己的小手。

日常生活中帮助我们：打手势、敲键盘、拿东西、穿衣服……

学习时帮助我们：握彩笔、捧书本、翻画书……

游戏中帮助我们：玩玩具、弹钢琴、做手指操、做舞蹈动作……

3. 学习小手的安全保健常识，掌握保护小手的方法。

(1) 观看图片，了解小手的安全保健知识。

① 不吮吸手指头，不啃指甲。

② 勤洗手，勤剪指甲，保持小手干净美观。

③ 天冷时给小手抹上护手油，戴上手套，以免裂或冻伤。

④ 不将小手伸入孔洞或门缝，不拿锋利或热的危险物品，保证小手的安全。

(2) 模拟洗手过程，擦上护手油，感知体验保护小手的方法。

活动延伸：

生活中鼓励幼儿用自己的小手做事情，自己能做的事情自己做，并知道关心和保护自己的小手。

活动评析：

本次活动设计了律动引入—认识—了解小手—保护小手四个环节，主要采用了多通道参与法、游戏法、谈话法、感知体验法等教学方法。

活动开始，教师带领幼儿做小手在身体上爬行的小律动，来感受小手的灵活和有趣，进一步集中孩子的注意力，诱发孩子参与活动的兴趣。

第二个环节，采用多通道参与法，引导幼儿在看一看、摸一摸、说一说、数一数、玩一玩等有趣的活动中来认识小手。而"拉拉勾""挠手心""手指操""跳个舞"的小游戏，能有效地吸引幼儿，激发幼儿活动的兴趣，消除陌生感，拉近师生之间的距离，使幼儿在轻松、愉快的氛围中了解小手的本领，懂得要保护自己的小手。

最后一个环节是帮助幼儿掌握保护小手的方法。《纲要》中指出：幼儿园必须把保护幼儿的生命和促进幼儿的健康放在工作的首位。幼儿园的健康教育应与日常生活中的健康教育相结合。因此，教师引导幼儿观察小朋友误伤小手的视频，引起幼儿对保护小手安全的关注。接着展开讨论：我们应该怎样保护小手。为避免空洞的说教，教师带领幼儿模拟洗手动作，擦上护手油，通过亲身的感知体验，使幼儿掌握保护小手的方法。

在活动结束时，教师示意幼儿挥挥小手，用小手跟客人再见，引领幼儿走出活动室。既能和活动开始部分相呼应，又能再次激发幼儿探索小手的兴趣，使幼儿在亲切、和谐的氛围中自然地结束活动。

2. 身体锻炼活动过程的设计

幼儿园身体锻炼活动的任务是通过体育教学活动、早操、户外体育活动等组织形式实现的。各种组织形式共同承担《纲要》规定的体育任务，都有一定的教学因素，各有特点，又相互联系。幼儿园体育教学活动是一种正规性教育活动，是实现幼儿园健康教育目标的基本途径之一。在幼儿园体育教学活动中，既要遵循人体生理机能活动变化的规律和动作技能形成的规律，又要考虑和遵循幼儿认识的特点和发展规律，还必须符合幼儿的生理、心理特点和发展水平，以游戏作为主要的活动方式。

人体在运动过程中生理机能是不断变化的，而且有一定的规律。一般在开始时，能力逐步上升，然后达到并在一定时间内保持最高水平，最后又逐渐下降，这个过程可分为上升、平稳和下降三个阶段，变化过程是一个客观规律。

根据这一规律，目前体育教学活动多采用三部分结构：开始部分、基本部分、结束部分。各部分的任务、内容和时间安排如下。

(1) 开始部分。

① 任务：组织幼儿，集中幼儿的注意力，激发他们参与身体锻炼活动的兴趣，使幼儿精神振奋、情绪活跃，使身体各器官能较快进入活动状态，为基本部分做好生理和心理上的准备。

② 内容：排队和队列队形练习，做一些基本体操或模仿活动，开展一些运动负荷不大、有利于发展幼儿体能的游戏，也可进行一些简单的舞蹈和律动等。向幼儿简要说明活动的要求和主要内容。

③ 时间：一般占总时间的10%~20%。幼儿的年龄越小，所占的时间越少。

开始部分的设计最好简短新颖，要根据幼儿特点、教学活动目标、气候等因素来确定活动的内容和时间。

(2) 基本部分。

① 任务：学习粗浅的体育知识和技能，学习新的或较难的活动内容，巩固和提高已学过的各类练习和游戏等。实现本次体育教学活动的主要教育和教学的活动目标，并从中通过幼儿自身的身体练习，提高幼儿的身体素质，发展幼儿的能力，培养幼儿良好的品质等。

② 内容：发展体能的游戏、基本体操、其他各类游戏，一般以《纲要》中规定的内容为主，一次活动一般安排1~2项活动内容。在内容的安排上应注意新旧内容的搭配，急缓结合，全面锻炼幼儿的身体。

③ 时间：一般约占总时间的70%~80%。全课的运动负荷高峰一般出现在基本部分，教学时要掌握好负荷的节奏。

(3) 结束部分。

① 任务：降低幼儿大脑的兴奋性，使身体由运动的紧张状态逐渐恢复到相对安静

状态，放松肢体；合理地小结评价，有组织地结束活动。

②内容：一般包括两个方面。一是做一些身体放松的游戏或动作，如轻松自然地走步，徒手放松运动，简单、轻松的操节和舞蹈，较安静的游戏等。二是进行本次体育教学活动的简单小结，肯定和称赞幼儿的努力和成功，同时要继续激发和保持幼儿对身体活动的兴趣和积极性，并组织幼儿整理教具，养成做事有始有终的好习惯。

③时间：约占总时间的10%~20%，可视具体的活动情况而增减。

幼儿园体育教学活动过程的三个部分之间是相互联系的，各部分都有自己的主要任务和内容，但在活动的结构上又是一个紧密相连的整体，以共同实现身体锻炼为目标。另外，体育活动的结构和各部分的内容、时间等方面的安排也应根据具体的活动任务、目标、季节气候情况，幼儿的具体情况，场地、器材等条件灵活地组织和安排。

幼儿园体育教学活动的结构没有固定的模式，应从有利于更好地完成教学任务出发，根据影响课的结构的各种因素以及教师本身特点而灵活变化。

(4) 活动延伸。

活动延伸是课堂教学活动的必然延续，是不可缺少的环节。因为无论是知识技能的掌握、优良品德的形成，还是体力的增长，都需要逐步地加以强化。首先，幼儿园体育教学活动课时短、间隔时间长，应更注意课内外的密切配合；其次，幼儿存在着个体差异，而课堂上贯彻区别对待的原则有局限性，需要课后予以个别辅导，才能较好地使幼儿共同前进、发展个性；最后，幼儿自学能力和独立性差，课后需要教师组织复习、指导。

案例 2.18

小班身体锻炼教育活动："小猫钓鱼"

活动目标：

1. 初步学会爬过70厘米高的障碍物，练习两手、两膝着地向前爬行。
2. 发展钻爬能力，锻炼大肌肉力量，促进手脚的协调性。
3. 培养勇敢的品质和活泼开朗的性格。

活动准备：

垫子4块，分两排摆放；长橡皮筋一条（挂上绿色纸树叶）；小鱼图片若干（为幼儿人数的3~4倍），四散放在场地一端；"鱼篓"两只。

活动过程：

1. 开始部分

(1) 幼儿随音乐模仿小猫，边"喵喵"叫着边走入场。

(2) "小猫"在"猫妈妈"的带领下边念儿歌边愉快地做操。儿歌："今天天气真正好，小猫小猫来做操，伸伸臂，伸伸臂，弯弯腰，弯弯腰，踢踢腿，踢踢腿，蹦蹦跳，

蹦蹦跳，天天锻炼身体好。"

2. 基本部分

（1）幼儿分成两队，分别站在垫子（草地）前的起跑线上。教师交代游戏名称、玩法："今天猫妈妈要带小猫去小河边钓鱼，路上要爬过草地，再钻过树林，最后来到小河边钓（捡）起一条小鱼，放在鱼篓中，然后从垫子两边跑回来。"

（2）找两名幼儿分别示范一次。引导幼儿观察、掌握动作要领和游戏玩法。提醒幼儿注意，爬时双手双膝趴在垫子上，快快地向前爬；钻时不可碰到树上的树叶。

（3）幼儿游戏3~4次，直至把"小鱼"全部钓完。

（4）小结。教师表扬勇敢参加锻炼、认真练本领的"小猫"，并告诉大家：今天的任务完成得很好，"猫妈妈"非常满意。

3. 结束部分

（1）游戏"老猫睡觉醒不了"。玩法：边念儿歌边四散走。儿歌："老猫睡觉醒不了，小猫偷偷往外瞧，小猫小猫爱游戏，轻轻走到外面去。"儿歌念完，"小猫"四散在场地周围躲好。"老猫"醒来，不见"小猫"，着急地说："一觉睡醒四面瞧，我的孩子不见了，喵喵喵，我的小猫快回来。""小猫"听到"老猫"的叫声，一边"喵喵"叫着，一边赶快走回"老猫"身边。游戏进行1~2次。

（2）"小猫"跟着"老猫"抬着"鱼篓"自然地走下场。

活动延伸：

游戏还可根据幼儿动作发展情况增添跨过小沟、走过小桥等情节，在户外活动中继续玩此类游戏。

（资料来源：幼儿园课程指导丛书《健康》小班）

活动评析：

该活动以游戏的方式，让幼儿在有趣的游戏情境中，积极主动地进行钻爬动作的练习。活动设计的突出特点是，以模仿"小猫"做操开始活动，不仅能激发幼儿的活动兴趣，而且有利于幼儿增进对游戏角色的认识，为下面的游戏做铺垫。活动过程中，以"小猫钓鱼"的情节，让幼儿学习"新本领"：爬过草地，钻过树林，跑到河边捡起小鱼，再跑回来。这些活动情节不仅让幼儿体验到玩游戏的快乐，也使幼儿在活动中各种身体动作和素质得到发展，并在重复的游戏过程中慢慢增加运动负荷，调整全身活动量。最后，以轻松的游戏"老猫睡觉醒不了"结束活动。活动过程自然合理，真正做到寓教于乐。

（二）语言领域活动过程设计

幼儿语言教育活动是指以幼儿为主体，以语言为客体的一种有目的、有计划的多种形式的活动过程。在幼儿园中，专门的语言教育活动类型主要包括：谈话活动、讲述活动、文学教育活动、早期阅读活动、语言教学游戏活动。每一种活动都有自己独特的设计模式。

1. 谈话活动过程设计

谈话活动是教师有计划地组织全班幼儿根据事先设计好的主题，在幼儿已有的经验和知识基础上进行的对话。谈话活动的基本特征包括：拥有一个具体有趣的中心话题；拥有较丰富的谈话素材；注重幼儿与教师间的师幼交流、幼儿与幼儿间的同伴交流；谈话的语境是宽松自由的，只要幼儿将自己的想法表达出来，不强求规范语言；而教师在谈话活动中发挥隐形示范的作用。谈话活动设计与组织的结构有如下几种。

(1) 创设谈话情境，引出谈话话题。

教师在谈话活动开始前，首先通过创设一定的情境，激发幼儿的兴趣，启发幼儿对话题有关经验的联想，打开谈话的思路，做好谈话的准备。这是谈话活动不可缺少的一个环节。

其一，运用语言创设情境即教师运用语言或问题启发幼儿回忆自己的经验，并适时地切入谈话话题。如大班谈话活动"快乐的生日"，教师在引导幼儿回忆过生日的情景时，可提出一些具有启发或提示性的语境：在家里，爸爸妈妈是怎样为你过生日的？在幼儿里老师和小朋友又是怎样为你过生日的？大家都为你祝贺生日，你心里有什么感受？

其二，运用事物创设情境。教师利用活动角的布置，如墙饰、桌面玩具、实物摆设或者图片，向幼儿提供与话题内容有关的可感材料，提高幼儿谈话的兴趣，启发幼儿谈话的思路。如小班谈话活动"好吃的糖果"，可以提供各式各样的糖果，引起幼儿谈论糖果的兴趣。

(2) 幼儿运用已有经验自由交谈。

教师向幼儿提供围绕话题自由交谈的机会，调动幼儿对谈话中心话题的已有经验，相互交流个人的见解。如，在中班谈话活动"我喜欢的水果"中，教师让幼儿在吃水果的基础上，围绕"你喜欢吃水果吗？你带来的水果是什么颜色、什么形状的、有什么味道"等问题，引导幼儿手拿水果与旁边的幼儿自由交谈。要尽量使每个幼儿都有充分谈话的机会。

当幼儿围绕话题自由交谈时，教师要专注地倾听幼儿的谈话或参与谈话，增进幼儿谈话的兴趣。还可以观察幼儿的谈话情况，了解他们运用已有经验进行交谈的状况和水平，为下阶段的指导做进一步的准备。

(3) 用多种形式逐步扩展幼儿的谈话内容。

教师通过逐层深入的谈话，向幼儿展示新的谈话经验，帮助他们逐渐学会一些谈话规则以及正确的谈话思路和方式。

其一，教师通过有启发性的问题，拓展新的谈话经验。如大班谈话活动"快乐的生日"，通过提问"爸爸妈妈那么关心你们，你的爸爸妈妈过生日时，你准备怎样表示祝贺？你长大后，想怎样为他们庆祝生日呢？"等问题，为幼儿提供了新的谈话经验，通

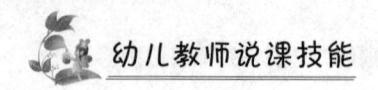

过逐步扩展幼儿的谈话内容，给幼儿提供学习运用新的谈话经验的机会。

其二，教师通过隐形示范的方式，让幼儿在谈话过程中，不知不觉地沿着新的思路去说，潜移默化地学会应用新的谈话经验，提高谈话水平。如小班谈话活动"我的家人"，教师以小动物的语气回答问题，起示范作用。教师："小朋友们好，我是小兔灰灰，我的爸爸在动物医院当医生，妈妈在银行当管理员。你的爸爸妈妈是干什么工作的？"请幼儿回答问题。

此环节应在幼儿原有经验的基础上，进一步扩展他们的经验。应成为重点突破过程与方法目标的关键环节。

(4) 结束活动。

利用谈话或游戏等方式进行巩固迁移或升华情感。比如小班谈话活动"我的家人"，进行情感升华，"我们小二班就像一个幸福的大家庭，老师像你们的妈妈，你们也像老师的宝宝，小朋友之间就像兄弟姐妹，我们就是亲亲热热的一个大家庭……"

案例 2.19

中班谈话活动："谁的本领大"

活动目标：

1. 引导幼儿围绕话题进行谈话，知道大象和猴子各有各的长处。
2. 指导幼儿以轮流的规则进行谈话，培养幼儿良好的倾听习惯。
3. 引导幼儿体验谈话活动的乐趣，增强自信。

活动准备：

1. 大象和猴子木偶各一个，头像各一个。
2. 奖花若干。

活动过程：

1. 出示木偶，以故事情境引出话题。

教师："森林里住着一头大象和一只猴子，它们是一对非常好的朋友。可是有一天它俩却吵架了，为什么会吵架呀，原来，它们想比出谁的本领大，大象说，我的本领可大了，猴子说，我的本领也很大，它们比来比去，也分不出谁的本领大。"

教师："那么，小朋友，你们认为谁的本领大呢？"

评析：教师用木偶猴子和大象讲述一段故事，此引出话题的方式非常生动、有趣、有效。孩子们在这一过程中眼睛始终一眨不眨地注视着教师，很顺利地进入谈话情境，因为中班幼儿已经初步认识了一般动物的本领，因此在讨论"谁的本领大"时，幼儿有话可说。

2. 幼儿说说自己的想法，并说明自己的理由。

教师："刚才有的小朋友认为大象本领大，有的小朋友认为猴子本领大，那你为什么会这样认为呢？请你把你的想法轻轻地告诉旁边的小朋友。"

（评析：在幼儿"自由交谈"活动中，有的幼儿说大象的本领大，因为大象可以卷木头、喷水，还可以把大灰狼踩死等；有的幼儿说猴子的本领大，因为猴子会爬树、摘果子、会在树上跳来跳去等。这些说法都应该给予肯定，因为他们是围绕"谁的本领大"在交谈。）

3. 小小辩论会。

教师："刚才小朋友都有自己的想法，那好，今天我们干脆来开个小辩论会，好吗？"

请全体小朋友起立，幼儿按自己的意愿分为两组：大象队和猴子队。幼儿面对面坐下。

教师介绍两组，并让他们为自己加油，激励孩子的情绪。

教师宣布辩论会规则：要求两组队员轮流讲话，不随便插嘴；爱动脑筋、守规则的一组奖一朵红花。

4. 辩论会正式开始，教师引导幼儿围绕主题谈话，奖罚分明。

5. 教师对辩论会作小结。

（评析：这是整个活动的高潮，教师通过让小朋友自由分组，使每个小朋友都能参与到自由表述的过程中。因为讨论激烈，幼儿不免会在交谈活动中形成一种大家争着说的局面，而教师的奖罚分别，就让幼儿在无形中理解"轮流说"的规则及这一规则的运用对谈话过程的作用。）

6. 教师设置一个情境：狮子大王想吃椰子，可椰子树在河对面，狮子不会游泳也不会爬树，所以只能请大象和猴子来帮忙，小朋友你猜一猜，谁会完成这个任务呢？

教师小结：这个任务要大象和猴子互相帮助才能完成，它们的本领都很大，要比谁的本领大，要看它的本领在什么时候用，做了什么事情。

（评析：此环节是整个活动中的难点，教师在给幼儿设置的情境中逐步提问，层层深入地引导讨论，大象和猴子是怎样帮助狮子的，最后得出结论，即需要合作才能完成这个任务。）

7. 迁移活动。

让幼儿说说他们还认识哪些小动物，它们有哪些本领。

（评析："拓展谈话范围"是培养幼儿语言能力的重要一环，不仅帮助幼儿延伸了谈话范围，而且也认识了自然界、动物与动物的关系。）

活动评析：

"谁的本领大"是一个小朋友非常感兴趣的活动，充分体现了语言活动的特点。孩子们喜欢说、有机会说，还能勇敢地说。这是因为教师给小朋友创设了一个自由宽松的语言环境，如谈话的形式有自由交谈、分组交谈、个别交谈等，从而使小朋友都有锻炼

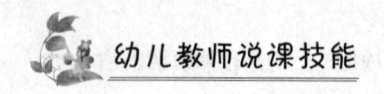

的机会。而教师活动设计的思路也非常清晰，小朋友通过引出话题——自由交谈——分组交谈——拓展谈话范围这四个层层深入的环节，轻松地解决了整个活动中的重难点。

2. 讲述活动过程设计

讲述活动主要为幼儿创设较为正式的口语表达情景，使幼儿有机会在集体面前表达对某一图片、实物或情景的认识、看法等，学习表述的方法和技能。这类活动运用的是独白语言，是比谈话互动更为复杂、周密的一种口语表达形式。

不同类型的讲述活动及基本框架可参照以下步骤进行。

(1) 感知、理解讲述对象。

只有充分了解讲述对象，幼儿才有话可说。此环节的目的就是激发幼儿参与活动的兴趣，帮助幼儿对讲述对象产生充分了解和认识，为后面的环节做好铺垫。在看图讲述中，要重点引导幼儿观察图片的内容，根据图片之间的关系和线索去推测、想象图片没有的情节；在实物讲述中要重点引导幼儿有序地观察，突出实物的基本特征（形状、颜色、材料）以及功用等；在情境表演讲述中，要重点引导幼儿观察表演的情节、人物、对话，揣摩人物的心理。如小班情境表演"小兔请客"，引导幼儿说出哪些小动物去做客了，还可以请幼儿体会小动物是什么心情。

(2) 运用已有经验进行讲述。

在前面观察、感知、理解讲述对象的基础上，幼儿已经积累了一定的认知经验，在此基础上，鼓励幼儿运用自己的语言将这些已经具备的经验表述出来。本环节中，教师尽量放手让幼儿自由讲述，教师需认真倾听，及时发现幼儿讲述的"闪光点"和"问题"。可通过模仿、表演、想象、猜测等方法增加幼儿讲述的趣味性。

(3) 引进并学习新的讲述经验。

在幼儿讲述的基础上，帮助幼儿理清讲述时的顺序和条理，提高讲述水平。教师可通过提问，潜移默化地改变幼儿的讲述思路，或者示范新的讲述经验，供幼儿参考和模仿。

(4) 巩固和迁移新的讲述经验。

本环节为幼儿提供实践的机会，练习和巩固前面步骤学得的新的讲述经验。教师可为幼儿创设直接巩固讲述内容的情景、迁移讲述内容的情景及创新讲述内容的情景。扩大幼儿的自主活动范围，调动幼儿的创造力和主动性，提高幼儿的讲述能力。

案例 2.20

小班讲述活动："大熊猫在干什么"

活动目标：

1. 初步观察图片，尝试用"大熊猫在××"讲述图片内容。
2. 理解"刷""拉""踢""画"等词的意思，并能发准读音。

3. 感受听口令模仿动作的乐趣，分享学习的快乐。

活动准备：

1. 物质准备：挂图《领域活动·语言·大熊猫在干什么》、大熊猫手偶一个

2. 经验准备：知道一些基本动作的名称，认识大熊猫。

活动过程：

1. 兴趣导入。

教师出示大熊猫手偶："大家好，你们知道我是谁吗？我想请小朋友们去参加一个趣味运动会，不过我要考考你们，必须答对了这几幅上的我在做什么才可以参加哦。"

2. 观察并学说每幅挂图的内容。

(1) 观察第一幅图，学习用"大熊猫在xx"来讲述挂图内容。你看见了什么？请你用"大熊猫在xx"的句子来说一说。

1) 引导幼儿运用动词"刷"来回答，并发准读音。

教师："我用了一个什么动作呢？你会吗？让我们一起来试试。"

2) 完整地讲述这幅挂图的内容。

教师："小朋友们真厉害，现在请你们一起告诉我第一幅图我在做什么呢。"

(2) 用同样的方式学习其他挂图内容。猜猜，我还会考考你们什么动作呢？让我们一起来看看下一张。

3. 以"大熊猫在xx"的句式完整讲述挂图内容。

教师："哇，小朋友都答对了，那现在让我们一起来说说每幅图上大熊猫都做了哪些动作。"

4. 学习使用"我在xx"的句式说出与大熊猫不一样的动作。

大熊猫会了这几个动作，那你会做出跟大熊猫不一样的动作吗？请你用"我会xxx"的句子来告诉我。

个别幼儿展示自己知道的动作，并让大家一起学习。

活动延伸："小朋友们真是太棒了，现在就跟我一起去参加我们的趣味运动会吧。请小朋友们听从我的口令，并做出相应的动作，看谁能做得又快又准确。"

活动评析：

1. 在观察每一页挂图时，可引导幼儿大胆做出相应的动作，激发幼儿的兴趣。

2. 看图讲述活动中，进行适当的个别指导，能更清楚地了解幼儿对讲述内容的掌握情况。

3. 文学教育活动过程设计

幼儿文学教育活动是以幼儿文学作品为基本教育内容，涉及组织的语言教育互动类型。幼儿文学作品，是指适应于0~6岁儿童的心理发展水平和知识经验、阅读能力的各类文学作品的总称。一般包括：幼儿诗歌、散文、童话、生活故事、谜语和绕口令等体

裁。幼儿文学活动是系列的、网络状的活动，是从某一作品入手，开展一组与作品相关的内容，包括幼儿初步欣赏接受文学作品、理解体验作品、迁移作品的相关经验、进行拓展想象。设计文学作品活动方案时，可围绕以下四个层次。

(1) 初步学习作品。

首先创设情境，引出文学作品，教师可采取不同的方式组织教学，根据作品内容的难易程度，采用比较直观形象的幻灯片、挂图、桌面教具、木偶、头饰等辅助教具，以多种形式展开教学，一些浅显易懂的作品，如儿歌等，可直接让幼儿反复诵读。

(2) 理解体验作品。

在初步学习文学作品的基础上，教师有必要进一步组织与作品内容认识有关的活动，帮助幼儿深入理解和体验作品的人物特色、主要情节，进而体验作品中人物形象的心理特点以及作品的情感基调和作品的语言与意境美。这是文学作品学习的第二大环节。

(3) 迁移作品。

引导幼儿迁移作品的经验，是在以上两个层次的基础上进行的。因为文学作品向幼儿展示的是建立在幼儿生活经验基础上的间接经验，这种经验常使幼儿感到既熟悉又新奇有趣，迫切地想体验。要使幼儿真正理解作品，就需要进一步组织与作品重点内容有关的活动，让幼儿在活动中将作品各方面内容整合纳入自己的经验范畴，使得他们的直接经验与文学作品的间接经验实现双向的迁移。

(4) 创造性想象和语言表述。

通过前面三个层次的活动，幼儿对文学作品本身的学习、理解和体验，已达到了一定的要求，教师还可以进一步创设机会，让幼儿扩展想象，并创造性地运用语言，去表达自己的认识与想象。创造性想象和语言表述活动仍然立足于已学的文学作品内容来进行。在这一层次的活动中，教师可以让幼儿续编童话故事，仿编诗歌、散文，进行故事表演，或围绕所学文学作品的内容加以想象并进行讲述。如"快乐的小屋"，教师设计的这一层次活动可以让幼儿进行诗歌仿编，创作自己的小诗；也可以让幼儿谈谈自己搭建的快乐的小屋是什么样的；还可以创造性讲述"我未来的快乐小屋"等。这一层次的活动中，幼儿通过热烈地讨论和交流，大胆想象和表达，充分开动脑筋，锻炼了口语交际能力，增长了幼儿的艺术思维能力和创造潜能。

案例 2.21

大班文学活动："美丽的秋天"

秋天的花园特别好看，菊花向着太阳开放。金灿灿、红彤彤、千姿百态，发出阵阵的清香。

秋天的果园非常好看，圆圆的苹果笑红了脸，黄澄澄的柿子似金色的灯笼，挂满枝头。

秋天的田园更加好看，稻田一片金黄，棉田一片雪白，到处都是丰收的景色。

啊，秋天多么美丽！

活动目标：

1. 理解散文诗的内容，巩固对秋天特征的认识，初步学习朗诵散文诗，体会诗中的语言美。

2. 丰富词汇：千姿百态、特别。

3. 培养热爱大自然的情感。

活动准备：

挂图 3 幅，菊花、照相机等材料。

活动过程：

(一) 第一层次：欣赏学习作品

1. 幼儿随着音乐跟教师一起做"秋叶飘"进教室的游戏。

2. 教师有感情地朗诵散文诗，给孩子一个完整的印象，通过提问、回答等，引导幼儿初步学习散文。

(二) 第二层次：理解体验作品

1. 教师朗诵第二遍时，让幼儿带着问题去听、去看，并按散文诗的顺序，一边朗诵一边逐一把 3 张秋天景色的图展现在幼儿面前，从不同角度去感受秋天的美丽，理解诗的内容。

2. 运用动作、提问等方式丰富幼儿语汇。

(1) 为什么说秋天的花园特别好看？

丰富词汇：千姿百态（加以动作演示）。

(2) 秋天的苹果、柿子是什么样子？

(3) 秋天的田园是什么样子？结合直观材料重点把握：稻子金黄、棉花雪白等，帮助幼儿更好地理解作品。

3. 教师和幼儿一起学习朗诵散文诗。以整体和分段相结合的方法，反复强调诗中段落之间的顺序，知道第一段至第三段分别说的是什么。在幼儿熟悉后，完整朗诵一至二遍。

(三) 第三层次：找秋天，画秋天

1. 带幼儿自由地在布置的活动室内找秋天，幼儿除了用眼睛看，还可以用鼻子闻一闻，用手摸一摸，亲自感受一下"秋天"。

2. 绘画活动——秋天多美丽。

3. 在秋天留个影——拍照留念。

(四) 第四层次：创造性想象和语言表述

1. 散文诗仿编。依据自己对秋天的经验和所学散文诗，仿编出自己的美丽秋天。

2. 谈话——秋天的景色。

秋风又吹起来了，随着秋风说着《美丽的秋天》，一起去做游戏。

活动评析：

本次教学活动主要是帮助幼儿学习《美丽的秋天》，并提高大班幼儿的仿编能力。教师在活动中特意准备了3张秋天的图片，将秋天美丽的画面展现在幼儿面前，让幼儿从不同角度去感受秋天的美丽，从而调动幼儿仿编的积极性。

整个活动过程中，孩子们与教师配合得很好，积极性很高，收到了很大的成效，是比较成功的一课。

4. 早期阅读活动过程设计

有计划的早期阅读活动是幼儿早期阅读活动的重要类型。明确其过程步骤或基本结构，有利于教师组织指导阅读活动的开展。

(1) 阅读前的准备性活动。

众所周知，幼儿当然不能仅靠一次阅读活动就理解一本书。因此在正式阅读活动开展的一两周之前，应该让幼儿先阅读一下图书，以便为正式阅读活动的开展打下基础。这个阶段，幼儿只需对阅读内容有一个大概的理解就可以，而不必过于熟悉，以防幼儿在正式阅读时失去兴趣，影响正式阅读活动的开展。

(2) 幼儿自由阅读。

幼儿自由阅读是正式阅读活动的第一阶段。教师将阅读活动所需图书展示给幼儿后，要提供机会让幼儿自由阅读。幼儿通过观察再次认识阅读对象，获得有关信息。教师在指导时应注意技巧。

① 教师要多采用提问的方式，多提有启发性的问题来引导幼儿的思路。提问可以引导他们边思考、边阅读，启发性的问题则有助于幼儿把握阅读的重难点。

② 教师要对幼儿提出观察的要求，并进行操作表演，还要注意观察幼儿在阅读中的表现，如阅读速度、阅读方法、阅读态度等。幼儿自由阅读，并不意味着教师可以不闻不问，而要更巧妙地引导幼儿完整、安静地阅读。

(3) 师生共同阅读。

师生共同阅读是阅读活动的一个重要步骤。这个步骤又可以分为以下几个阶段。

① 师生一起阅读，了解和理解图书大致内容。

② 围绕阅读重点开展活动。

③ 归纳图书内容。

当幼儿对图书的主要内容有深入理解后，教师要鼓励幼儿将主要内容总结、归纳出来，从而巩固、消化所学的内容。

(4) 幼儿讲述阅读的主要内容。

幼儿讲述阅读的主要内容阶段，是幼儿将所读的图书内容以口头语言的形式表达出来,将图画符号转化为语言符号的阶段,也是阅读活动不可缺少的一个环节。幼儿可以在小组内自由讲述,在集体中讲述,也可以同伴间合作讲述。

案例 2.22

小班早期阅读活动:"小河边"

活动目标:

1. 喜欢看图书,体验阅读的乐趣;

2. 初步学会故事中的短句:一只××来小河边,"扑通"一声跳下水。

活动准备:

背景操作图、大图、幼儿人手一本小图书、音乐。

活动过程:

1. 用肢体动作表演出小动物并启发其谈话。

(1) 小青蛙要到一个地方去玩,猜猜它会去哪里。

(2) 出现背景。

2. 幼儿自由阅读小图书。

(1) 提出阅读要求。

① 轻轻翻阅,看完一页再看一页。

② 仔细看看画面上有谁,他在干什么。

③ 看清楚后要积极回答教师的问题,还要注意听别人是怎样讲的。

(2) 提问。

① 你看到了什么?

② 图书上有谁?他们在干什么?

3. 集体阅读大图书。

(1) 介绍封面。

(2) 一页一页地看。

① 画面上有谁?在什么地方?它要干什么?

② 接下来还有谁?小鸭子在干什么?它是怎样跳的?

③ 还有谁来到小河边?它会怎么样?

④ 最后来到小河边的会是谁呢?

⑤ 猜猜小动物们都到哪里去了?

⑥ 让幼儿对照猜测的结果,感受阅读带来的快乐。

教师:咦?谁先出来了,接着有谁出来呢?

教师:嘿,还有一只小动物还没出来,是谁?

教师:数数一共有几只小动物?

4. 结合道具进行完整讲述。

活动延伸：

幼儿进行角色表演。

活动评析：

教材的选择符合小班幼儿的年龄特点，幼儿感兴趣，教具设计新颖，运用恰当，能帮助幼儿更好地理解画面内容。活动环节清晰，过渡自然。活动形式多样，幼儿参与度高。

5. 听说教学游戏活动过程设计

听说游戏，是指用游戏的方式组织进行的语言教育活动。这种特殊形式的语言教育活动，含有较多的规则游戏的成分，能够较好地吸引幼儿参与。设计思路如下。

（1）设置游戏情景。

设置游戏情景的主要目的在于向幼儿展示游戏的氛围，引发幼儿参与游戏的兴趣。在听说游戏开始时，教师需要运用物品、动作或语言去设置游戏情景，制造游戏的氛围，激发幼儿参与游戏的兴趣。

（2）交代游戏规则、玩法。

在创设游戏情景之后，教师接着就要向幼儿交代游戏的规则，这一步骤是教师对幼儿布置任务、讲解要求的过程。教师可以通过讲解和示范相结合的方式，告诉幼儿游戏的规则、步骤和要求。教师在交代游戏规则时，要注意以下几点。

① 用简单明了的语言讲解。

在交代游戏规则时，切忌啰嗦、冗长地解释，以免幼儿抓不住要领，不能及时理解游戏规则，影响游戏的进程。

② 要讲清楚听说游戏的规则要点和游戏的开展顺序。

听说游戏的规则要点一般都是游戏中幼儿要按照规范说出的话，教师应当让幼儿基本明白说什么和怎样说，以便他们能够在参与游戏时付诸实施。同时要帮助幼儿清楚地理解游戏开展顺序，先做什么，后做什么，什么角色做什么。这样他们才能够顺利地开展活动。

③ 教师用较慢的语速进行讲解和示范。

教师在交代游戏规则时使用的语言语速要慢。尤其是针对游戏规则回答问题或说话时，一定要保证让幼儿听清楚，因为这种语言带有示范的性质。

（3）教师引导游戏。

教师带领幼儿开展游戏，此时教师在游戏中充当重要角色，可以主宰游戏的进程。幼儿这一时间内可以以两种方式参加游戏：一种是幼儿分部分参加游戏，实行轮换形式，以便部分幼儿有观察熟悉的机会；另一种是全体幼儿参加游戏的一部分活动，待幼儿熟悉掌握后再参加游戏的全部环节。

教师引导幼儿游戏，有利于幼儿在活动过程中熟悉游戏规则，进一步明确和掌握游戏的玩法，掌握在游戏中运用语言交往的基本思路，从而为独立开展听说游戏做好充分的准备。

（4）幼儿自主游戏。

在幼儿自主游戏阶段，教师可以从参与者的身份退出，放手让幼儿自己开展活动，此时，教师要巡回指导，注意对个别不熟悉规则的幼儿提供帮助。同时，教师也需要注意发现幼儿在游戏中可能出现的矛盾与纠纷，并及时予以解决。

案例 2.23

小班听说游戏："动物列车"

活动目标：

1. 能正确说出小动物的名称、叫声及爱吃的食物。学会用短句表达："我是××，爱吃××和××。"
2. 能听懂简单的游戏规则，并按规则游戏。
3. 喜欢参加语言游戏，能大胆地参与交流。

活动准备：

1. 认识几种常见的动物，了解其外形特征和生活习性。
2. 小熊头饰、方向盘各一个。

活动过程：

1. 以幼儿扮演各种小动物参加小熊生日会为话题引起幼儿的兴趣；由一名教师扮演小熊，前来邀请小动物到他家参加生日会。

教师：小熊，你要到哪里去呀？

小熊：今天我过生日，邀请小动物们坐上火车参加我的生日会。

2. 学习短句："我是××，×××，爱吃××和××。"

教师：谁想去小熊的生日会？你是谁？你是怎样叫的？你爱吃什么？

教师通过上述问题鼓励幼儿大胆地学说游戏中的对话："我是××，爱吃××。"

3. 教师交代游戏的玩法及规则

玩法：全班幼儿扮演小动物围成半圆形，司机站中间，手握方向盘，说："嗨！嗨！嗨！动物列车就要开，谁来坐？"大家齐声说："我来坐。"司机任意把火车开到一名幼儿面前，说："你是谁？"被选中的幼儿回答："我是××，爱吃××和××。"说对了的幼儿双手搭在前一幼儿的肩膀上作为乘客，嘴里发出"呜——"，游戏继续进行。

规则：幼儿说出的小动物的名称、叫声、爱吃的食物要一致，才能上车。

4. 教师带领幼儿游戏。

教师扮演司机，先邀请部分能力较强的幼儿与教师一起游戏。

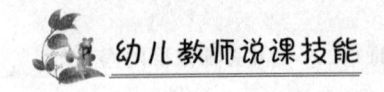

5. 幼儿自主游戏。

选择一名幼儿当司机，其他幼儿当乘客，全班幼儿参与游戏。角色可以轮换进行。在游戏活动中，教师鼓励幼儿尽量不要重复别人的话。

6. 以参加小熊生日会愉快地结束活动。

活动延伸：

在户外活动中进一步练习游戏。

活动评析：

听说游戏是以游戏的方式组织进行的语言教育活动，它兼有教学和游戏的双重性质。本次活动正是体现这一点，以一个游戏活动贯穿整个活动过程。

这是一个练习句子的游戏。在导入活动后，教师引导幼儿学习短句"我是xx，爱吃xx和xx"，这是为游戏的开展做知识储备，把游戏用语练好了，才能保证游戏的顺利进行。在第三个环节中，教师将语言学习的重点内容转化为游戏的规则。从第四个环节过渡到第五个环节，在幼儿熟悉游戏规则、逐步掌握游戏玩法后，活动过程从教师带领的游戏转入幼儿自主的游戏，体现了活动过程进展中教学成分的逐渐减少，游戏成分的逐步增加，这样，使听说游戏活动以教学的方式进入，以游戏的方式结束，这就是听说游戏活动的最大特点。

（三）社会领域活动过程设计

幼儿社会教育是幼儿全面发展的重要组成部分，是由自我意识、社会认知、社会情感、社会行为技能、社会适应和道德品质等方面构成的有机整体。活动过程的设计是将怎样实现活动目标书面化和具体化，一般包括活动导入部分、活动基本部分和活动结束部分。

1. 导入部分的设计

活动导入部分是引导幼儿活动的第一步，能起到激起幼儿参与活动的兴趣及调动幼儿学习主动性的作用。在幼儿社会教育活动中，教师常用的导入方式有：谈话导入、故事导入、图片讲述导入、观赏录像资料导入、情境表演导入、玩具操作导入、游戏活动导入等。一般情况下，正规性教育活动的导入部分时间为3~5分钟，否则会影响活动基本部分的效果。

2. 活动基本部分的设计

活动基本部分的设计是完成社会教育活动目标的主要部分，是活动的重点和难点所在。教师引导幼儿进行活动的大部分时间应放在这一部分。

在进行这一部分活动设计的时候，一般要注意思考以下几点。

(1) 这个活动准备分几个步骤进行？

(2) 每一步要完成什么内容，采用什么方式、方法？

(3) 哪一步是重点,哪一步是难点?怎样突出重点,突破难点?

(4) 每一步的时间大体怎样分配?

(5) 如何进行每一环节的表述?教师的陈述语提问、操作说明、对幼儿的要求、小结语、过渡语等均需斟酌。

3. 活动结束部分的设计

(1) 让幼儿在轻松愉快的情绪中自然而然地结束活动,如"我的好伙伴"活动是以师生一起玩找朋友的游戏自然愉快地结束活动的。

(2) 以常用的小结评价的方式结束活动。这种方式运用中应注意语言简洁,对幼儿的评价积极宽容,对问题的结论留有思考的余地,使活动能够有效地延伸,使幼儿能保留对活动的兴趣,体验活动带来的快乐,以期盼的心情和态度等待下次活动的到来。例如,中班活动"我们都有自己的强项",活动结束的小结语是这样的:小动物有自己的强项,我们每个小朋友也都有自己的强项,我们要互相学习,个个都做有特色的棒孩子。

4. 活动延伸的设计

活动延伸是指在组织教育活动后,教师继续设计一些与此相关的辅助活动,使教育内容渗透到幼儿一日生活中,使幼儿受教育的时间能持续,使社会教育目标能更好地实现。幼儿符合社会规则的社会行为技能的产生是幼儿社会性发展的关键,而良好的社会行为技能的产生不是通过某一个活动就能形成的,也就是说,虽一个教育活动结束,但是这方面的教育还必须继续,活动延伸的设计在整个活动设计中是必不可少的。

幼儿社会教育活动延伸的方式多种多样,如游戏的方式、区角活动的方式、表演的方式、领域渗透的方式、家园社区共育的方式、成果展览的方式等。

案例 2.24

大班社会教育活动:"好朋友握握手"

活动目标:

1. 在学习和实践活动中,让幼儿感受有朋友的快乐。
2. 培养幼儿的语言、交往、合作及协调能力。
3. 幼儿初步学习用正确的方法处理朋友间的矛盾。

活动准备:

课件《小猴找朋友》,《找朋友》音乐。

活动过程:

1. 用游戏激发幼儿的学习兴趣。教师组织幼儿玩音乐游戏"找朋友"以体验交朋友的快乐。

2. 播放课件,让幼儿感受有朋友的快乐。教师结合课件,通过学习故事《小猴找朋友》，让幼儿知道怎样才能找到好朋友。

（1）讲述后提问：小猴子为什么前三次没有找到朋友？妈妈是怎么对小猴说的？第四次小猴子为什么很快找到好朋友了？

组织幼儿讨论：怎样才能找到更多的朋友？（幼儿通过看自己感兴趣的课件，边看边思考，在参与小猴子找朋友的过程中明白了要想交到朋友，首先要有礼貌、会分享、懂谦让、守规则。通过幼儿间的讨论，让幼儿回忆讲述自己找朋友的过程，使幼儿获得更多的交友经验。）

3. 游戏"猜朋友"，在合作中增近彼此友谊。

（1）一名幼儿上台说出自己好朋友的特征，如"她是个女孩子，有长长的辫子，会弹钢琴，眼睛大大的"。

（2）其他幼儿根据描述特征猜出这位朋友是谁。（"猜朋友"这个游戏环节很受幼儿的喜欢。每个孩子都有好朋友，每个孩子都有发言欲望。而且这些孩子相处两年多了，谁是谁的好朋友，幼儿一般都知道，所以当幼儿上台说自己好朋友的特征时，下面幼儿猜测的准确性高，几乎没有错的，幼儿与幼儿之间的互动非常好。在这个环节中，一方面发展了幼儿的语言表达能力，另一方面激发了幼儿拥有好朋友的自豪感，增进了彼此间的友谊。）

4. 谈话活动"说优点"，培养幼儿辨别是非的能力。幼儿分组开展谈话活动：说出朋友的优点，并说说自己应该向好朋友学习什么。（幼儿先分组讨论，再归纳总结，幼儿不再局限于自己好朋友的优点，而是从众多幼儿口中认识到不同好朋友的优点，以提高幼儿分辨是非的能力，规范幼儿的行为标准。）

5. 音乐表演"拉拉勾"，幼儿学习与朋友间出现矛盾的处理方法。

（1）幼儿随音乐进行表演。

（2）表演后启发幼儿讨论：如果你和朋友闹矛盾了，可以用什么方法来解决？（《拉拉勾》是幼儿比较喜欢的音乐律动，歌词讲述的是幼儿由生气到和解的过程。幼儿与好朋友共同表演律动后，再讨论怎样解决朋友间的矛盾，让幼儿在轻松的气氛中打开话匣子，想出很多的办法，如惹朋友生气了赶紧说"对不起"；讲笑话给朋友听；和好朋友握握手和好等。）

活动延伸：

1. 在生活中提醒幼儿与他人和谐相处。

2. 引导幼儿提高社会交往技能。

活动评析：

本次活动改善了班上幼儿的行为习惯，为小事争吵、打斗的现象少了，幼儿社会交往技能有所提高，如玩玩具时不争抢了，学会了合作拼搭；想进人多的区角玩时要学会等待，遵守区角规则；有好东西会和朋友一起分享；借东西，会用礼貌语言，没有得到允许，会寻求老师的帮忙；和好朋友发生矛盾时，能用自己学会的方法解决，不再像以前那样只知道哭鼻子。每个幼儿都很珍惜现在的朋友。

（四）科学领域活动过程设计

幼儿科学教育是指幼儿在教师的指导（包括直接指导和间接指导）下，通过自身的活动，对周围物质世界进行感知、观察、操作、发现，以及提出问题、寻找答案的探索过程。幼儿科学集体教学活动可概括为：观察认识类活动、实验操作类活动、技术操作类活动及交流讨论类活动。每一类型科学活动都因自己的教学内容及特点有不同的设计思路。

1. 观察认识类活动过程的设计

观察认识类活动过程一般由四部分构成，即导入（开始）部分、基本部分、结束部分、延伸部分。无论哪种类型的观察活动，在导入部分都应交代清楚本次观察活动的任务。在活动过程设计中要根据观察的类型设计活动流程，落实活动目标。同时，活动过程中应有幼儿交流观察结果的过程。结束部分对活动要做小结。延伸部分是活动的进一步扩展。

根据观察对象的不同特点，各种观察认识活动的设计思路、要点如下。

（1）物体观察活动。设计思路：教师出示观察对象—幼儿自由观察—表达与交流—教师引导幼儿观察—表达交流—教师总结。

物体观察活动适用于个别物体观察、同类物体观察及比较观察。教师可引导幼儿在观察的基础上进行表达和交流，并通过指向性问题引导其认识物体的显著特征或比较两个物体间的异同，或总结同类物体的共同特征。

（2）现象观察活动。设计思路：引出对象或问题—观察现象—观察中的交流与个别指导—教师组织讨论和交流—教师总结。

现象观察活动适用于观察变化的发生，教师可将观察、指导和交流相结合。可在观察之后引导幼儿对观察到的现象加以讨论，形成科学经验。

案例 2.25

小班科学活动："酸酸甜甜的橘子"

活动目标：

1. 在积极参与活动中体验与老师、同伴在一起的快乐感受。
2. 通过看、摸、闻、尝等活动，感知并说出橘子的特征。
3. 懂得吃橘子、柚子的卫生常识，知道不乱扔果皮和籽。

活动准备：

1. 知识经验准备：幼儿日常吃过的一些常见的水果。

2. 物质准备：布置秋天果园的情境、《摘果子》的音乐；橘子人手一个；柚子每组各两个；贴有橘子、柚子标志的篮子两个；提篮人手一个；备有餐盘、湿巾等。

活动过程：

1. 以到橘子园摘果子的口吻引入。

2. 引导幼儿通过看一看、摸一摸、闻一闻等多种感官了解橘子的外形特征。师生伴随音乐《摘果子》，提着篮子进入"橘子园"，引导幼儿运用多种感官观察园中的橘子。

引导幼儿"摘橘子"，并放入篮中带回"家"。

3. 集中交流，进一步了解橘子的外形特征。

提问：橘子是什么颜色、什么形状的？摸摸橘子有什么感觉？闻一闻橘子是什么味道？

教师小结。

4. 通过与柚子的比较，初步了解橘子的内部特征。

出示橘子，与柚子的外形进行比较，比较其颜色、形状、大小。

与柚子的内部特征进行比较，初步了解橘子的内部特征：说出柚子里面是一粒一粒的，橘子里面是一瓣一瓣的。

5. 品尝橘子、柚子，感知其味道。

提出要求：先洗手，后品尝；品尝后应将皮、籽放到指定的篮子里，注意卫生。

品尝橘子、柚子，引导幼儿说说其味道（酸酸甜甜），结束活动。

活动延伸：在科学区提供摸袋、水果，让幼儿通过多种感官说出水果的名称。

（晋江市灵水幼儿园　庄美玲等）

活动评析：

该活动是一般性的物体观察活动。橘子是幼儿常吃的水果之一，但他们的认识不系统、也不能认识其内部结构。在活动中，幼儿充分运用多种感官感知橘子的特征，再集中交流、提升幼儿的经验。把幼儿观察过程和幼儿品尝相结合，并把橘子和柚子加以比较，充满着"发现"的乐趣，使小班幼儿体验参与活动的乐趣。活动既有小组的，也有集体的组织形式，且采用开放性的形式结束活动。

2. 实验操作型活动过程的设计

幼儿的实验操作型活动是一个开放的、动态的过程。根据幼儿知识经验的不同及实验内容上的差异，可采用不同的设计思路。

（1）演示—操作式，即先对实验内容进行演示，然后幼儿进行对应实验操作，通过观察获得发现。实验演示可以是教师操作，也可是教师指导幼儿进行操作。这一设计思路便于教师组织活动，幼儿实验操作的目的性较明确，但教师的演示对幼儿的自主探究学习有一定的限制。该设计思路一般适用于年龄较小无法独立进行探究的幼儿，或者实验难度较大幼儿操作困难的实验，如"摩擦起电实验""小电珠发亮了实验"等。

(2) 自由—引导式，即教师提供材料让幼儿自由地探究，然后在组织幼儿交流经验的基础上，引导幼儿进一步有目的、有计划地探究。这一设计思路能较好地将幼儿的自主探究和教师的引导结合起来，并将教师的指导建立在幼儿自由发现的基础上。该设计思路在幼儿科学实验活动中的应用较为广泛，主要用于操作较容易、简单、带有游戏性质的实验操作活动。如"沉浮实验""纸吸水实验"等。

(3) 猜想—验证式，即针对某一问题，教师和幼儿先猜想可能会得到的结果，然后再进行实际的探究活动，来验证原先的猜想是否正确。这一设计思路能教会幼儿科学探究的基本过程和方法，让幼儿学习做科学记录，培养幼儿实事求是的科学态度。猜想—验证式的设计，适合于幼儿已有类似生活经验的问题，同时又是答案并不明确的问题，如"我们来造桥"的活动中，教师给幼儿提供不同材料，让幼儿根据以往自己的经验猜想：什么形状的纸桥承载硬币多？什么形状的纸桥承载硬币少？活动中的问题易于引导幼儿进行思考，并根据其生活中已有的经验进行猜想，再通过实验操作予以验证。

案例 2.26

中班科学活动："磁铁的秘密"

活动目标：
1. 乐于参加探索磁铁秘密的科学活动，体验探究带来的乐趣。
2. 能动手操作，探究磁铁的磁性并能大胆地表述探索时观察到的事实。
3. 发现磁铁的磁力集中在两极的现象，积累有关磁铁吸铁特性的经验。

活动准备：
1. 知识经验准备：幼儿玩过磁铁，了解磁铁吸铁的特性。
2. 物质准备：条形磁铁人手两块、螺丝、螺母、夹子、回形针、别针和集体记录表。

活动过程：
1. 用魔术引入，回忆已有经验，为开展探究进行铺垫。
2. 第一次探索：磁铁哪个部位会吸铁？感知磁铁两极磁力大的特性。

(1) 引导幼儿观察条形磁铁，幼儿进行猜想：条形磁铁两端（红色这头、蓝色这头）和中间部分，哪个地方会吸铁？

(2) 幼儿第一次操作探索：磁铁哪个部位会吸铁？教师引导幼儿把磁铁的三个部位都试。

(3) 幼儿集中交流：磁铁的三个地方即两端和中间，什么地方会吸铁？吸住了什么？教师根据幼儿的回答填记录表。

引导幼儿观察记录表：从记录表中，你们发现了什么？

(4) 教师小结：磁铁两头磁力大，中间磁力小。

3. 第二次探索：两块条形磁铁红蓝两端接在一起，连接的部位磁力变大还是变小？

进一步感知磁铁磁力集中在两极的现象。

（1）教师将两块条形磁铁红蓝两端接在一起，幼儿进行猜想：我们知道磁铁两头磁力大，会吸很多东西。如果我将磁力大的这两头接在一起，连接的地方磁力会不会更大呢？

（2）幼儿第二次操作探索：两块条形磁铁红蓝两端接在一起，连接的部位磁力变大还是小？教师提醒幼儿保持两块磁铁对齐连接状态，引导幼儿注意观察磁铁连接的部位磁力的变化。

（3）幼儿集中交流：两块磁铁连接的部位磁力变大还是变小（会吸东西吗）？

（4）教师小结：我们知道磁铁的两头磁力大，中间磁力小，而两块磁铁连接的地方变成磁铁的中间，磁力变小了。

4.教师出示若干连接的磁铁：三块磁铁连接在一起，四块磁铁连接在一起，它们中间连的地方磁力变大还是变小了？幼儿猜想，教师操作磁铁验证幼儿猜想。

活动延伸：

教师出示U形磁铁和环形磁铁，抛出问题："这两种形状的磁铁哪个地方会吸更多东西呢？"引导幼儿继续深入探究，为之后的探索活动留下悬念。

(泉州市丰泽幼儿园　陈亚静)

活动评析：

本次活动为猜想——验证式实验。兴趣是幼儿自觉学习和发展的内动力，教师开门见山，紧扣主题，直接出示了磁铁及操作材料，一下子吸引了幼儿的注意力，调动起幼儿进一步探究的兴趣。观察记录是幼儿进行科学探索活动的学习方式之一。教师根据中班幼儿的年龄特点设计了相应的记录表，通过提问设疑，让幼儿根据自己已有的生活经验，先用自己看得懂的标志，如数字、图形、数学符号等形式进行记录，为下一环节作了铺垫。在实际操作过程中去验证猜想，用"事实说话"，这是培养幼儿尊重事实的科学精神必不可少的途径。通过记录表，我们能够清晰地看到幼儿记录的实验信息，在验证、分类与猜想进行比较的基础上，提升幼儿原有的生活经验。幼儿之间的相互讲述，不仅培养了语言的条理性和表达能力，而且也是同伴之间的互动学习，是一种很好的学习方式。

3.技术操作类活动过程的设计

技术操作类活动要符合科学教育的目标，应面向全体幼儿，着重探索过程，尽可能让幼儿主动创造，努力使之成为幼儿乐于参与的活动。应达成了解、体验技术，锻炼动力的目标，而不是单纯、机械的手工制作。设计思路如下。

（1）设置能够引起幼儿探究兴趣和制作欲望的情境。导入的方法很多，教师可灵活选择，目的是调动幼儿的好奇心，把他们"吸引"过来，使他们集中注意力，积极思考。技术操作类教育活动中常见的导入方法有通过直接操作材料导入，演示操作过程导入，利用简短指令导入，设置相关问题导入等。

（2）鼓励幼儿围绕主题进行假设或设计。作为幼儿学习科学的支持者和引导者，教师应充分考虑到幼儿由于年龄、经验和认识水平的特点，他们常常用独特的、不同于成人的眼光和思维方式去思考，不可能完全按教师的设计思路展开。可提出如下问题"这些工具是怎么用的？""你觉得不倒翁肚子里面要放什么材料才能使它不倒？""你为什么要这样做？"积极鼓励幼儿大胆假设和猜想，尊重幼儿间的差异，接纳每一个幼儿的观点，因材施教，逐一点拨。

（3）鼓励幼儿按自己的想法进行操作。给幼儿足够的时间，提出启发性的问题，让幼儿带着疑问，按自己的想法去选择材料进行操作，验证自己的想法和假设正确与否。教师没有必要在幼儿动手操作之前就把答案告诉他们，不要在幼儿的操作过程中左右他们的思想，暗示结果，而是要放手让幼儿大胆地动手做，并从活动中去了解他们的探索情况，鼓励幼儿表达自己的发现，帮助他们按自己的想法进行验证。

（4）引导幼儿积极开展交流和思考。当幼儿在操作中有了发现之后，无论他们的验证结果与设想是否一致，教师都应尽可能地为孩子们间的交流创造条件，让每个幼儿都能表达自己的实践过程。同时，教师还应尽量帮助幼儿总结发现，鼓励幼儿在前次探索、发现的基础上进一步寻求答案和新的发现。

（5）活动总结。活动结束前，应让幼儿分享交流，通过与同伴的交流、教师的评价，不断完善自己的作品。活动结束时，在幼儿表达、交流信息的基础上，教师可以和幼儿一起小结本次活动的知识点，对幼儿学习过程及表现做出发展性评价。

案例 2.27

小班科学活动："你会盖盖子吗？"

活动目标：
1. 能根据瓶口的特征（大小、有无螺纹等）选择合适的盖子。
2. 能积极尝试盖上瓶盖，获取拧（或旋、按）等技能，发展手部动作。
3. 体验科学活动的乐趣。

活动准备：
1. 知识经验准备：幼儿初步了解盖子的作用和使用方法。
2. 物质准备：教师和幼儿共同搜集大小不一样的、各种带盖子的瓶子和罐子（如饮料瓶、食品罐、茶叶罐、化妆品盒等），并事先清洁、消毒。贴有饮料瓶及食品罐、化妆品罐、茶叶罐标志的大筐。

活动过程：
1. 教师出示一瓶饮料，引导幼儿讨论盖子的作用。
提问：没有了盖子，瓶子好用吗？瓶盖有什么用呢？

2. 幼儿动手操作，尝试根据某种特性为瓶子选择合适的盖子。

幼儿尝试给瓶子选择盖子。

教师：这些瓶罐都找不到盖子了，想请小朋友们帮忙找到它们的盖子，小朋友们自己选个瓶子或罐子。小朋友们拿瓶子时不要争抢。

师生讨论：你给瓶子或罐子找到盖子了吗？你怎么找到的？有没有什么困难？

小结：瓶盖和瓶口正好一样大才能盖上，还要看瓶口这里有没有一圈一圈的螺纹。

3. 引导幼儿发现盖瓶盖的方法（如旋、按等方法），并能在盖上盖子后检查盖子是否盖好了。

操作前要求：请小朋友们用旋或按的办法给瓶子盖上盖子，盖好后检查是否盖对？

操作后师生讨论：你用什么方法给瓶子或罐子盖上盖子的？

分别请幼儿展示几种不同盖盖子的方法，并作小结。

4. 分类、整理。

第一次：引导幼儿将瓶罐按饮料瓶、食品罐、茶叶罐、化妆品罐等分类，放入大筐里。

第二次：按照不同盖盖子方法（旋、按等）对瓶罐分类。

活动延伸：

将各种瓶子和盖子投放在区角中，让幼儿继续探索开、盖瓶罐的方法。

(泉州市晋江灵水中心幼儿园　庄美玲)

活动评析：

这是一次技术操作类活动，教师从幼儿生活中取材，引导幼儿通过尝试来选盖子、学习盖盖子，注重锻炼幼儿的动手能力，学习使用工具，加强科技与幼儿生活的联系。活动中让幼儿反复操作、感知和体验，引导幼儿发现盖瓶盖的不同方法，注重让幼儿亲历探索的过程。

4. 交流讨论类活动过程的设计

交流讨论类活动是指幼儿在亲自探究和搜集资料、整理资料的基础上，通过集体的交流与讨论等手段，来获取科学知识的教育活动。它是科学活动和语言活动的有机结合。交流讨论类活动组织的一般步骤如下。

(1) 提出话题。

幼儿的探究来自问题，确定恰当的话题是交流讨论类活动成功的基础。创设适当的问题情境，鼓励幼儿带着问题搜集资料。

(2) 搜集资料。

幼儿搜集资料有两种渠道，一是幼儿通过观察、参观等获得直接认知的第一手资料。二是幼儿自己或在成人帮助下通过查阅图书或通过网络等获取的间接信息。教师和家长要尽可能让幼儿通过亲自探索获取事实资料，还可以通过图书、杂志、询问、网络等获得资料,如果幼儿上网查阅资料,一定要注意网络安全。幼儿搜集的资料应用其熟悉的方式表达,如照片、图片、绘画、折纸、表格等,大班幼儿甚至可以有一些简单文字,图文并茂,引发幼儿对文字的关注。

搜集来的资料可以先在班级展示,如运用专门的展板、主题墙面、科学区角或小组和个人的记录本,以期达到全部幼儿相互学习、互通信息、相互交流的目的,也为下一步全班集体性的交流讨论打下基础。

(3) 交流讨论。

在搜集、展示资料的基础上,教师组织幼儿对探究的过程和结果进行集体分享,展开讨论。要避免把交流讨论类活动变成灌输科学知识的课堂,因此不能由教师"一言堂",而要把充足的时间留给孩子。最好的办法是激发幼儿运用多种方式尽情地表达,既要引导幼儿围绕主题讨论,又要注意及时拓展主题。

(4) 归纳总结。

集体交流讨论的最后要及时归纳,进行小结,帮助幼儿明确概念,形成整体认识。小结时应注意尽可能用幼儿能理解的词句。不一定非要得出结论,有时没有结论比有结论更有意义。

案例 2.28

大班科学活动:"家用电器"

活动目标:

1. 积极参与活动,对生活中的家用电器感兴趣。
2. 知道家用电器是使用电的工具。
3. 在交流分享中认识各种家用电器的名称,感受家用电器在人们生活中的用处。

活动准备:

1. 知识经验准备:幼儿参观过商厦里的电器专柜,并实地进行观察、记录、询问。幼儿在家里寻找各种家用电器,并以图画的形式记录下来。
2. 物质材料准备:家用电器的录像、房子结构图。

活动过程:

1. 通过谈话引出家用电器。

教师使用吹风机:"这是什么?它有什么用处?它是通过使用什么才能工作的?"(知道吹风机是通过使用电才开始工作的。)

小结:我们家里使用的一些能够方便我们生活、使用电的机器,我们称它们为家用电器。

2. 介绍自己家里的家用电器。

(1) 教师:你们家里面有哪些家用电器?我们一起交流一下。

幼儿介绍自己在家里寻找到的各种家用电器。

（2）数数自己家里有几样家用电器，比一比谁家的家用电器多。

小结：我们每家都有很多家用电器，这些不同的家用电器有些什么用处呢？

3. 交流各种家用电器的用处。

（1）播放家用电器的录像（有电视机、电冰箱、洗衣机、微波炉、空调、浴霸、电饭锅、抽油烟机、吸尘器、电熨斗等），边看边讨论以下问题：

这是什么？有什么用处？

它们的形状、颜色一样吗？为什么要不一样？（满足人们不同的喜好）

你同意他的说法吗？还有什么意见？

你们还有什么问题吗？可以提出来大家一起讨论。

（2）小结：家用电器用处可真大，它们给我们的生活带来了方便。

4. 讨论使用家用电器要注意的安全事项。家用电器使用时需要通电，所以使用时要注意安全。

讨论：使用家用电器时有哪些危险，我们应该注意什么？

5. 联系生活安置各种家用电器。

情境导入：施老师要搬新家了，你帮我一起购买家用电器！

参观老师家有哪些房间？（厨房、卧室、客厅、书房、卫生间）

幼儿分组讨论，以图画的形式画出家用电器，然后安置在老师的新房里。

6. 展示幼儿图画，开放性结束。

活动评析：

家用电器是幼儿几乎每天都能见到的，既贴近幼儿生活，又能满足幼儿的需要。事实证明，追随幼儿兴趣，根据幼儿的发展需要，选择有价值、有意义的兴趣点进行活动，这样更有利于幼儿通过自己的发现主动构建相关的知识经验。同时还能引起幼儿强烈的好奇心和探究欲望。教师通过组织幼儿在参观、调查的基础上讨论，获得对家用电器的认识。

（五）艺术领域活动过程设计

《纲要》中指出：艺术是实施美育的主要途径，应充分发挥艺术的情感教育功能，促进幼儿健全人格的形成。艺术领域主要包括美术教育活动和音乐教育活动两大部分。

1. 幼儿园美术教育活动过程设计

学前美术活动如同美术本身一样，有着多姿多彩的内容与形式，把它放到一种设计模式中并非最合适的选择，但为使初学者能较明确、全面地把握学前美术活动过程的设计方法，这里简单介绍学前儿童美术活动过程的一般环节。

美术活动过程设计实际是根据活动内容与目标，对此次美术活动过程进行的具体设计，通过设计来有效地实施美术教育。其中涵盖整个活动的主要环节和顺序，一般由导入及演示、幼儿操作与教师指导、结束与欣赏等几大环节组成。某一内容的活动设计，有时在一次活动中就可完成，有时则由几个系列活动组成。

案例 2.29

大班美术活动："自画漫画像"

活动目标：
1. 感受不同表情下五官变化的特点和规律。
2. 尝试用大胆夸张的"漫画"形式作画。
3. 享受创作乐趣，体会幽默情趣。

活动准备：
1. 各种表情的幼儿头像照片，各种五官的漫画范例若干，示范用纸若干。
2. 幼儿每人一套画笔，一面小镜子，白纸若干。

活动过程：

(一) 照镜子，观察脸形
1. 引导幼儿观察自己的脸形，并讨论自己是什么脸形。
2. 幼儿尝试边照镜子边画自己的脸形。
3. 教师改画，帮助幼儿理解夸张的表现手法。

教师根据幼儿画的脸形作出修改，如："嘿，你的下巴尖尖的，脸形看起来像个三角形，我们来改改，下巴呀还要画得更尖，更夸张。""画得太小了，要把脸画得大大的，夸张一些。"

4. 幼儿摸一摸，说一说自己的发型，教师边倾听边添画。

教师：你的头发是短短的，硬硬的，那我就把它们一根根竖起来，真像小刺猬。

(二) 感知五官的局部变化
1. 表演游戏：眼睛、嘴巴在哪里？引导幼儿直观感知各种表情变化的特点。
2. 幼儿大胆尝试五官的不同画法并展示。

教师：小朋友，请你试试画自己的五官。(鼓励幼儿大胆想象，尝试绘画。)

教师展示个别幼儿的作品，其他幼儿欣赏、点评。

3. 教师出示各种五官的漫画范例，帮助开阔思路，给予提示。

(三) 对比观察表情头像
1. 教师出示各种头像照片，幼儿观察，整体感知各种表情变化的特点。

教师：小朋友，请你看看这些表情变化有什么特点？

2. 师幼共同总结表情规律，同时教师简单示范几种表情的画法，帮助幼儿加深了解"笑""哭""辣"等几种典型表情变化的特点。

（四）幼儿对镜自画
1. 幼儿自主选择作画工具并确定画纸方向。
2. 教师鼓励幼儿大胆、夸张地表现。
3. 幼儿作画，教师观察，引导幼儿进行联想创作，添画有关背景，丰富画面。
教师：你画了什么表情？为什么笑了？发生了什么事情？
（五）展示、交流作品
1. 教师展示幼儿作品，幼儿互相说说自己的画，并对同伴的作品进行点评。
2. 请幼儿按"笑""哭""其他"表情分类贴画，互相交流。

（永康市实验幼儿园　郎晓津）

活动评析：

首先，"自画像"是每个幼儿都能进行创作的熟悉的内容，是一个既能有效激发幼儿兴趣又易于幼儿自主创新表现的绘画题材。

其次，从教师的教学策略来说，教师在活动中注重引导幼儿主动表现，而不是通过简单示范让幼儿获得统一固定的造型符号、构图方式。教师通过照镜子、欣赏头像照片，引导幼儿进行有效地观察；通过多媒体展示，给予幼儿创作提示，开阔了幼儿的思路；通过对脸形、五官、表情的分步展示，引导幼儿分步作画，为幼儿最终的创作搭建了有效的"脚手架"，让幼儿能把看到的、想到的真正变成物象，避免出现"讨论时热烈，作画时无从下手"的现象。真正体现了《纲要》中所倡导的"教师的作用应主要在于激发幼儿感受美、表现美的情趣，丰富他们的审美经验，使之体验自由表达和创造的快乐。在此基础上，根据幼儿的发展状况和需要，对表现方式和技能技巧给予适时、适当的指导。"

教师在该活动中运用示范画的方式也很值得借鉴。很多幼儿园教师对示范画的运用感到茫然和迷惑：用示范画示范，影响幼儿的自由发挥；不用示范画，幼儿作画前讨论热烈，创作时无从下手。怎样把握示范和创作之间的关系和尺度这个问题，很值得大家进一步探讨。该教师在活动中不直接出示完整的范画，而是大胆采用多媒体技术展示一系列精心组合的、生动夸张的表情头像照片，根据需要对照片进行放大、缩小或对不易理解的难点做定格处理，提供各种五官漫画的参考材料，让幼儿自己去发现，寻找各种表情变化的特点和规律，再自由组合创造。这一做法在很大程度上避免了教师"直接完整示范"对幼儿创作产生的消极影响，能有效激发幼儿的创作欲望，并顺利地表达自己的所见所思。

2. 幼儿园音乐活动过程设计

音乐教育是幼儿在参与音乐实践活动中进行的，音乐教育的内容是实现幼儿音乐教育目标的重要中间环节，对促进幼儿的全面发展起着重要的作用，其主要内容包括歌唱、韵律活动、音乐欣赏活动、音乐游戏、节奏乐等方面。幼儿音乐教育活动的过程一般有两种组织结构。

(1)"三段式"结构。

"三段式"结构即把音乐活动明确分为三个部分：开始部分、基本部分和结束部分，这是一种较传统的音乐活动组织结构。

开始部分和结束部分通常安排复习性质的内容，如复习幼儿已学过的歌曲、韵律活动（舞蹈、律动等）、音乐游戏等。开始部分最常见的程序和内容是：律动进活动室——练声——复习歌曲或律动；结束部分最常见的程序和内容是：复习打击乐、音乐游戏或歌表演——律动出活动室。音乐活动应当尽可能在兴致勃勃、井然有序的气氛中结束。

活动的基本部分一般是音乐活动完成教育要求和任务的主要部分，通常会安排学习尚未接触过的新作品或新技能。一般安排2~3项音乐活动内容，如唱歌、音乐欣赏、舞蹈等。内容安排时要丰富多样，既要防止内容单一单调，又不能内容太多、分量太大；内容安排要考虑新旧搭配，注意难易适当；活动形式要注意动静交替，突出重点，使教育活动生动活泼，幼儿学习的积极性高。

开始部分和结束部分采用幼儿较为熟悉的内容，一般会较有效地产生"唤醒"和"恢复"的效果，同时，幼儿也会有机会在相对熟悉的作品的复习中不断巩固旧知识、技能，并不断对已熟悉的作品产生新的理解和新的体验；不断使熟练化、丰富化、深刻化了的旧有经验更好地迁移到新的学习情境中去，更好地获得改造和重组，进而不断上升为质和量都更高一层的新经验。与此同时，还可以保证幼儿个人的音乐、舞蹈作品"库藏"不断得到有效扩展。因此，可以说传统的"三段式"音乐活动组织结构有一定的合理性，其本身是符合科学的教育活动组织结构功能要求的。仅仅因为其"传统"和"陈旧"就简单、武断地对其进行批判或抛弃，是不慎重的。

案例2.30

小班歌唱活动："一对好朋友"

活动目标：

1. 引导幼儿感受歌曲的内容，幼儿会用连贯、柔和的声音表现欢快的情绪。
2. 引导幼儿两两结伴边唱边演，创造性地做出友好、亲近的动作。
3. 引导幼儿体验与同伴友好合作的快乐。

活动准备：

1. 小鸟的头饰多个（与幼儿人数相等）。
2. 图片两张。

活动过程：

(一)开始部分

1. 幼儿随音乐做鸟飞律动进活动室。

2. 发声练习《小鸟叫喳喳》。

3. 复习歌曲《小花狗》，用愉快的情绪唱出歌曲。

(二) 基本部分

1. 出示图片，幼儿观看，引导幼儿理解歌词内容。

提问："图片上有谁？它俩正在干什么？你们喜欢和它们交朋友吗？"

2. 学唱《一对好朋友》，引导幼儿注意声音和表情。

(1) 教师范唱歌曲，引起幼儿学新歌的兴趣。

(2) 幼儿跟随教师学唱新歌。

(3) 引导幼儿准确地把握情绪进行演唱。

3. 通过谈话，启发幼儿尝试两两结伴边唱边用动作来演。

(1) 启发幼儿说出表示两个人之间友好、亲近的几种动作。

(2) 请幼儿边听音乐边自由和伙伴做出动作。

(3) 请几对幼儿上来表演给大家看。

4. 集体戴上小鸟的头饰分组上前进行表演唱，幼儿会用准确的表情和动作表现欢快的情绪。

(三) 结束部分

1. 教师评价幼儿的歌唱表现。

2. 带领幼儿边唱歌边学鸟飞出活动室。

(四) 活动延伸

引导幼儿创编第二段、第三段小鸡、小鸭等歌词，和更多的好朋友合作进行演唱。

(青岛幼师附属幼儿园 曲瑞莲)

活动评析：

本活动符合小班幼儿的特点，在两两结伴的演唱中增进了相互的感情。他们很喜欢两个人之间的抱抱、握握手、碰碰鼻子等友好、亲切的动作，所以对歌曲就更增加了几分喜欢，再戴上小鸟的头饰，充分地表现出了歌曲的欢快情绪，使活动达到了预期的效果。

(2) "单段式"结构。

"单段式"结构即没有明显的三部分界线而是围绕着基本部分中新授的活动内容来安排活动的结构。通常在活动中不再安排复习性质的"开始部分"和"结束部分"，仅以唤起与新活动有联系的旧有知识经验为"导入活动"来激发幼儿的兴趣，振奋幼儿的精神，集中幼儿的注意力，再分层次、递进式地进入到新作品的感受和学习活动。在活动的最后，则注重使儿童享受和体验到新活动所带来的愉快和舒适。

"单段式"的组织结构在目前幼儿园的音乐活动中运用的较多，这种活动结构的安排相对而言更能充分体现出围绕一个作品（或技能）的各个环节、步骤和程序上的系列性、层次性，从而使整个活动程序的每一步骤都注意到了利用儿童的旧有经验和刚形成的新经验，为儿童提供可以迁移、运用旧有经验的机会，同时使新经验的形成更有效。

案例 2.31

中班歌唱活动："鸭子过桥"

活动目标：

1. 熟悉歌曲的旋律和内容，有节奏地唱清歌曲内容。
2. 能随着歌曲节奏拍手、模仿鸭子走路，培养数序概念。
3. 享受轻松、愉快的歌唱氛围。

活动准备：

鸭子头饰、积木桥一座。

活动过程：

1. 出示背景图，教师边唱边演示歌曲内容，引起幼儿的活动兴趣。
(1) 教师随琴声边唱边演示小鸭子卡片。
(2) 引导幼儿认真听歌曲里的口令，再来欣赏一遍《鸭子过桥》。
2. 幼儿在游戏中学习歌曲，并能愉快地演唱歌曲。
(1) 幼儿分组游戏，在玩的过程中学唱歌曲。
1) 教师边弹琴边演唱《鸭子过桥》，请第一组幼儿戴上头饰学鸭子上桥下桥。
2) 第二组小鸭子上桥，提醒他们听清老师唱口令，掌握好快慢节奏。
3) 第三、四组小鸭子过桥时，桥下的幼儿和老师一起唱歌。
(2) 全体幼儿有表情地演唱歌曲。
1) 教师当鸭妈妈，领着全体小鸭子边有表情地演唱歌曲边过小桥。
2) 小鸭子要"回家"，再次演唱歌曲，过小桥。
3) 全体幼儿随优美的乐曲边唱边学小鸭子走离开活动室。

活动评析：

《鸭子过桥》是一次歌唱活动教法的改革尝试。教师根据教材的内容、中班幼儿的身心发展规律和审美心理特征，巧用形式多样、生动活泼的教学方式，帮助幼儿在歌唱学习中保持主动、自然、愉悦的心境。如：教师一开始就采用了边唱边演示歌曲内容的形式，激发幼儿学习兴趣，与此同时也使幼儿初步感知了歌曲中的口令；接着用分组游戏的方式，使幼儿在玩的过程中学唱歌曲。

本歌唱活动突出了"以幼儿为本、顺学而导"的新理念。教师运用生活化、形象化、趣味化的教学方法，将激发幼儿音乐的兴趣贯穿于始终，带领幼儿在游戏情境中感受、体验音乐给人带来的快乐，使枯燥的学习变成了乐学。

三、如何说教学活动过程设计

说教学过程设计是说课的中心内容，说清楚教学过程是说好课的关键。教学过程是教师的教学观念、思想方法、策略和技术在教学活动中的具体体现。教学过程设计的思路关注的是教学活动中教与学活动的结构，以及为目标达成所采用的方法手段和措施。

（一）说活动过程设计要说明的内容

1. 说教学的整体思路和环节

说清楚设计的教学过程基本环节。即如何导入教学，基本部分教学如何展开，如何结束活动。一般在说课中，先用精炼的语言，整体概括介绍本活动包括哪几个教学环节。

2. 说教法处理和幼儿之间的联系

说清楚为达到教学目标，运用哪些教学手段，如何安排师幼互动过程，以及这样安排的目的和达到的效果。在逐一详细介绍每个环节时，需要说清楚设计的理论依据，也就是为什么设计这个环节，想要达到什么教学目标，或取得什么预期效果。并且说清楚每个环节师幼互动过程，即教师运用何种教学方法，教幼儿运用何种学习方法学。

3. 说重点与难点的处理

说清楚在教学过程中，怎样突出重点和解决难点，解决难点运用什么方法等。

（二）说活动过程设计注意事项

需要大家注意的是：说活动过程并不是把活动过程的环节和活动步骤一一阐述出来，而是要把每一环节的设计理论依据，采用何种教学方法及主要实现哪个目标说清楚。而说活动过程也并不是把幼儿教师所有提问以及预测的师幼互动情景一一说出来，但是需要把突出重点、解决难点的环节及师幼互动部分详细地说出来。

说教学过程设计应注意的具体问题如下。

1. 重视说教学过程的理论依据

说课与实际教学并不是机械的对等关系。说教学过程设计除了要说明教学中所能表现出来的"教什么""怎样教"外，还要体现出为什么这样教的构思过程，这是说教学过程的重点所在。有的教师将重点放在对"教什么""怎样教"的阐述上，忽视了对"为什么这样教"的理论阐述，简单认为说教学程序就是对教学过程环节的简述，缺乏应有的理论分析。要改变这种状况，必须牢记说课的"说理性"这一本质特征。

说活动过程设计，除了说清楚程序自身，还要说明程序设计的理论依据。从这个意义来说，"说理"在教学程序中应是主要的，而对活动程序自身的说明则是次要的，它只是"依据"的具体体现形式，是科学的教育理论付诸教学活动的载体。所以，应认清说课的基本特征，即说明"为什么这样教"。

2. 说活动过程要详略得当，重点突出

说教学过程不能平铺直叙，要注意把握内容的主次。应从自己的教学思想出发，从宏观上审视和把握所设计的程序，将无关紧要的程式性的东西，特别是一些过细的具体内容，大胆地删缩，以达到突出重点、全面兼顾的目的。有的教师说教学过程时，缺乏对教学环节的提炼和概括，往往陷入对具体活动做法的描述上，使整个说课拖沓而琐碎，没有清晰的线索。

3. 说教学过程要具有系统性

教学过程是教师围绕教学目标，依据教学内容特点，采用一定的教学方法和进行一定的学法指导，教师和幼儿共同活动的有序过程。它是教学内容、活动目标和教学方法三个内容综合而有机的体现和综合运用，不是简单的并列关系和机械的混合体。有的教师说教学过程时，对过程具体内容说得多，而对过程的程序构建、步骤安排的顺序考虑得少。对"序"的科学性、实效性钻研和探究很不够。"序"的安排不是可有可无、可此可彼的，好的教学过程必须有一个最佳的组合结构。所以，说好教学过程，要把内容有机融入其中，将教学过程与教学内容、目标、重难点之间的对应关系和教法的具体实施、学法指导的具体方法等有关内容交代清楚。

4. 说教学过程要避免理论牵强附会

教学过程的设计，应遵循一定的教学思想和教育理论。在说课实践中，有的教师往往先设计好教学环节，再找理论依据，类似给教案穿靴戴帽，使理论和内容设计两张皮。还有一种情况，有的教师空说理论，所说理论大而空，如满篇是"某某教育家说""根据建构主义理论、生态学理论"之类的话，这些理论对教学过程设计起不到应有的指导作用。出现这种情况的原因主要是教师在理论学习方面比较缺乏，不能理论联系实际。说课的目的就是推动教师学习教育教学理论，掌握教育规律。因此，在说课时，要加强理论学习，这样才能体现说课的真正意义。

案例 2.32

中班数学活动："生活中的数字"

活动过程：

幼儿是学习的主体，为充分发挥幼儿学习的主动性，我为本课设计了三个教学环节。

1. 演示钟表教具，导入活动。

我设计的导入语是："今天老师带来了一样东西，请小朋友猜一猜是什么？"出示没有数字的钟表图片。待幼儿猜出答案后提问："钟表上缺少什么？""没有数字行不行？""为什么？"让幼儿谈论对钟表上数字作用的认识。然后将1~12数字贴在钟表上并总结："钟表上的数字能告诉我们时间。"

导入环节采用的是"前经验导入法"，即根据幼儿已有认识发起活动。钟表上数字

的作用是幼儿已有的认识，没有数字的钟表给予幼儿强烈的视觉刺激，把幼儿的注意力一下集中在对数字的关注上。

2. 观察物品，认识数字的作用。

本环节的内容是教学重点。采取先布置展览，后让幼儿参观的形式实施教学。为幼儿创设典型的观察物品上数字的环境，投放丰富的材料，支持幼儿的学习。具体分为以下三个教学步骤。

(1) 看一看，找一找。

顺接导入部分，提出问题：请小朋友看一看都有什么？找一找上面的数字在哪里？幼儿自由观察带有数字的物品。教师给幼儿充足的观察时间，并适时与个别幼儿交流，提醒幼儿观察物品上有哪些数字。

(2) 想一想，说一说。

幼儿获得了对物品上数字的直接认识后，让幼儿说一说对物品数字作用的认识。教师提出要求："请小朋友选一样自己喜欢的物品，说一说这上面的数字有什么用？"鼓励支持幼儿大胆讲述，并提问："哪个小朋友还有补充？"促进幼儿之间的交流。

知道物品上数字的作用是教学难点。为突破难点，我采用倾听加引导的指导策略。"倾听"即注意倾听幼儿的回答，对幼儿已有认识做到心中有数。"引导"即根据幼儿的回答，通过追问、提升经验的方式对幼儿的认识进行梳理和提升，使幼儿对物品上数字的作用有比较清晰的认识。瑞吉欧教育体系有一句名言：教师要接住幼儿抛过来的球。教师作为引导者的作用正体现在此。

(3) 发散思维，感受数字与人们生活的密切关系。

幼儿对物品上的数字及作用有了明确认识后，我设计一个开放性问题："如果这些物品上没有数字会怎样？"让幼儿展开讨论并说一说自己的认识。我根据幼儿的回答进行总结："生活中很多物品上面都有数字，有的告诉我们时间，有的告诉我们温度……数字真有用！"

三个教学步骤由浅入深，由具体到抽象，由感知到理解逐步递进。在幼幼、师幼互动中达成教学目标。

3. 绘画表现，深化认识。

这个教学环节是让幼儿按意愿画一样带有数字的物品。之所以让幼儿自主选择，主要是考虑到幼儿的个体差异性。幼儿画一画物品上的数字，可以深化其对数字的认识和理解。

幼儿画完后，将幼儿的作品布置在准备好的墙饰上，自然结束活动。

活动延伸：

幼儿教育具有整合性的特点，表现在目标、内容、做法、活动形式等方面的整合。本次教学虽然结束了，探索生活中的数字活动会继续开展下去。我将在日常生活中，带领幼儿观察、寻找幼儿园内、大街上的数字并让幼儿记录下来，拓展幼儿对身边生活场景中数字及作用的认识。

活动评析：

本篇说课稿节选了说活动过程部分，整个活动环节设计围绕活动目标，结合教学内容特点而设计，三个教学步骤由浅入深，由具体到抽象，由感知到理解逐步递进。每个教学步骤都说明了设计理论依据，充分体现了说课的"说理性"。

整个教学过程中做到了详略得当，重点突出。如第二个环节：观察物品，认识数字的作用，是本活动的重点环节。设计者最为详细的介绍了本环节是如何开展的，为什么这样设计，用什么方法突破重难点的。

本篇说课体现了设计者以幼儿为中心的、科学的儿童观，并且突出一个"说"字，即用口头语言述说自己的教学设想，是一篇优秀的说课稿。

思考与练习

1. 说课中说活动过程设计部分应该注意哪些问题？
2. 尝试撰写一篇说课稿并进行说课。

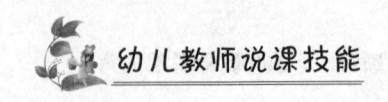

项目三　说课中多媒体课件的制作与运用

任务1　多媒体课件设计与制作基础

问题情境

课件设计与制作是信息化教学的重要组成部分，是幼儿园教师开展信息技术与课程整合的重要资源。多媒体课件直接运用于教师信息化课堂教学中，可以增强教学效果，提高教学效率。幼儿教师只有掌握多媒体课件设计与制作的科学方法，遵循多媒体课件应用规律，才能营造一种新型的教学环境，改变传统的以教师为中心的课堂教学结构，充分发挥幼儿的主动性、积极性和创造性，从而培养幼儿的探索能力和创新精神。

应用多媒体手段辅助说课，能把抽象的内容具体化、复杂过程简单化、枯燥内容形象化、隐形内容显形化，对提高信息的传递量，化解教学难点，优化说课效果起到很好的作用。说课课件应该如何制作呢？选择哪个制作软件较为合适？

表3.1　教学任务一览表

基本知识	1. 了解多媒体课件在幼儿教师说课中的作用。 2. 知道说课课件制作的原则。 3. 清楚说课课件应用中的几点误区。
设计与实施	知道如何选择合适的课件制作软件。
思考与练习	1. 多媒体课件在说课中能起到哪些作用？ 2. 说课课件中应避免出现哪些误区？ 3. 请问你会选择哪个软件来制作幼儿教师说课课件？

基本知识

一、多媒体课件在幼儿教师说课中的作用

运用信息化教学手段辅助幼儿教师说课，能够促进教师信息素养的综合发展。信息化课件声画并茂，视听结合，形象鲜明逼真且富于变化。可以通过观看、对比、理解，获得视觉和听觉上的愉悦，也为理解和掌握其内容做了铺垫，更是展现幼儿教师信息技术能力的重要方面。多媒体课件在幼儿教师说课中的具体作用主要表现在以下几个方面。

（一）丰富的表现力

多媒体课件具有呈现客观事物的时间顺序、空间结构和运动特征的能力。通过多媒体的展示，能够感受到客观事物的真实可信，有利于对内容的理解，呈现的形式可以是文本、图形、图像、声音、视频等各种单一形式，或者是几种形式的组合。

在课件中，多种媒体的组合使用，能同时刺激多种感觉器官，发挥各种感觉器官的优势，增加了观看者进行联想与想象的途径。利用多媒体提供的听觉、视觉和双向交互能力，向观看者提供声、像、文等综合信息，使说课内容更加丰富，形式更加多样，便于直观地展示教师的教育理念、教学设计、教材把握和操作技术，有效提高说课质量。

（二）交互性强

多媒体课件不仅用多种形式记录了要传播的信息，更重要的是它还具有人机交互功能。利用交互，消除说课中的干扰，控制好信息量和信息传递速度，克服遗忘，从而达到优化说课的效果。

（三）共享性好

随着高速信息网的不断延伸，课件所包含的教学内容可以通过连接在网络上的计算机进行相互传递，网络上的信息资源可以实现共享。以网络、光盘为载体的多媒体课件，不但图文并茂、生动有趣，而且知识的传播不受时间、地点的限制，不再局限于某一处，单位、家庭及社会都可以成为学习的"学校"，学习的时间也可以根据个人情况加以选择。从光盘或网络中得到的教学信息，可以解决说课过程中遇到的各种问题，充分发挥说课者的主动性、创造性。

（四）有利于知识的同化

采用多媒体课件进行辅助说课，首先可以强化信息传播的强度。用多媒体课件以不同的形式同时传播同一教学内容，各种媒体间相互补充，使知识表达得更加充分，更容易理解。其次，多媒体课件中的信息容易提取和筛选。说课过程中，将说课内容与多媒体的形象化处理相结合，能使说课中的抽象问题具体化，枯燥问题趣味化，静止问题动态化，复杂问题简单化，从而提高说课效果。

二、课件制作的原则

（一）教育性原则

1. 教学目标明确，教学重点突出，通过多媒体手段，应有助于突破教学重点、难点。
2. 体现多媒体教学的辅助性、形象性、启发性原则。
3. 表现形式合理、新颖，符合幼儿认知规律。
4. 适应说课需要，效果突出，有效补充传统教学手段的不足，充分体现多媒体教学的优势。

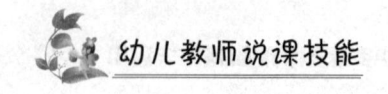

（二）科学性原则

1. 内容正确，逻辑严谨，层次清晰，内容无政治性、科学性错误。
2. 场景设置、素材选取、术语应用、操作示范等符合相关标准。
3. 模拟仿真符合教学规律，各种教学媒体能为学生理解教学内容、完成教学目标服务。
4. 展示时机恰当，展示时间适中。

（三）技术性原则

1. 操作方便灵活，没有导航、链接错误，具有良好的稳定性与安全性。
2. 能根据需要选用适当的技术手段，效果良好。
3. 充分利用视频、音频、动画等多媒体技术，并具有相应的控制技术。
4. 结构完整、规范、合理。

（四）艺术性原则

1. 页面布局合理，整体风格统一，色彩搭配协调，符合视觉心理。
2. 文字、图片、音频、视频、动画等素材处理恰当，符合主题。
3. 制作精细，具有较强的吸引力和感染力。

三、说课课件中的几点误区

1. 教学课件充当说课课件

教学课件的对象是学生，重视教学过程中师生的双向交流，目的在于讲授专业知识。说课课件的对象是同行及专家，重视教学设计思想的单向输出，目的在于阐明说课者是如何界定教学目标、组织教学材料、选择教学方法以及如何在课堂教学运用媒体解决教学中的重点、难点问题等。因此，为课堂教学设计的教学课件是不能作为说课课件使用的。说课课件应该围绕说课稿来设计制作，而不是简单地将教学课件拿来就用。

2. 将说课课件当成读报板

有些教师习惯把要说课的内容全部复制到说课课件上，这样虽然有利于清楚明白地呈现说课者的理念和意图，但却容易产生依赖性，就像在课堂上复述教案一样，给人照本宣科、死板教条的感觉，课件的可欣赏性也会大打折扣。制作说课课件，要从有利于说课者演说和展示有利于评委观摩和评议、有利于双方信息沟通的角度出发，重点展示体现教师说课意图的文字、图片、图像等信息，用比较醒目的形式，如变换的色彩、柔和的动画等，加强重点信息对评委的多重刺激，让他们能充分理解说课者的教学观念、教学意图。

3. 装饰背景画蛇添足

有些教师喜欢在课件上增加一些装饰，如剪切画或小动画，这本无可厚非，但是装饰背景的选择应和说课主题相关，如果只是为了课件的生动而添加一些无关动画，可能会有画蛇添足的负面效果。

4. 课件动作设计繁琐

在课件制作中，一些教师习惯利用动作设计按钮或超链接完成一些操作切换。在教学中，这种方法很适用，但是在说课中动作设计繁琐，或按键过多，会影响教师在说课现场的流畅表达。

5. 素材软件兼容性差

有些教师在制作课件的过程中选择一些兼容性差的软件处理图像、动画或视频，结果导致软件和说课使用软件不兼容，影响说课课件的使用，且在操作过程中容易出现失误，所以应尽量选用大众化的、兼容性好的软件。

设计与实施

随着现代化教学手段在教学中的广泛应用，课件制作已成为幼儿园优化课堂教育资源、提高课堂教学时空跨越感知效果、提升幼儿参与兴趣以及实现目标的必不可少的一个手段。

说课课件的设计与制作是一个复杂的创造性过程，这是说课教师在写完说课稿后进行的一个环节，既要考虑课件的设计效果和设计规范，又要考虑观看者的需求和艺术性，还要保证课件能够顺利地进行，使课件整洁美观、具有可操作性、界面风格友好、布局合理、媒体效果好、语言设计简练、恰当、内容设计具有实用性，为优化说课效果起到很好的作用。为此，课件展示也就相应地成为幼儿教师说课的一个很重要的环节。

一、说课课件的结构

1. 封面（片头），这是课件的首页，首先应使学生明确这是一个课程的开始。说课课件封面包括课件的名称、针对的年龄班级以及说课内容的领域，如中班音乐活动《扮家家》封面。

图 3-1 说课课件《扮家家》封面页

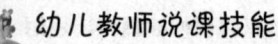

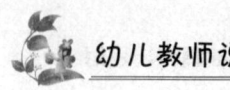

2. 目录（主界面+导航）。课件的目录应该包括说课内容的几大条目，大致包括说设计意图、说活动目标、说活动准备、说教学方法、说活动过程、说活动延伸。制作时应考虑画面的完整性和美观、协调，应选择与教学内容有关而又惬意的背景，教学内容题目不宜太多太密，若有必要可以设计二级目录等。

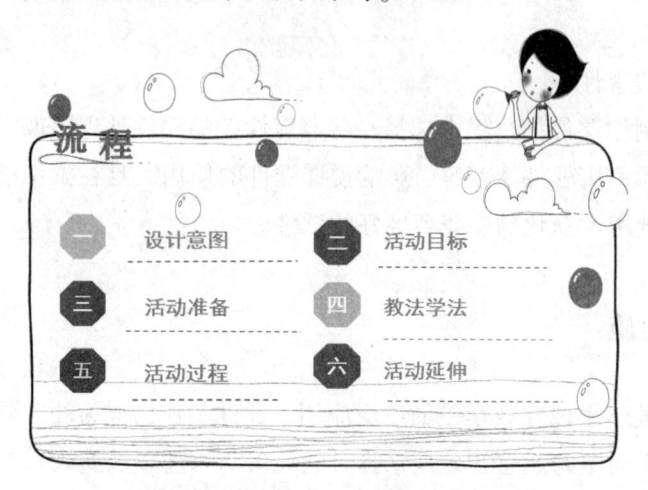

图 3-2　说课课件《扮家家》目录页

3. 页面。课件内容展示于页面。页是显示器显示的一屏教学信息，是表达教学内容的基本单元。

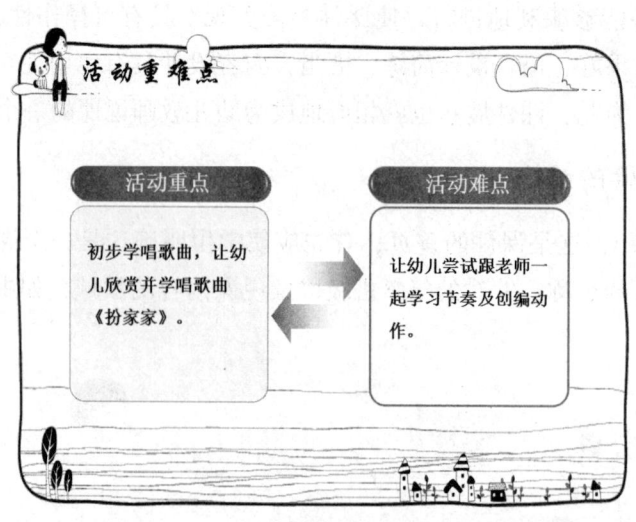

图 3-3　说课课件《扮家家》内容页

4. 封底，这是课件的结束页面，要使学生明确这是一个课程的结束。可以写上"谢谢"或"欢迎指导"等词语，有时候幼儿教师说课结束后观看者会进一步提出疑问，也就是答辩环节，以方便说课者与观看者进一步交流。

图 3-4　说课课件《扮家家》封底页

二、课件制作的平台

根据教学内容的不同，根据素材的类别以及课件的开发要求，我们要选择适合表现课件内容的制作平台。目前主要有以下四种制作方式。

1. PowerPoint 或者 WPS，是最为常用的办公软件，易学、易用，操作方法简单，它以页为单位制作演示文稿，然后将制作好的页面集成起来，形成一个完整的课件。对于幼儿教师说课课件，此款办公软件是运用最多的，其结构较为简单，能在短时间内编制出幻灯片类型的课件，具有较强的时效性。

图 3-5　WPS 演示文稿界面

2. Authorware，它是美国 Macromedia 公司（现已被 Adobe 公司收购）开发的一种多媒体制作软件，也是课件制作者用得最多的软件之一，它最大的特点是交互功能非常强大，而且能把文字、符号、图形、图像、动画、声音、视频整合在一起，能充分体现多媒体的优势。与说课课件相比，Authorware 更适合教学课件，体现多媒体课件的交互性，而说课课件更多是展示和讲解的作用。

图 3-6　Authorware 主界面

3. Macromedia Flash，是一种动画创作与应用程序开发于一身的创造软件，它广泛用于创建吸引人的应用程序，包含丰富的视频、声音、图形和动画。Flash 动画设计的三大基本功能是整个 Flash 动画设计知识体系中最重要、也是最基础的，包括：绘图和编辑图形、补间动画和遮罩。一般对制作者的技术要求较高。

图 3-7　Flash 主界面

4. 几何画板，是制作数学活动的好帮手，它弥补了其他多媒体创作工具作图方面的缺陷，不仅可以用点、圆规、直尺等工具精确的绘制几何图形，而且还能进行动态测量和计算，可以度量许多几何元素或图形的参数值，能在运动中保持给定的几何关系，在动态的几何图形变化中来观察、探索、发现不变的几何规律。

图 3-8　几何画板主界面

思考与练习

1. 多媒体课件在说课中能起到哪些作用？
2. 说课课件中应避免出现哪些误区？
3. 请问你会选择哪个软件来制作幼儿教师说课课件？

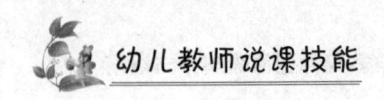

任务 2　多媒体课件制作素材处理

问题情境

多媒体素材是指多媒体课件以及多媒体相关工程设计中所用到的各种听觉和视觉工具材料。多媒体素材是多媒体课件的基本组成元素,是承载教学信息的基本单位,它包括文本、图形、图像、动画、视频、音频等。

多媒体素材的采集与处理是一个比较复杂的过程,既要求美观,符合课件的整体风格,具有较强的艺术感染力,又必须考虑容量大小、格式以及是否适用于所选的课件制作工具,另外还要符合幼儿认识事物的规律和认知特点,因材施教。多媒体素材不同,采集与处理的方式也不同。

表 3-2　教学任务一览表

基本知识	掌握多媒体课件素材对文字素材、图像素材、声音素材、视频素材的处理。
设计与实施	培养幼儿教师收集素材和处理素材的综合实践能力。
思考与练习	1. 多媒体课件在说课中能起到哪些作用? 2. 说课课件中应避免出现哪些误区? 3. 请问你会选择哪个软件来制作幼儿教师说课课件? 4. 选取一个音乐或视频,运用格式工厂对视频进行转换和剪辑操作。

基本知识

在说课课件中,以多媒体课件的形式,对文字、图形、图像及视频等多媒体信息进行整合,可使说课信息在短时间内作用于学生的感官,使说课效果事半功倍。

一个成功的多媒体课件,除了要有优秀的课件脚本和结构设计之外,还必须将素材进行非常恰当的处理,建立信息间的逻辑结构和连接,丰富思想和方法,特别是在幼儿园中,文字和图像对于学生的思维有着最为直观的冲击,正确地整合素材,才能使多媒体课件与教师的授课相互印证,起到辅助说课的效果。

设计与实施

一、文本素材处理

多媒体素材中文本素材是最基本的素材，是指带特定格式的文字，即将具有字体、字号、字型、颜色等效果的文字称为文本。与其他素材相比，文本具有易处理、占用存储空间小的特点。文本是文字、字母、数字和各种功能符号的集合。

在现实生活中，人们对事情的讲述、逻辑的推理、数学公式的表述等都主要用文字和数字来准确地表达。在多媒体应用系统中，虽然有图形、声音、视频影像等多种媒体形式，但是对于一些复杂而抽象的事件，文本表达却有它不可替代的独到之处。在制作文本素材时，应尽可能采用 Windows 平台上的文字处理软件，如写字板、WPS 及 Word 等。

在说课课件中文字内容要简洁、突出重点，以提纲式为主。尽量减少文字显示数量，不要把课件制作得太满，底部应留白。过多的文字阅读容易产生疲劳，标题文字应与内容文字在字号、颜色等方面有所区别，同一级别标题的字体、颜色、字号应该保持一致。在同一课件中使用的字体最好不要超过三种。文字颜色应与背景形成对比，要求文字醒目、画面和谐。一般文字应选用暖色调或亮度高的颜色，背景选用冷色调或亮度较低的颜色。为提高演示效果，文字显示可适当用自定义动画的效果，将说课内容逐步引入。

资料链接

文本的类型

文本的格式主要是由所使用的文字处理软件决定的，目前流行的文字处理软件种类繁多，不同的软件生成的文件格式各不相同。当使用不同的文本编辑软件编辑文本时，系统通常会采用默认的文本文件格式来保存文档。如文字处理软件 Microsoft Word 默认文档格式为.doc，Microsoft Word2007/2010 及以上版本的默认文档格式为.docx，当然该软件还支持另外一些流行的文本文件格式，如 TXT、RTF 等。下面介绍几种比较流行的文本文件格式。

1. TXT 格式，TXT 是纯 ASCII 码文本文件，纯文本文件除了换行和回车外，不包括任何格式化的信息，即文件里没有任何有关文字字体、大小、颜色、位置等格式化信息。"记事本"就是支持 TXT 文本编辑和存储的文字工具程序。

2. DOC 格式（DOCX 格式）

DOC 格式（DOCX 格式）是 Microsoft Word 文字处理软件所使用的默认文件格式，其中可以包含不同的字符格式和段落格式。

3. RTF 格式即 Rich Text Format 文件格式，是一种可以包含文字、图片和热字（超文本）等多种媒体的文档。在 Macromedia 公司的多媒体开发软件 Authorware 6.0/7.0 中就可以直接对 RTF 格式文档进行编辑，并且通过 RTF 知识对象对其使用。在 Windows 系统下，可利用写字板应用程序创建 RTF 格式的文件，另外，在 Microsoft Word 字处理软件中也能将文档保存为 RTF 文件格式。

4. WPS 格式是金山中文字处理软件的格式，其中包含特有的换行和排版信息，称为格式化文本，通常只在 WPS 编辑软件中使用。

二、图片素材处理

图像是人类获得信息的重要来源，是多媒体课件制作中最常用的素材之一，是一种直观的教学媒体。在准备图片素材的过程中，选择合适的图片非常重要，这个"合适"绝不是指越美越好，越大越好，关键要看图片在课件中所处的位置和发挥的作用，如语言领域绘本故事中的插图，如科学领域中各种动植物的图像等。图片应该清晰，大小要适当，尽量使用 JPEG 格式，尺寸一般不超过 800×600 像素。图片的位置、大小、颜色等都需要紧紧围绕说课内容。画面布局尽量遵循"黄金分割"，也叫"三分法则"，即将重点展示的图形放在画面大约三分之一处，让人觉得画面既和谐又充满美感。

课件中图片的处理原则有以下几点。

1. 能用大图，不用小图。大图是指像素高的图片，一方面，大图更为清晰，可以根据自己的需要随意进行剪切而不影响图片的质量。另一方面，全屏使用的大图，作为文字内容的背景，往往要比配小图更显得大气、有质感和美观。

2. 选择图片要有整体性，与课件风格、颜色相配。所谓的整体性，并不是要求所有的图片必须是一个系列，或者一个主题，而是要求图片应该有前后呼应的效果，不要因为喜欢就生硬插入某张图片，让人产生突兀之感。

3. 采用图片要时刻关注使用目的，切勿喧宾夺主。对于课件而言，美观绝不是第一要考虑的要素，重点是课件要达到什么目的。图文混排时，尽量突出文字，否则就有哗众取宠之嫌。

在日常课件制作过程中，我们经常会用到一些软件去处理图片，有以下几种。

Adobe Photoshop，简称 PS，是最常用的图象处理软件，在处理图片和拍摄的照片时，有非常强大的功能。

项目三 说课中多媒体课件的制作与运用

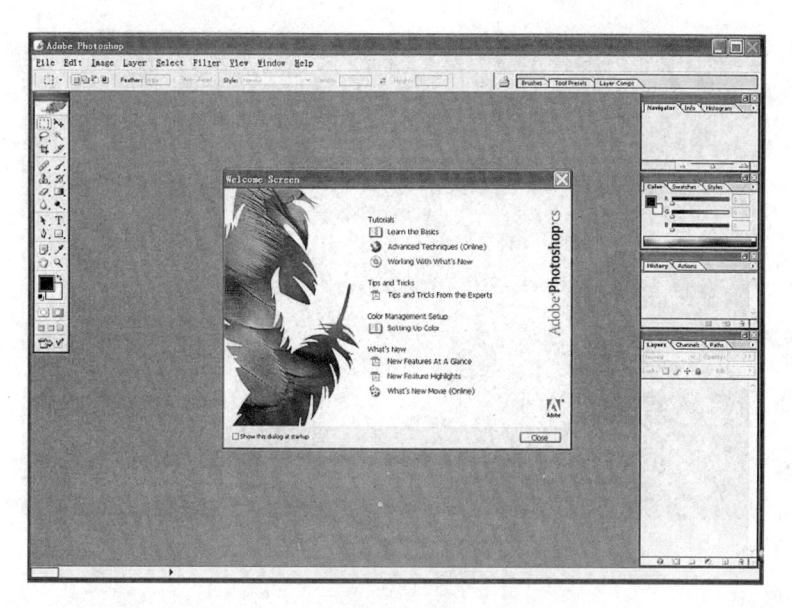

图 3-9　Adobe Photoshop 界面

美图秀秀，是目前中国最流行的一款免费的图片处理软件，操作简单、易学易用，对于初学者来讲比 ps 更容易上手，尤其可以在手机上直接处理照片，深受年轻人的喜欢。

图 3-10　美图秀秀界面

光影魔术手，一般是对数码照片进行处理的软件，简单实用，可以免费制作相框、艺术照，不需要专业的技术要求就可以很好地处理照片。

119

图 3-11　魔术光影手界面

系统自带的画图：开始——附件——画图，执行画图，在画图工具里可以简单地处理一些图片。

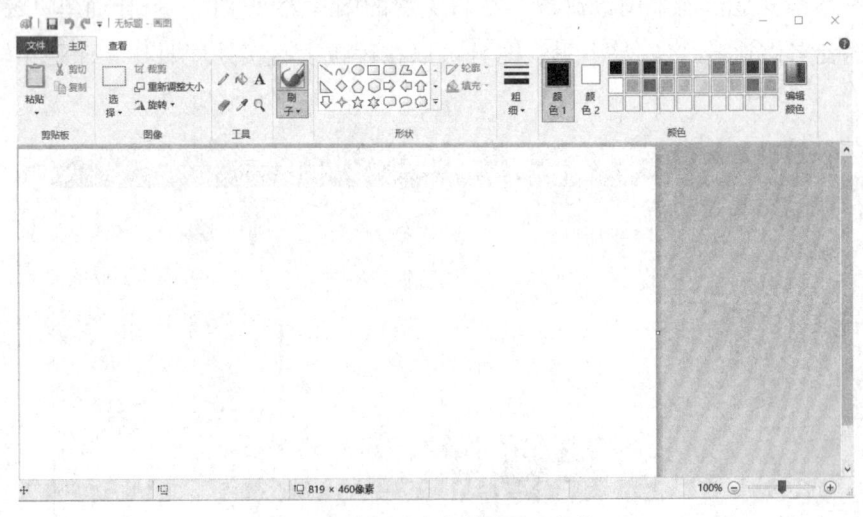

图 3-12　系统中自带的图画软件

三、声音素材处理

声音是多媒体技术采用的一种媒体形式，在某些需要讲解或活跃主题气氛的场合中，声音是必不可少的。在课件中恰当地使用音乐和音响效果，可以烘托气氛、渲染情绪、激发联想，更好地表达说课内容。课件中的音响和音乐应该相互补充、相互联系、相互配合，音响表实、音乐表意，共同为说课服务。舒缓的背景音乐，可以调节说课的紧张气氛，有利于引发思考。在说课中，重点处应选择舒缓、节奏较慢的音乐，过渡性内容选轻快的音乐，在演示时设定播放开关按钮或菜单，以便于教师控制。

常见的音频文件格式有以下几种。

1. MP3 格式

全称是 MPEG-1 Audio Layer3，是现行最流行和最通用的声音文件格式，其占用空间小，传输速度最快，是在制作课件时用得最多的一种音频文件格式。

2. MAV 格式

Windows 所使用的标准数字音频称为波形文件，文件的扩展名为".wav"，记录了对实际声音进行采样的数据，也是最早的数字音频格式。但需要的存储空间较大，不便于交流和传播。

3. MIDI 格式

MIDI 是英文 Musical Instrument Digital Interface 的缩写，是多媒体计算机产生声音的另一种方式，可以满足长时间播放音乐的需要。与波形文件 WAV 相比，MIDI 文件要小得多。

4. WMA 格式

WMA 是微软公司推出的与 MP3 格式齐名的一种音频格式。WMA 格式是以减少数据流量但保持音质的方法来达到更高的压缩率的目的。其压缩比和音质方面都很不错，所以即使在较低的采样频率下也能产生较好的音质。

在制作说课课件中，可以将音频文件加入到演示文稿中，并对其进行设置，以便教师在播放时易操作和控制节奏。

如在演示文稿中班音乐活动《扮家家》的内容页中插入音乐"扮家家.mp3"。

第一步：打开《扮家家》需要插入音乐的内容页。

图 3-13 《扮家家》插入音乐的内容页

第二步：点击菜单栏中插入——音频——文件中的音频。

图 3-14　插入文件中的音频页

第三步：选择"扮家家.mp3"音频所在的路径位置，点击插入。

图 3-15　插入扮家家.mp3 音频文件

第四步：插入音频后，点击菜单栏中的动画——动画窗格，在弹出动画窗格后选择"扮家家.mp3"自定义动画后，点击效果选项，在弹出的播放音频对话框中可以对音频进行设置。

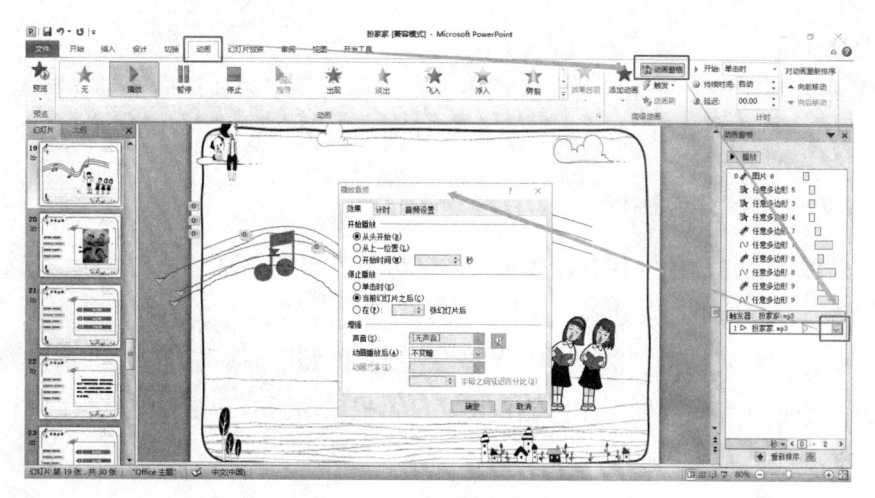

图 3-16　音频动画设置窗格

四、视频素材处理

在课件制作过程中，有时候插入一些视频或者动画，能使整个课件显得更加形象生动，大大弥补传统说课中的短板，全面增强多媒体的感官效果。视频动画能把枯燥的内容变得有声有色，使课堂生动活泼，并带领学生进入特定的情境之中，通过直接的视听感官作用，产生对活动内容的兴趣。

任何视频文件都以一定的格式存储，不同的视频格式有不同的特点。

1. AVI 格式

AVI（Audio—Video Interleaved，音频—视频交错）格式是一种音频/视频交错记录的数字视频文件格式，同 Quick Time 和 MPEG 并称为三大主流视频格式。AVI 格式具有通用性好的特点，几乎所有的视频编辑软件都可以直接操作非压缩的 AVI 文件。

2. MPEG 格式

MPEG（Moving Pictures Experts Group）格式是由国际标准化组织制定的数字化多媒体视频信息的压缩编码标准，MPEG 格式中的 MPEG-1、MPEG-2 和 MPEG-4 被广为使用。

3. RM 格式

RM（Real Media）格式是流式视频文件格式，可以通过 Real Player 或 Ballplayer 软件对符合 Real Media 技术规范的网络音/视频资源进行实况转播，可以在不下载音/视频内容的情况下实现在线播放。

4. WMV 格式

WMV（Windows Media Video）是微软推出的一系列视频编解码和其他相关的视频编码格式的统称，是一种主流媒体格式。在相同视频质量下，WMV 格式文件因其可以边下载边播放的特性而在网络上广为传输播放。

5. MOV 格式

MOV 格式源于美国 Apple 公司，很多多媒体编辑及视频处理软件都支持 MOV 格式文件，在某些情况下，其画面效果要优于 WMV、RM 及 AV 格式的文件。

五、动画的设计与操作

动画是课件制作过程中相对比较核心的部分，若想实现课件的完整性、艺术性及实用性，就需要在课件中加入动画的操作。相对于其他行业复杂、炫丽的动画设计，幼儿园课件的设计则相对简单，其根本目的依然是通过动画的操作引起幼儿的注意力。以 WPS 为例，进行简单的动画操作，能使用触发器控制动画的开始和结束。

（一）动画的操作形式

1. 进入效果

进入效果是指将幻灯片中选定的对象设置为在放映状态下，从无到有，进入幻灯片的效果。操作方法：首先选中操作区中的对象，选择"动画"选项卡，在"进入"效果中选择所需要的类型。

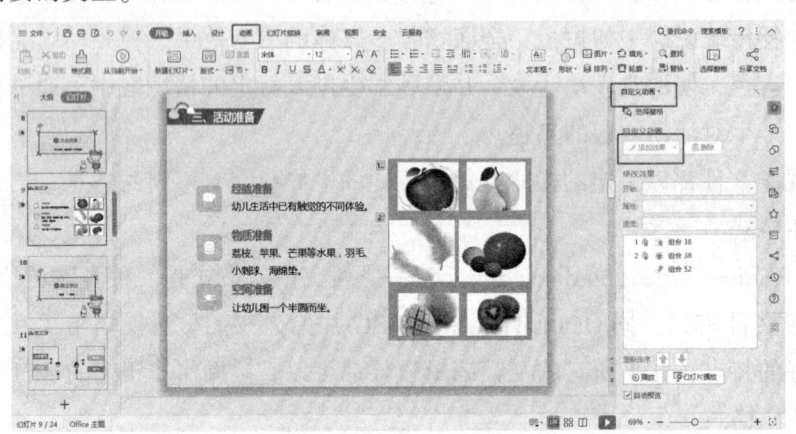

图 3–17　自定义动画

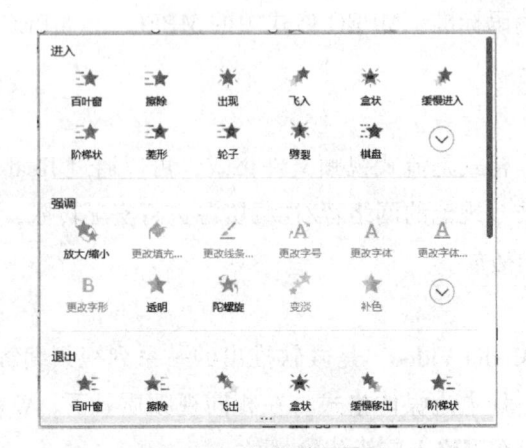

图 3–18　添加效果界面

2. 退出效果

退出效果是指在幻灯片中，指定对象设置为在放映状态下，从有到无，退出幻灯片的效果。操作的方法可参考进入效果。

3. 强调效果

强调效果是指在幻灯片中，指定对象在放映状态下，通过改变其颜色、大小、位置等形式，引起幼儿的注意力，其操作方法可参考进入效果。

4. 动作路径

动作路径是指在幻灯片中，指定对象在放映状态下，按照画定的路线进行位置上的移动。

（二）动画窗格的认识与功能操作

当添加好动画后，我们可通过"动画"选项卡中的"动画窗格"进行相应的操作。

1. 动画窗格中符号所代表的意义

左边的数字加鼠标的符号，表示幻灯片在放映状态下，单击鼠标的次数及相对应出现的动画效果。

图 3-19 动画窗格的意义

小鼠标右边的五角星共有绿、红、黄三种颜色，绿色代表进入状态，红色代表推出状态，黄色代表强调状态。五角星的右边，显示的是本动画相对应的对象名称。最右边的长度条则代表了本动画所持续的时间。

选择动画条右侧的下拉菜单，可以控制动画开始的方式，如单击开始、从上一项开始、从上一项之后开始。

图 3-20 动画窗格的状态

进入"效果选项"后，其中设置区主要是对操作对象出现的方向进行设置，增强区可对操作对象出现进行隐藏、变色等相应地操作。也可以对"计时"窗格进行设置，如图 3-21 所示。

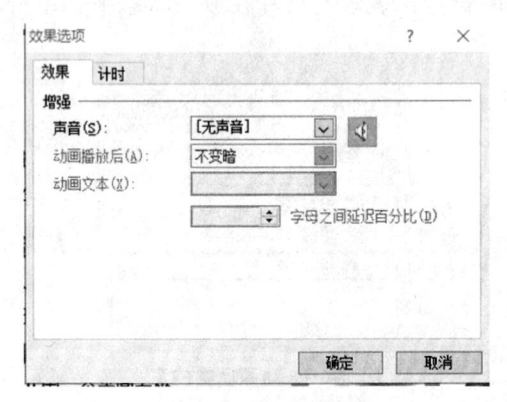

图 3-21 效果选项设置

（三）触发器的使用

触发器是 PPT 中动画操作的一项功能，指的是对某一个或某一组动画设置一个控制器，这个控制器可以是图片、图形、按钮，也可以是页面中的一个段落或文本框。简单来说，触发器就是动画的一个开关，通过它可以控制设定好的动画。

资源链接

利用"格式工厂"进行视频处理

利用"格式工厂"实现各种不同素材文件、不同格式之间的相互转换，能够基本满足课件制作过程中各种素材的处理。现在网络上很多视频文件下载后为".flv"或".mov"格式，而在演示文稿中这些视频文件不支持，插入后播放不了。课件制作过程中

".WMV"格式的视频文件应用得最为广泛，错误率低，操作性强，因此可以利用格式工厂需要实现常用格式间的转换。

1. 以视频文件转换为例，将"乌鸦喝水.avi"文件转换为"乌鸦喝水.wmv"。

第一步，双击打开"格式工厂"软件，进入主界面，如图1.9所示，点击视频选项，拖动滚动条后单击需要转换的目标文件格式，如WMV格式。

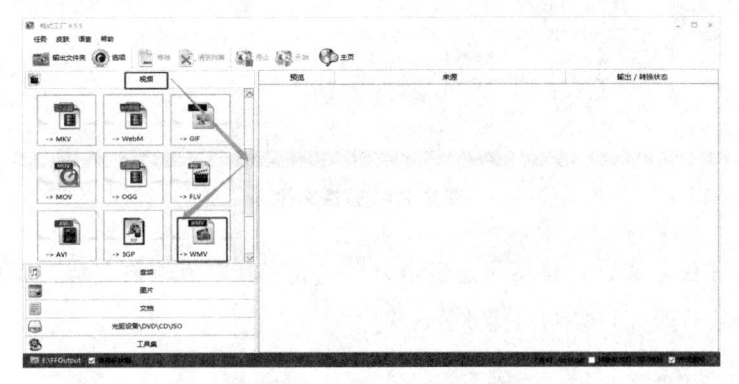

图 3-22 格式工厂的主界面

第二步，弹出转换界面后，单击窗口右上角的"添加文件"命令，选择需要转换的文件，如"乌鸦喝水.avi"，单击确定后回到主界面。

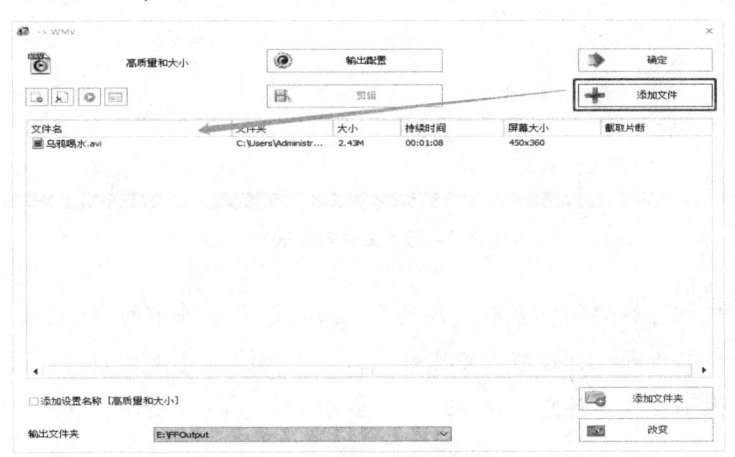

图 3-23 添加需要转换的文件

第三步，选中"格式工厂"主操作界面右侧窗口的转换文件任务，单击"开始"命令，即可开始文件格式的转换操作。

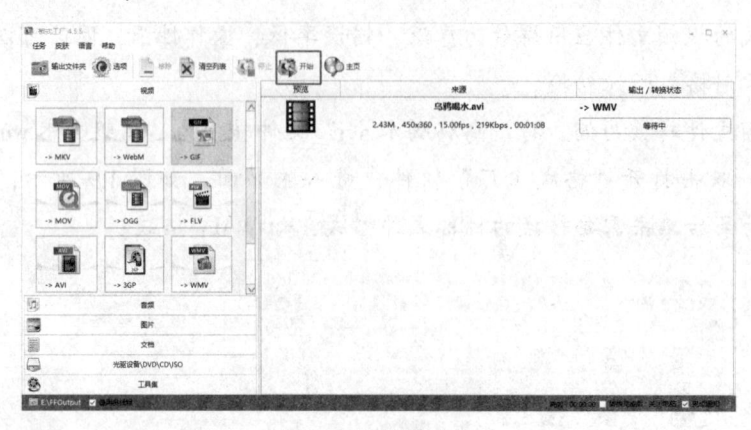

图 3-24 转换文件

第四步，当任务窗口的转换状态显示为"完成"时即为转换成功，成功后可在输出列表中查看转换后的文件"乌鸦喝水.wmv"。

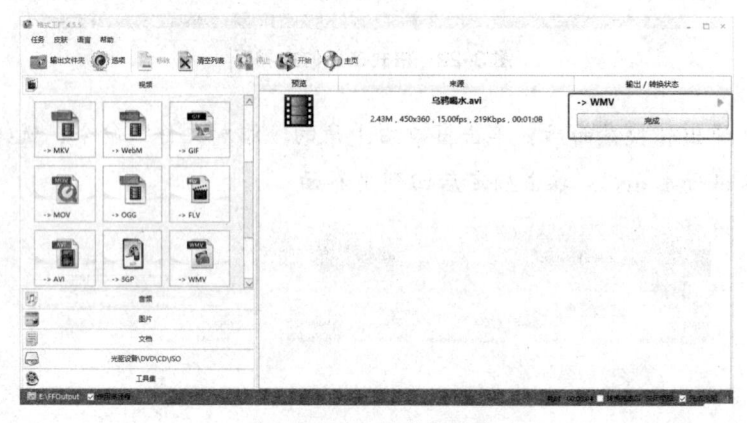

图 3-25 文件转换成功

2. 以视频文件剪辑为例，截取"乌鸦喝水.wmv"源文件中的 00:15—01:00。

第一步、第二步的操作过程与格式转换过程类似，不再重复介绍。

第三步，添加视频文件后，鼠标选中"乌鸦喝水.mwv"文件，接着点击剪辑按钮。

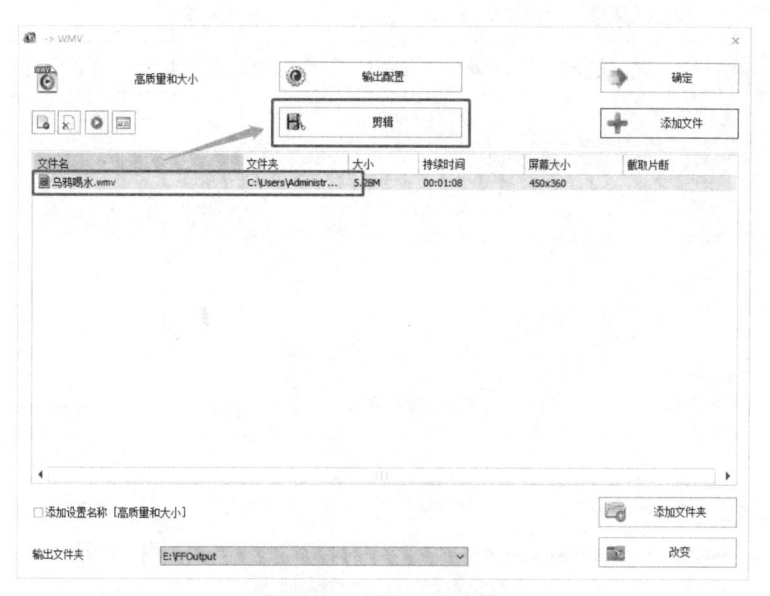

图 3-26 文件添加页面

第四步，进入视频剪辑界面后，可以通过进度条来选择你需要的时间点，也可以在下方直接输入你需要剪辑的视频片段时间，完成后点击确定即可。

图 3-27 视频剪辑页面

第五步，返回到添加文件窗格后，点击确定。

图 3-28　添加文件页面

第六步，接着返回到主操作界面，单击"开始"命令，即可开始文件格式的转换操作，当任务窗口的状态显示为"完成"时即为剪辑成功。

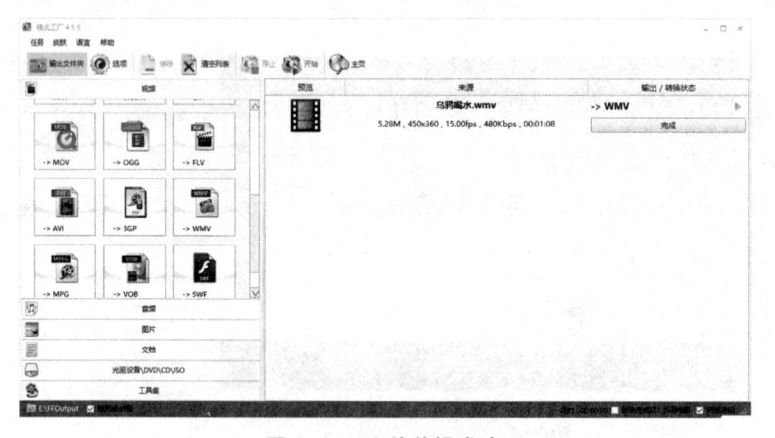

图 3-29　文件剪辑成功

思考与练习

1. 多媒体课件在说课中能起到哪些作用？
2. 说课课件中应避免出现哪些误区？
3. 请问你会选择哪个软件来制作幼儿教师说课课件？
4. 选取一个音乐或视频运用格式工厂对视频进行转换和剪辑操作。

任务3 幼儿教师说课课件设计案例

问题情境

幼儿教师应该了解和熟悉演示文稿的基本操作，包括演示文稿的新建、打开、保存和关闭等功能。在制作说课课件的过程中，还应该注意课件整体要色彩柔和、搭配合理、画面协调，课件背景要形式统一，简洁清晰，不能过于花哨，不宜放置过多无关要素，文字的处理要适当，图片、音频和视频不能喧宾夺主。建议在制作说课课件时选用PPT或者WPS，技术要求较高者可以选择其他多媒体课件软件。

本任务主要以项目为驱动，展示说课课件具体的案例，向学生展示如何用演示文稿完成说课课件的简单制作。

基本知识

说课课件的制作与设计是说课的最后一个环节，是撰写完说课稿、准备好材料、实践过具体活动过程后才进行的环节，在制作课件之前还需要提前准备好要用到的文本、图片、视音频等文件，并保存在同一个文件中，以备制作时需要。

随着网络资源的不断丰富，在设计课件之前可以先从网上下载几个免费的PPT模板，这样能够提高效率。

资料链接

课件素材资料网址

第一PPT网：http://www.1ppt.com/

第一课件网：http://www.1kejian.com/

无忧PPT：http://www.51ppt.com.cn/

中国素材网：http://www.sucai.com/

以上几个网站提供了丰富的课件制作的素材，包括课件模板、教程、背景等内容。

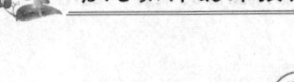

课件案例展示 ▶

大班语言活动："米宝宝去旅行"

图 3-30 封面页

图 3-31 目录页

图 3-32 设计意图页

图 3-33 活动目标页

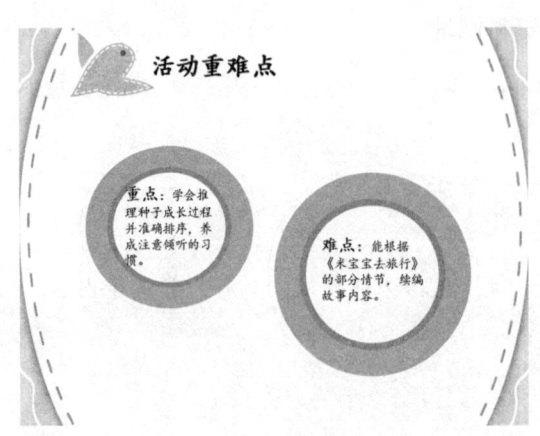

图 3-34 活动重难点页

图 3-35 活动准备页

项目三 说课中多媒体课件的制作与运用

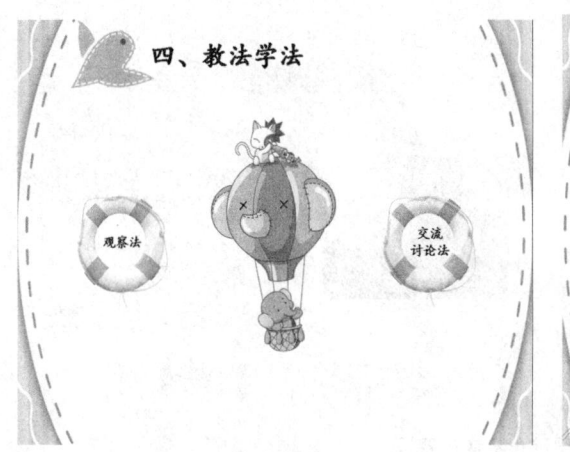

图 3-36 说教法页

图 3-37 说学法页

图 3-38 活动过程流程页

图 3-39 活动过程具体内容页

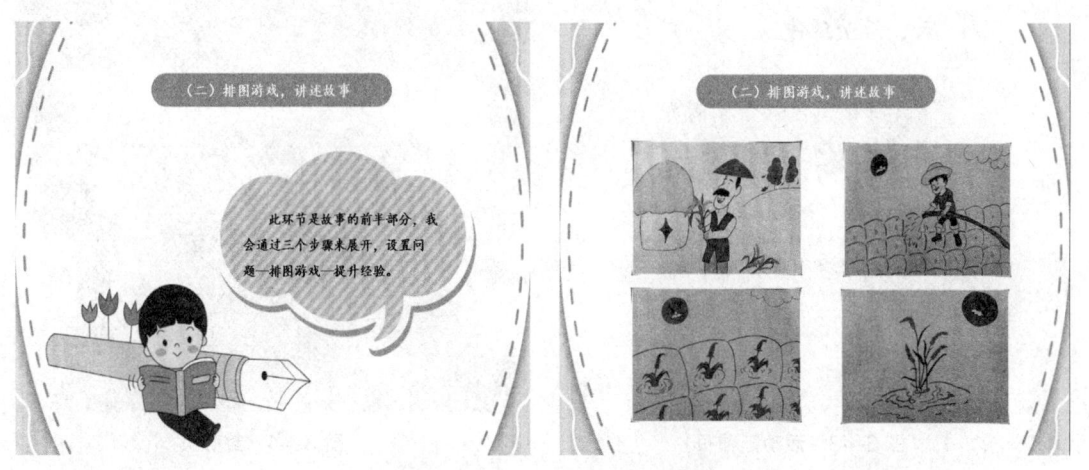

图 3-40 活动过程具体内容页

133

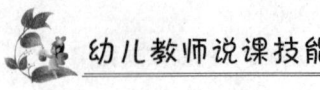

图 3-41　活动过程具体内容页

图 3-42　活动过程具体内容页

图 3-43　活动延伸页　　　　　　图 3-44　封底页

项目四　说课评价

任务1　说课评价概述

问题情境

说课说得如何，不同的听者会有不同的评价，因此确立评价标准很重要。说课前，教师了解说课评价的相关知识，对提高说课质量具有很重要的意义。本节围绕说课评价的原则、内容与方法等，来探讨对幼儿园说课评价的一些共性问题，便于教师对照标准进行说课指导。

表4.1　教学任务一览表

任务1 说课评价概述	1. 了解说课评价的含义。 2. 理解说课评价的原则。 3. 掌握说课评价的内容。
任务2 说课评价实施	1. 了解说课评价的基本标准。 2. 掌握说课评价的方法。 3. 熟识说课评价量表。
思考与练习	小组内进行说课，对照评价量表进行说课自评和互评。

基本知识

一、说课评价的含义

有说课必然会有对说课的评价，否则难以引导和把握说课的方向，也难以保证说课的质量和水平。把说课与评价说课结合起来，能使教师从更理性的高度去把握说课的方向和方法，帮助教师提高对各教学环节的理解程度，提高说课者对说课内容的认识能力，从而更有效地促进教师的教学反思，达到提高教师业务素质、提高教育教学质量的目的。

说课评价，就是根据说课的目标和要求，把说课活动中收集的有关信息资料进行分析。说课能综合地、较为全面地评价教师素质和教学能力，尤其是教师运用教育、教学理论分析和指导课堂教学实践的能力和水平。通过说课评价，可以客观地衡量教师的说

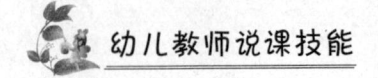

课是否达到说课的各项要求,公平而科学地鉴定教学过程的合理性、教学方法和手段选择的有效性,以及运用教育理论指导教学实践的实际水平。

二、说课评价原则

(一)发展性原则

说课活动除了有教研人员、专家参与外,主要在教师群体之间开展,说课者、听评者都是主体。说课评价中区分名次与等级只是一种过程性手段,其最终目的是通过评价促进教师的专业发展,因此,说课评价要用发展的眼光看待说课评价结果,要将评价结果作为未来进步和提高的起点,激励教师改变现状,不断提高教学质量。说课评价要关注教师的个体差异、不同教龄、不同的教学经历背景,对于评价中的发展性标准和尺度应有所不同。

(二)及时性原则

评价说课应采取现场说完课就评价的办法,使之及时而高效。从心理学上看,只有置身现场氛围,人的情绪才会高涨,也最容易阐述个人的观点,真正做到畅所欲言。因此,在说课者说完课之后,评价者应在规定的时间内对说课教师及说课内容进行综合而具体的评价。

(三)辩证性原则

辩证性原则就是坚持用"一分为二"的观点来审视教师的说课,要实事求是、客观、公正地对说课教师的说课内容进行评价,既要善于发现说课中的闪光点,肯定说课者的成功之处,同时又要实事求是地指出说课中存在的不足,并针对不足提出改进和优化的方法或策略,从而为说课教师指明努力的方向。

例如,小班数学活动《小狗办画展》,教师在一次教研活动中说课后,教研员给出了这样的评价:

1. 活动设计符合小班幼儿的年龄特点和认知需要,以情境游戏贯穿于整个教学活动之中,使活动看上去非常饱满、生动和有趣;

2. 活动的设计充分体现了《幼儿园教育指导纲要(试行)》的精神,因此活动具有生活化、人文化的特点;

3. 活动的设计既面向全体,又体现因材施教的双重教学特点,促进了不同水平的幼儿在原有基础上的发展;

4. 内容设计没有停留在知识点上,而是落实在促进幼儿的思维发展上;

5. 活动的环节设计环环紧扣,有始有终;

6. 如果在活动的设计中把活动的主动权完全交给幼儿的话,那么幼儿就会有足够操作的空间和氛围,这样活动就更完美了。

(沈阳市工业大学幼儿园说课教师:田帅 教研员:吴秀瑾)

从上述对教师说课的评价中，我们可以看出，教研员既指出了说课教师活动设计的优点，同时对不足之处以希望或改善的口吻恰当地点出，使人很容易接受并愿意改正。

（四）个性化原则

首先，评价者应有自己的认知与观点，不能千篇一律地用一些幼教的基本理论来套用所有的说课评价。诸如出现"本说课符合《幼儿园教育指导纲要（试行）》的基本理念，体现了《幼儿园教育指导纲要（试行）》的基本要求等"，这样的评价太宽泛，似乎适用于任何一个幼儿教师的说课评价，同时又不具有任何的针对性。所以，评价者一定要有自己的立场和观点，恰当地点评出活动的优势与不足。

其次，评课者应点评出说课教师的个性化特征，包括说课教师活动设计的特色以及说课的风格等。

例如，针对中班认知活动"月历宝宝"的说课，专家给出了如下的评价。

1. 在活动目标的拟定上，教师充分尊重了幼儿的年龄特点和认知规律

月历是一个探究性很强的内容，所蕴涵的知识点多而杂，可挖掘性大。本次活动提供给幼儿的是由教师制作的月历，选取的是月历中部分的构成要素，这是根据中班第二学期幼儿年龄特点和认知规律所设定的，是符合幼儿发展的需要的。

2. 强调知识点在生活中的运用

从说课中可以看出，教师在本次活动中突出月历在生活中的运用。例如，引导幼儿帮助小动物寻找月历中具体的某一天，安排自己一周的活动，充分强调了生活与实践。另外，在孩子运用知识的同时，他们的社会性情感也得到了发展，他们获取了收集信息的欲望，获得了关心周围事物的情感。

3. 活动突出了幼儿主体、教师主导的地位

活动充分体现了以人为本，即以幼儿为本的理念。活动注重了幼儿的自我探究、自我发现、自我提高。在整个活动中教师始终是以支持者、引导者、合作者的身份出现，作用主要在于创设环境，调动孩子对活动的兴趣以及设疑与总结，始终注意把活动的空间还给孩子。

4. 注重目标的整合与延伸

目标的制定充分考虑了情感、知识与技能的整合，并且将激发情感和知识技能的掌握放在了同等重要的地位上，整个活动洋溢着孩子们喜欢月历宝宝、帮助月历宝宝寻找秘密的美好情感，孩子们的积极性被很好地调动起来，并通过帮助他们的月历宝宝找到残缺的数字达到了目标的延伸，获得了可持续的价值。

（五）参与性原则

说课，从其活动形式以及活动的成效来说，实际上是一种教学研究方式。它符合当前教育改革的新形式、新要求，是促进教师专业成长的有效途径。因此，说、听双方全

程、全体参与到这个活动中，共同研讨，相互争辩，这是开展说课活动的基本要求，也是提高说课效益的重要因素。

三、说课评价内容

说课内容的评价是说课评价的核心，涉及说课各个环节的评价。不同类型的说课，虽然有其不同的目的和要求，但是从发挥评价的导向和激励功能来看，其评价的内容总体上都要根据说课的内容而定。纵观各种幼儿园"评说"方案，对说课的评价内容大体可以包括以下几种。

（一）对说课稿件、说课过程的评价

对说课稿件、说课过程的评价，大体上是一致的，它主要从以下几个方面进行评价。

1. 评价说课者对活动教材的分析是否科学、合理

一个优秀的幼儿教师在分析教材的时候，应该做到能简要而准确地说明活动内容的结构特点、地位和作用，能准确预测幼儿的学情和需要，能针对幼儿特点创造性地处理和利用教材，拓展儿童的经验。

2. 评价说课者在拟定、贯彻落实活动目标中是否具有可操作性

首先，一个优秀的幼儿教师要能根据教材特点，恰当合理地确定相应的活动目标，使目标明确、具体、完整，难度适当、适合儿童的发展水平，体现《幼儿园教育指导纲要（试行）》精神。

其次，教师在阐述目标的同时，要明确重点和难点，并能科学阐述目标确立的依据，能有效促进儿童的学习，具有可操作性强的特点。

3. 评价说课者对教学方法的选择是否全面、合理

首先，一个好的活动方案，教师在选择教育方法的时候，决不是一种或两种方法从头贯彻到尾的，这不符合幼儿的年龄特点和兴趣需要，教师必须采用各种不同的教育方法和手段，使活动内容和形式变得丰富多彩。

其次，教师在说课过程中所阐述的教学方法要为活动目标和活动内容服务，即实用性强，既要符合幼儿的认知特点又要有利于目标的达成。

4. 评价说课者对学法的选择和指导是否合理、到位

首先，评课者要看说课教师是否针对本次活动所运用的教学方法去选择相应的幼儿学习方法。比如，教师在教学过程中运用了"多媒体"的方法和手段，那么就要指导幼儿运用多通道法去感知、体验并参与其中；如果教师用了"演示实验"的教育方法的话，那么教师就要指导幼儿尝试"操作实验"的学习方法。总之，学法指导要具体、明确，紧扣教法，适应内容。

其次，评课者还要看到，说课教师在阐述完所选择的幼儿学法之后，是否运用了幼

儿教育学、幼儿心理学的理论，进一步阐述了运用此学法解决了哪些实际问题，达到了哪些目标等。

5. 评价活动过程（活动流程）是否科学，能否达到或已经达到活动目标

首先，要看说课稿中的"说活动过程"是否体现专业的幼教思想，突出幼儿的主体地位；教学思路是否清晰，线索一脉相承，环节是否合理，衔接自然、循序渐进。

其次，要看整个活动过程是否安排得详略得当，是否突出重点、突破难点，运用了哪些辅助的教学手段。

再次，活动过程中，教师在教学媒体的运用上，是否做到了优化组合，即教具、学具是否有助于活动目标的实现，是否与活动内容相适应，教学材料的选择是否有效、实用，数量是否充足。

最后，说课者是否合理设计反馈，准确预估教学效果，措施是否得当，应变性强。

（二）对说课者现场发挥的评价

一个优秀的幼儿教师在说课时，要能做到如下几点要求：

1. 能脱稿讲述，内容熟悉，讲述清楚、生动；
2. 普通话标准、自然；
3. 举止得体，神态自然；
4. 语速快慢适度，停顿恰当；
5. 能根据现场气氛及变化情况及时调整节奏及内容。

总之，好的说课给人的感觉应该是说课者掌握了较新的教育理念，能体现教育改革的思想；能很好地理解教材，了解幼儿，准确地把握重点、难点，并有效地进行处理；能合理、灵活地运用幼儿教育学、幼儿心理学的基本原理，采取的教学策略和手段符合幼儿认知规律和该领域教学特点；说课应该逻辑性强，条理清晰，层次分明，语言准确、形象、生动，富有启发性和感染力，还能够体现说课者较强的取舍、组织、处理能力，知识面广，对所述问题有独特的见解等。只有这样的说课，才能获得良好的评价。

（三）评价说课者的答辩

一般来说，说完课之后，同行之间、专家、评委应对说课者说课中用到的理论、教学程序设计中的问题进行提问，所提问题是在说课内容涉及的范围之内。说课者要对内容涉及的理论及教学程序设计的理论依据，做好思考准备和资料准备，以便答辩时使用。答辩时特别注意以下两点：

（1）善于倾听，理解提问者的意图，口齿清楚，表达流畅；
（2）答辩内容有条理，理论依据充分，有理有据，有说服力。

任务 2　说课评价实施

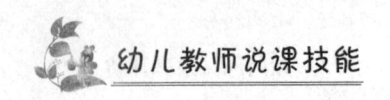

问题情境

说课的评价标准，一要从说课理念与功能来考量说课质量水平；二要对说课评价的内容与项目做全面、具体的分析评价；另外，还要考虑组织者组织说课活动的目的，对自行确定的价值取向和个性化要求进行针对性评价。只有在目的要求非常明确，评价标准把握准确的情况下，才能正确进行评价。

基本知识

一、说课评价的基本标准

（一）突出教学理念

从说课内涵看，教学理念在说课中占有突出的地位，可以说是整个说课的灵魂所在。虽然备课时也需要理念的支撑，但这时的理念往往是作为一种素养发挥着潜在性的作用或影响，而说课则要使教师的教学理念摆在统帅的位置，发挥它的指导功能和支撑作用。说课不仅要说出当然，即教什么、怎么教，而且要说出所以然，即为什么要教这些、为什么要这样教。没有教学理念的说课，说课便没了分量和力度。

（二）诠释教学思想

从说课的表达形式看，说课不是仅限于对教学设计或教学方案的简单说明解释，不是教案的复述，也不是对上课的预测和预演，它是在兼有上述两点的基础上，更加突出地表达授课教师在对教学任务和学情有充分了解的情况下，对教学过程的组织和运用的教学思想方法，因此，更加注重的是对教育理论的诠释。所以要求教师在说课中必须清晰、完整地表达出自己的教育思想和教学思路。

（三）体现教学能力

从说课过程看，说课应该促使教师的教学研究从经验型向研究型转化。因为教学思想的阐发，能够使教师进一步明确教育教学观，更好地树立正确的儿童观。教学设计的展现，可以使教师把理论与实际紧密联系起来，用理论指导教学实践、解释教学现象。教学设计的预测或现象的反思，可以提升教师的教学能力，所以在说课中应充分地表现出来。

（四）说出个性和创新性

教学是一门科学，也是一门艺术，应该具有创新性。说课者对教学的创新性体现在说课之中，体现在对教学准确而独到的见解，对教学环节独具一格的安排，对教学策略独具匠心的理解和独特的运用技巧。说课评价务必集中发现说课教师的个性特征，发现、分析说课教师的创新之处，这是提升说课内涵所要重视的。有的说课评价中把创新也作为一项指标，占一定评价分值。

说课评价的标准不是唯一的，就像其形式不是唯一的一样，它是开放的、动态的和发展的。但是，以上几个特征应成为不同说课类型的共有特征。

二、说课评价的类型和方法

从不同的角度划分，说课评价可以分为不同类型。如从谁来评价的角度，可以分为自评、同行评价、专家评定、评委评定；按评价标准的不同可以分为相对评价、绝对评价；按评价是否采用数量化方法，可以分为定性评价和定量评价。下面主要介绍按评价者及是否采用数量化方法的评价类型。

（一）按谁来评价进行的划分

1. 自评

教师说课结束后，可以进行自我评价和剖析，同时也为别人的评价提供背景和现实的支持，是评析的基础。在幼儿园教师的说课中，通常教师会把自评放到说课的最后一个环节中，即"活动反思"或"效果预测"中。

例如，张娜老师在"绳子秀"说课中，是这样评价自己的活动方案的。

本活动我很好地完成了教育目标。整个活动以《幼儿园教育指导纲要（试行）》中提倡的既面向全体又重视个性化发展为原则，活动具有极强的趣味性和挑战性。整个活动过程中幼儿都保持着极高的活动热情，在创意体验用绳子建构立体造型环节，我能大胆放手让幼儿自主实践，充分体现了陶行知倡导的"六大解放"理论；当幼儿在探索尝试中遇到问题时，我没有过多干涉幼儿的行为，而是作为支持者、合作者引导幼儿想出解决问题的办法，并鼓励幼儿之间互相帮助，幼儿的实际探究解决问题能力、交往能力与团队合作精神也从中得到了提升。在教师的鼓励、引导下，幼儿积极主动地观察、思考、体验、操作，并能乐于积极介绍自己的作品，获得成功感。

在接下来的延伸活动中，鼓励幼儿在生活中观察发现，继续探索用绳子结合其他材料建构身边事物的立体造型，美化幼儿园环境和生活空间。

2. 同行评价

说课教师结束说课内容后，参与说课活动的其他教师根据自己的经验和对教学的理解阐述自己的观点，既可以对整个说课内容进行评价，也可以就某一具体内容发表意见或建议。这种评价比较适合以园为单位的说课活动，更多地表现为一种同伴互助的关系。

例如，对于大班语言活动"春雨的色彩"教师的说课，同行教师对活动中的课件运用给出了如下的评价。

看了这位老师的说课，给我最大的启发就是，她能在活动中充分运用课件演示，达到逼真的效果。课件中会说会动的鲜明人物，能深深吸引幼儿的注意力；同时这位老师还充分发挥自身的优势，用自己的声音、丰富的情感表现吸引幼儿，根据每个环节的需要，将课件、教师生动讲解、配乐朗诵有机结合，取长补短，达到最佳效果。课件的内容及制作水平都是值得我们学习的。

3. 评委评定

这种评价大多应用于教学竞赛活动中。教育行政部门或教研室为培养和选拔教学骨干，把说课活动作为其中的一个评比项目，由教研员、骨干教师或领导组成评委班子，通过对选手的说课内容的全面评价，以此引导幼儿园教师深入开展说课活动，把说课纳入到教学研究中，带动区域或幼儿园教师队伍建设。

例如，在某年某市教师基本功大赛中的说课评比中，教研员对其中的大班语言活动"云彩和风儿"的说课给出了如下的评价。

(1) 教师对教材的分析比较透彻，符合大班上学期幼儿的年龄特点和发展需要。

(2) 目标的拟定能从本班幼儿的实际出发，既考虑了目标的结构性又考虑到了目标的侧重点，重点和难点分析准确、合理。

(3) 教师对教法和学法的选择既符合教育目标的要求，同时考虑到了幼儿的兴趣需要和操作水平，多媒体课件的运用对目标的实现起到了推波助澜的作用。

(4) 教师对"活动过程"的阐述能做到层次分明，环环紧扣，重点突出，时间分配比较合理。并且体现了"以幼儿为主"的理念，使幼儿在轻松的情绪状态下完成了对文学作品的欣赏和理解，在热烈的讨论中领会了儿歌的创编方法。目标在不知不觉中得到了实现。

(5) 教师在说课中如果情绪再激昂一些，再放松一些就更好了；课件如果能伴随着"活动过程"的阐述而展示相应的片段，会收到更好的效果。

4. 专家评定

这一种评价通常适用于主题型说课活动，即在教师阐述解决问题的方案后，聘请课程专家对说课作出评价，以引导幼儿园或年级教研组加强课程的研究与建设，深化教学改革。专家评定看似一种评价行为，但实质上是一种专业引领，是教师与专家面对面的教学研究方式。

例如，小班主题活动"认识我自己"，教师在设计并阐述完自己的活动设计方案后，课题组专家给出了相应的点评。

(1) 这个主题"我"选得不错，符合幼儿年龄段特点和对自身探索的需要。

(2) 教师能根据孩子的发展需要创设相应的主题区域，满足了幼儿对主题探究的迫切需要，很好地整合了教育资源。

(3)"制作图书"这个话题，是主题"我"中的一个分支活动。从总体上来说，整个活动是在一种非常开心、愉快的氛围下进行的，情感体验贯穿在活动中，以幼儿的体验为主，过程中师幼互动较好。

但是在活动中也存在着一些问题：

(1) 情感目标（幼儿能尝试大胆与朋友共同合作制作图书）没能完全在活动过程中体现出来，需要改进；

(2) 在过程中，教师让幼儿说说将自己制作图书的快乐与朋友分享时，不应束缚幼儿的想法，应充分尊重孩子们的想法和选择，为他们提供需要的材料。

（节选自陈晓芳主编：《幼儿园教育活动设计策略及案例评析》，北京师范大学出版社 2008 年版，第 143 页，有改动）

（二）按是否采用数量化的方法

1. 定性评价

又叫质性评价法，是指根据一定的说课目标、教学理念，对教师说课的过程和结果进行描述、分析、评价，做出定性的评价结论。主要有等级评价法和评语评价法两种。

(1) 等级评价法。

等级评价法是常用的、传统的评价方法，用等级的方式呈现说课者的成绩。常用优、良、中、差或者一等、二等、三等或者合格、不合格等层次，这种评价方式方便、简单、易行，但比较粗略，受评价者主观因素影响较大，标准难以精确，最好与量化评价结合。

(2) 评语评价法。

评语评价法是运用评语来评价说课成绩的方法，由评价者对说课优缺点进行全面、简要、重点突出的定性评价。要求评语言之有物，言之有理，符合说课实际情况，避免空洞说教。评语评价法多用于说课研讨或观摩教研活动。由于有评者与说者的双向交流和信息的及时反馈，甚至与上课结合（教与学互相印证），评价结果更具针对性，更有实用价值，能取得分数和等级评价无法达到的效果，对教学实践更具指导意义。

2. 量化评价法

量化评价法是对说课过程和结果从数量上进行描述、分析和评价。根据评价的基本原则将说课评价全部内容分解为若干项目，并拟定评价标准，规定各评价项目的权重，评价者依据标准对各个项目逐一进行评分，然后将各项得分加起来得出说课者的总分，用这个分数再对该说课者做出某种判断。

说课评价时，可以把定量评价和等级评价结合起来运用。

下面列举一个说课评价表供教师参考。

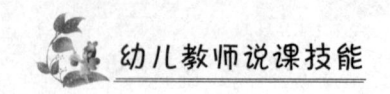

表4.2 幼儿园说课评价表

级段：　　　　内容：　　　　说课人：　　　　日期：

要素		要求	权重	得分	备注
说教材(20)	教材分析(10)	熟悉《幼儿园教育指导纲要（试行）》中提出的五大领域要求，准确分析教材内容的特点，对是否符合幼儿身心发展的需求有理论依据。	A10 B8 C6 D4		
	目标设计(10)	教学目标（知识与技能、过程与方法、情感态度与价值观）设计全面、具体、科学，层次分明，有理论依据。准确地确定教材的重点、难点和关键点，能根据教材内容，联系幼儿实际，注重思想教育，培养幼儿的能力及创新意识。	A10 B8 C6 D4		
说教法和说学法(20)	教法选择(10)	教法选择切合教学内容，符合教学原理和教学要求。教具和学具的选用灵活、恰当、科学、合理，符合幼儿的实际。能说出其理论依据。	A10 B8 C6 D4		
	学法指导(10)	学法指导具体、明确，紧扣教法，适应内容；能运用教育学、心理学理论分析学情，根据幼儿的年龄特征教给幼儿相应的学习方法，培养学习能力。	A10 B8 C6 D4		
说教学程序(45)	教学过程(40)	教学程序合理、科学，有创意，阐述依据符合幼儿教育学、心理学的一般规律。	A40 B35 C30 D25		
		教学过程条理清楚，思路清晰，各环节的衔接和过渡自然，体现教学目标。			
		情境、问题设计富有启发性，能体现幼儿主体的发挥、个性的培养、智力和非智力因素的发展。能适时、恰当地突出重点，突破难点。			
		能根据内容简述区域环境的创设及课后延伸活动。			
	活动准备（包括教具、学具的使用）(5)	能根据活动需要准备一定量的教具、学具，在使用上符合教学原理、要求，有创意，对教学起有效的辅助作用。体现教法和学法的改革，切合幼儿园和幼儿的实际。	A5 B4 C3 D2		
语言表达及其他(15)	语言表达(10)	普通话准确、流利，语言表达规范、科学、清晰、简练，逻辑性强，讲述条理清楚、层次分明，生动、形象，富有启发性和感染力；能调动幼儿学习的积极性和主动性。	A10 B8 C6 D4		
	其他(5)	说课仪表端庄大方，态度自然；知识广，组织、应变能力强；问题开掘深，有自己的见解。脱稿（没有读、背讲稿），时间掌握恰当，并能准确预知活动效果。	A5 B4 C3 D2		
权重：A (90~100)，B (70~89)，C (60~69)，D (1~59)			等次：	总分：	

思考与练习

1. 说课评价包括哪些方面的内容？
2. 在小组内进行说课，对照评价表进行说课自评和互评。

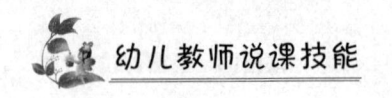

项目五　幼儿园说课案例

任务1　健康领域

案例 5.1

小班健康说课稿:"笑一笑"

一、说教材

"笑一笑"是幼儿园小班下学期健康领域中的一个活动。快乐作为一种积极情绪是心理健康的重要标志之一,对于幼儿的成长尤为重要。愉快的情绪既来自于成人的关怀呵护,更取决于幼儿自身的主观体验。现在的孩子大多是独生子女,在家中都是小皇帝、小公主,非常受宠,在幼儿园这个小社会中则要学习与性格各异的小朋友一同相处。小班幼儿的情绪较易受周围环境事物的影响,经常会因为一点小事、一点小磨擦而情绪低落,或嚎啕大哭或隐隐落泪。《纲要》中指出:幼儿的身体健康与心理健康是密切结合的,要高度重视良好的人际环境对幼儿身心健康的重要性。通过活动让幼儿感受到笑一笑的魅力,不仅能让自己开心,还能影响别人给别人带来快乐,愿意当一个快乐的宝宝。

二、说目标

根据小班幼儿的年龄特点、兴趣需要,教师从认知、情感等角度出发,确立了以下目标:

1. 知道笑一笑能让人更高兴,爱笑的宝宝最可爱;
2. 体验快乐的情感,愿意当个快乐宝宝。

根据目标,教师将活动的重点定位于:让幼儿体验快乐的情感,知道笑能让人更高兴,难点是:鼓励幼儿能积极表达自己的情感,感受自己和他人的影响。

三、说准备

小班幼儿的思维以具体形象思维为主,教师只有借助事物的具体形象才能帮助幼儿更好地理解、认识和接受。根据这一特点,教师做了以下准备:小镜子人手一面、哭脸表情卡、照相机、录有本班幼儿开心一刻的录像。

四、说方法

《纲要》中指出：教师应成为学习活动的支持者、合作者、引导者。活动中教师要心中有目标、眼中有幼儿，时时有教育，以互动的、开放的理念让幼儿真正成为学习的主体。因此，在本次活动中教师主要采用了游戏体验法、媒体演示法、启发引导法等教学方法。

游戏体验法：游戏是幼儿的基本活动，能吸幼儿积极参与。活动开始和结束都采用了游戏的形式，让幼儿体验开心笑一笑带来的愉快情绪。

媒体演示法：活动中教师利用事先录好的幼儿开心一刻的录像，让幼儿直观感受到自己和他人开怀大笑所产生的魔力，使幼儿的脑海中能完整地再现自己的开心一刻，帮助其更好地与同伴分享自己的快乐。

启发引导法：教师通过启发性的语言，提出开放性的问题，鼓励幼儿充分表达自己的想法和观点，让幼儿知道笑一笑能让人更高兴。

五、说过程

本次活动，以新《纲要》为指导，从幼儿的实际出发，以激发幼儿的兴趣入手，围绕目标将多种教学形式相结合，让幼儿在互动式、开放式的教育活动中，自主地、能动地、创造性地学习。具体的活动过程为：

1. 碰一碰，笑一笑

兴趣是最好的老师。活动开始以游戏"开心碰碰车"引入，让幼儿听着音乐与同伴碰一碰、笑一笑，初步感受笑一笑给自己和他人带来的快乐。（在这个环节中幼儿以愉快的心情参与活动，教师充分调动幼儿参与活动的积极性，也营造了一种轻松愉快的氛围，为引入活动做铺垫）。

2. 说一说，笑一笑

鼓励幼儿交流刚才与同伴碰一碰、笑一笑的感觉，并说说自己刚才是怎样笑的。通过层层提问鼓励幼儿大胆表达，让幼儿知道笑一笑能让人高兴。

3. 比一比，笑一笑

让幼儿用小镜子照一照，看看自己的笑脸有多可爱。教师再出示一张哭脸表情卡，让幼儿进行对比，说说自己更喜欢哪一种表情。看看镜子里自己可爱的笑脸，与哭脸的明显对比，轻松地让幼儿进一步感受到笑一笑能使人开心，让人喜欢，爱笑的宝宝最可爱，成功突破活动的重点。

4. 看一看，笑一笑

教师采用媒体演示法的形式，让幼儿观看一些本班幼儿开心一刻的录像。如：小朋友们在班级过集体生日，小朋友得到小红花，小朋友一起玩滑滑梯，小朋友一起表演等。引导幼儿回忆自己高兴快乐的时刻：自己的心情是怎么样的？是怎样笑的？还有在哪些时候会笑？教师有意将幼儿身边发生的事情进行录像，让幼儿在观看时更易引起共鸣，再鼓励幼儿在小组中交流自己高兴大笑的事情，使幼儿发现原来生活中有那么多开心快乐的时刻，可以与大家一起分享，让大家也变得快乐起来。

5. 照一照，笑一笑

教师边念儿歌边帮幼儿拍照，如：小朋友，笑一笑，你看某某也在笑，你笑，我笑，大家笑。点到哪个小朋友的名字，该小朋友就笑一笑，教师帮他拍张照片，最后给全班小朋友拍张集体照。以拍照游戏让幼儿进一步体验笑一笑带来的快乐，愿意当个快乐宝宝。在全体幼儿快乐的一声"茄子"中自然结束活动。

6. 活动延伸

幼儿健康行为的形成是一个长期的动态过程，单靠一个活动是难以实现的，要在日常生活中加以培养。因此教师还设置了延伸环节：让幼儿在美工区制作笑脸卡，送给自己的好朋友；在日常生活中帮助幼儿化解消极情绪，鼓励幼儿做一个爱笑的宝宝，并分发笑脸贴纸；同时注意营造师生融洽、同伴友爱的氛围，让幼儿在良好的环境中健康成长。

案例 5.2

中班健康领域说课稿："学会感恩"

一、教材分析

母亲带孩子来到世上，历尽艰辛养育他们，给他们呵护和温暖，孩子的每一次欢笑都蕴含着母亲的爱，每一滴泪水都包含着母亲的疼，每一个脚印都照映着母亲的辛酸……但是，孩子接受得坦然，接受得理所应当，觉得这是大人应该为他们做的，他们不知道感恩，不知道回报这份爱。因此，我选择了"学会感恩"这一活动，对中班孩子进行感恩情感的培养，希望通过这个健康活动，让孩子们产生感恩的心理，感恩自己的母亲，进而懂得要怀着一颗感恩之心对待身边的人，在此基础上获得表达爱心的愿望。

二、说活动目标

《纲要》指出：幼儿情感教育的重要性，在于让幼儿能够感知情意，懂得情感，乐于表达情感，这些也是心理健康的重要标志。本活动要让幼儿亲身体验，自主表达，主动参与，在感知情意的基础上，大胆、大声、自由地表达自己的感谢与爱。在表达爱心的过程中让感恩内化为幼儿的一种行动，或者说是一种人格特质。因此，我把本次活动的目标定为：

1. 在活动中培养幼儿产生感恩的心理，重塑美德；
2. 让幼儿在感知情意的基础上，获得表达爱心的愿望；
3. 发展幼儿的口语表达能力。

重点、难点：本活动重点在于让幼儿深切地感知情意，从而产生感恩的心理。活动的难点则是让幼儿将自己的爱心用语言表达出来。

三、说活动准备

对于整个活动来说，经验准备起着至关重要作用，它能使整个活动的预设目标和生成目标共存。于是我在课前与儿谈话，让幼儿说说自己的妈妈，互相介绍自己的妈妈，让幼儿对妈妈有个更深刻的了解。

同时，为了更好地开展活动，教具准备也是必不可少的，我为幼儿准备了多媒体课件、金话筒一个、爱心大展板一块，音乐《好妈妈》《感恩的心》等。

四、说教法

根据本节课内容的特点和教学目标要求，我采用了以下几种教法。

谈话法。谈话法是教师与幼儿双方围绕某一个主题，自由地发表自己的想法和意见，表达自己的感受和体验，进行相互交流，相互学习，谈话法既能直接切入主题，引出重点，又能简单明了地让幼儿回忆自己的妈妈。

直观演示法。直观法是一种让幼儿直接感知认识对象的教学方法。活动中，我使用多媒体让幼儿了解妈妈一天中每个时间段为孩子做的事情，直观感知妈妈的辛苦，从而萌发爱妈妈的情感。

情感熏陶法。教师借助感情、声音等辅助手段对幼儿进行情感熏陶，以情感人，萌发幼儿感恩的心理是本次活动的重点。在幼儿直观感知妈妈的辛苦之后，再以情感熏陶法升华幼儿的感情，能很好地激发幼儿回馈妈妈、感恩妈妈的情感，因此我借助音乐《感恩的心》，在背景音乐的下，有感朗通文章《孩子，妈妈爱你》，将气氛推向高潮。

五、说学法

交流讨论法。讨论可以调动幼儿的学习主动性、积极性，培养思考能力和独特见解，有利于幼儿之间的相互交流。同时，教师可从中了解到幼儿的认识水平，从而有的放矢、因人施教。如观看课件后我适时让幼儿讨论：妈妈为什么要这么辛苦？妈妈幸福吗？通过这两个问题展开交流，充分挖掘妈妈辛苦的根源、幸福的理由。

参与法。活动采取参与法，让幼儿参与到爱妈妈的行动中，制作送给妈妈的礼物，表达感恩之心。

六、说活动过程

此活动打破传统心理健康活动以静为主的规律，化静为动，使教学真正地"活"起来。在活动过程中，通过自由表述妈妈→利用课件认识妈妈→渲染妈妈的爱→表达心声→为妈妈献礼物等环节，引领幼儿一步一步地将他们感恩的情感升华，推向高潮。

1. 谈话引入，说说自己的妈妈，直接切入主题，引出中心：每个人都有一个妈妈，我们的妈妈是什么样的呢？她为我们做了什么？

(设计意图：通过谈话引入主题，自然而巧妙地引出主人公，让幼儿对妈妈的形象有深刻的回想。)

2. 播放课件《妈妈的一天》，让幼儿了解妈妈为孩子的辛苦付出。①播放妈妈一天为孩子忙碌的情景，让幼儿观看。②讨论：妈妈为孩子做了什么？妈妈为什么要这么辛苦？妈妈幸福吗？

(设计意图：辛苦与幸福是两个矛盾的词汇，但是妈妈却是辛苦又幸福着，因为她爱自己孩子，再多的付出也是心甘情愿的。让孩子直观感知，才能深刻地体会妈妈的爱)

3. 教师配乐朗诵《孩子，妈妈爱你》，让幼儿充分感受妈妈对孩子的爱，激发幼儿回赠爱的欲望。

(设计意图：心理活动的重点与难点都在一个"情"字上，只有真情实感，才能打动幼儿。幼儿带着真情实感沿着情感脉络升华，那么整个活动最终才能达到目标，才能收到预期的效果。在《感恩的心》音乐的渲染下，教师有感情地朗诵妈妈对孩子的爱，从情感的感化入手将幼儿感恩的情绪调动起来。)

4. 金话筒活动：妈妈，我想对你说。让幼儿用语言表达爱心。师：妈妈这么爱你们，为你们做了这么多的事情，现在，你们最想对妈妈说些什么呢？拿起话筒对着妈妈大声说出来吧。(大屏幕出现妈妈的形象照，与幼儿交流互动)

(设计意图：通过前两个环节情感经验的积累，幼儿已有了想说的欲望，本环节让幼儿大声说出自己的心声，升华感恩心理，将气氛推向高潮，从而让幼儿学会用语言表达爱意。)

5. 制作给妈妈的礼物，利用爱心大展板展示幼儿的礼物，并对妈妈说句感谢的话，从情感上渲染感恩的心理。

(1) 幼儿为妈妈制作礼物。

(2) 集中幼儿，让幼儿将礼物展示在爱心大展板上，并对妈妈说一句感谢的话。

(设计意图：心理活动不仅需要感知，更要大胆表达，对于需要感谢的人，一定要把感恩之意说出来。有些幼儿也许心里已经深切地体会到了，但是他们不敢表达或不习惯、不善于表达，因此，我在本环节利用展板创设氛围鼓励幼儿大胆表达，激发幼儿表达爱心的愿望。)

6. 活动延伸：让幼儿回家对妈妈说一句："妈妈，我爱您！妈妈，您辛苦了！"并为妈妈做一件自己力所能及的事情。仅仅利用一节课培养幼儿的感恩心理是不够的，要让幼儿学会感恩，要从爱自己的身边人入手，从生活的点滴中去巩固，因此需要家长一起配合接受幼儿的感恩，鼓励幼儿表达爱，让感恩心理变成幼儿的一种习惯，才是本次活动的最终目的。

案例 5.3

大班健康领域说课稿："好玩的圈"

一、说教材

教材分析：圈是幼儿日常生活中较为常见的、熟悉的物品，又轻便、安全。利用圈的这些特性作为活动切入点，可让幼儿在玩中积极动脑，主动探索、体验圈的多种玩法，学习蹲走的动作技能。同时，也让幼儿体会到：只要肯动脑筋，日常生活中有许多物品，都能成为我们游戏的材料，而且一物多玩。

二、说活动目标

本次活动目标从情感、认知、能力三个方面进行定位。

1. 尝试圈的不同玩法。
2. 练习3人协调蹲走的基本动作，提高动作的协调性、灵敏性。
3. 体验团结协作的乐趣。

本次活动的重点是：探索圈的各种玩法；难点是：学习3人圈套圈一个跟着一个，协调向前蹲走。

三、说活动准备

律动操磁带、扩音器，幼儿人手一个圈，场地布置。

四、说教法

1. 讲解示范法。在学习蹲走动作技能时，让动作正确的幼儿进行示范然后教师进行动作讲解，使之明确动作要领。

2. 情境创设法。教师在幼儿已有经验的基础上创设了"小鸡学走路"等情境，让幼儿用眼看、用嘴说、用动作表现，从而全身心地积极投入到活动中去，给幼儿充分的自由运动的空间。

3. 启发提问法。在探索圈的不同玩法时，教师问"你是怎么玩的"；在动作技能练习时，问"小鸡蹲走怎么才能走得又快又稳"，用启发性提问发散幼儿思维。

4. 观察指导法。此教学方法是针对幼儿在活动过程中出现的情况，教师采取随机指导的方法，适当调控活动的进程与节奏。

五、说学法

1. 探索法。提供幼儿自由探索和尽情发挥的自由运动空间，让每个幼儿都有机会参与尝试，比单调重复组织练习更合幼儿天性。本次活动中，让幼儿自主地探索圈的玩法、尝试单人蹲走及3人圈套圈一个跟着一个协调向前蹲走动作技能，通过一次一次尝试和探索，让幼儿获得知识和技能。

2. 练习法。在本次活动中，采用了横向向递进式的练习方法，幼儿在教师不断提升的练习活动要求中，掌握动作要领。

3. 竞赛法。大班幼儿已有初步的竞争意识，并较注重结果，当动作练习到一定程度时，幼儿会失去兴趣，为了巩固提升动作技能掌握，设计了以组为单位的"小鸡捉虫子"竞赛游戏，有效地激发幼儿学习兴趣和积极性，同时还培养同伴间的合作性和集体荣誉感。

六、说活动过程

1. 引入活动，准备运动

准备运动是为基本部分的学习做好生理、心理上的准备，使幼儿身体各部分迅速进入运动状态。活动一开始，幼儿手持圈在节奏较强的音乐声中做圈操，情绪高涨，精神饱满，很快达到有效的热身效果。

2. 自由探索，动作练习

幼儿只有借着自由才能产生一种敏感而独特的能力。在本环节中，教师让幼儿自由探索玩圈和学习蹲走基本动作。

(1) 自由探索玩圈。

① 自由探索。这环节最重要的是进行一物多玩的探索活动。在幼儿热身运动完，情绪还很积极时，我便顺势设疑："圈还可以有哪些有趣的玩法？"我为他们提供充足的时间，引导他们想出多种玩法，互相观察和学习，创造出有锻炼价值的玩法。这样的安排不仅能培养幼儿的创造力、合作性，更能学习他人的经验、能力。

② 相互交流。让幼儿互相交流自己的玩法，围绕各自玩法进行集体反馈交流。这既让幼儿有机会表演自己的玩法，又可以看到别的幼儿的玩法。我根据幼儿玩法，对重点玩法进行示范，目的在于让幼儿在头脑中建立清晰的表象，为后面活动做好铺垫。

(2) 学习蹲走基本动作。通过两个难度次的递进，使幼儿在参与游戏的过程中不断尝试、不断练习，掌握蹲走的动作技能。

第一次尝试：单人蹲走

趣味性的游戏可激发幼儿更好地掌握各基本动作。首先教师讲解示范蹲走动作要领时，在枯燥的讲解中加入了游戏情景，如教师说："小鸡蹲走的姿势真有趣，我们把圈套在腰上，也来学一学吧。"接着让幼儿在学小鸡走路的多次练习中掌握蹲走的基本要领。因为有了情节，所以幼儿的学习非常积极，兴趣也非常高。

第二次尝试：3人协调一个跟着一个协调向前蹲走。

本活动环节增加了难度，主要是让幼儿探索并尝试与他人合作运动。本环节安排4

次练习，有效地突破了难点。第一次，三只小鸡尝试把圈套在起。第二次，三只小鸡把圈套在一起，练习走稳。第三次，让幼儿商量：三只小鸡同时先出哪只脚，才能走得又好又稳？第四次，教师以比赛的形式进行动作巩固。在教师不断提升的活动要求中，幼儿积极尝试练习，掌握动作要领。

3. 游戏巩固，体验乐趣

我设计竞赛游戏"小鸡捉虫子"，目的在于改变练习形式，增大活动的密度和强度，让幼儿有充分练习的机会，并有利于教师观察、了解幼儿的练习水平。大班幼儿已开始注重结果，组织竞赛符合他们的心理特点，还能培养幼儿良好的心理素质、合作性和集体荣誉，掀起活动的高潮。活动中，我让幼儿分成4队，每队3人一组圈套圈，协调地一个跟着一个向前蹲走，通过钻山洞——过小桥——绕树桩——捉虫子障碍练习，为幼儿提供一个练习巩固的机会，有效完成目标要求。

4. 放松身体，结束活动

让幼儿在音乐声中放松身体，使幼儿身心从紧张的游戏环境中逐渐放松并慢慢恢复平静。

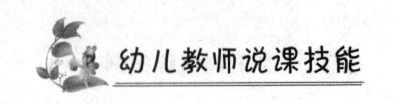

任务 2　语言领域

案例 5.4

小班语言活动："小老鼠打电话"说课稿

一、说设计思路

打电话是人们生活中不可缺少的联系方式之一。在日常生活和游戏中，小班幼儿时常会模仿成人打电话。但由于他们年龄小，词汇贫乏，不知道打电话要使用礼貌语言，不知道先介绍自己是谁，说话语无伦次，不能达到顺利沟通的效果，更缺乏主动倾听的意识。《纲要》中提倡幼儿园应以游戏为基本活动形式，因此我设计了本次语言游戏活动"小老鼠打电话"，内容贴近幼儿生活，形象鲜明突出，游戏化的语言易于小班幼儿模仿和学习，非常符合小班幼儿的年龄特点。

二、说活动目标

小班幼儿语汇积累较少，不会合理使用礼貌用语，缺乏倾听的意识。他们语言表达能力不完整，语音不清晰，注意力容易分散，以无意注意为主。根据小班幼儿的认知水平，本次活动的目标是这样确定的：

1. 乐意与人交谈，学习使用简单的礼貌用语；
2. 学会倾听，养成初步的游戏规则意识。

重难点：小班幼儿语汇积累较少，不会合理使用礼貌用语，语言表达不完整。因此通过游戏引导幼儿交谈并学习使用简单的礼貌用语是本次活动的重点。小班幼儿处在规则游戏发展的初级阶段，他们没有规则意识。所以把活动的难点定为：养成初步的游戏规则意识。

三、说活动准备

在教学准备方面，采用家园共育的方法，让家长帮助幼儿认识和了解电话，丰富幼儿的打电话经验。在活动室创设小老鼠的家的场景，挂上小老鼠的照片，放上娃娃家的用具和电话一部。另外，准备小老鼠和小松鼠的头饰，准备玩具电话机。

环境赋予幼儿的影响作用十分显著，以上准备的目的在于帮助幼儿进入游戏氛围，明确游戏角色。

四、说教学方法

本次教学运用的主要教学方法有游戏法、示范法、讲解法。

1. 游戏法。让幼儿在轻松、愉快的游戏氛围中，充分地表现自我，大胆说话。充分体现《纲要》中提出的"语言能力是在用的过程中发展起来"的精神实质。

2. 示范法。通过教师示范游戏，为幼儿提供具体模仿的范例。

3. 讲解法。教师示范的同时，辅助以讲解。通过讲解游戏规则，使幼儿明白游戏的玩法，从而使活动顺利开展。

五、说活动过程

1. 听儿歌，导入活动

教学开始，我请幼儿听一首儿歌："小老鼠打电话，约来朋友过家家，喂喂喂，你好呀，请到我家来做客。"之后，提出问题："小朋友，会有谁到小老鼠家做客呢？我们一起去小老鼠家里看一看吧。"通过说儿歌，既让幼儿感知了游戏内容，同时也激发了幼儿的学习愿望。

2. 介绍游戏玩法

教师出示小老鼠和小松鼠的头饰，让幼儿自主选择想要扮演的角色头饰，选好后按角色分为两组，使教学显得更为生动活泼。接下来，请一名幼儿与教师一起示范游戏玩法。教师戴上小老鼠头饰，幼儿戴上小松鼠头饰，表演小老鼠邀请小松鼠做客的情景。

教师：小老鼠，打电话，5432678，铃铃铃，你好呀，小松鼠，你好呀，小松鼠，今天请你来我家做客好吗？

幼儿：谢谢你，小老鼠，马上就到你的家。

教师：再见，小松鼠。

幼儿：再见，小老鼠。

通过教师和小朋友的情景表演，使幼儿理解游戏的基本内容。小班幼儿生活经验有限，教师应根据幼儿打电话时有可能出现的问题，在讲解游戏玩法的基础上，通过提问来强调游戏规则。例如，"小朋友们，小松鼠接到电话后，是怎么回答的？"通过提问结合示范，让幼儿了解游戏的规则和玩法，从而突破活动难点。

3. 幼儿自主游戏

幼儿熟悉游戏内容、玩法和规则后，进入自主游戏阶段。教师带领幼儿一起玩"打电话"的游戏。幼儿掌握游戏的玩法后，教师组织幼儿自由结合进行练习。启发幼儿想一想"在哪儿"与"干什么"的内容，编入到游戏中进行对话。也可提供具体的情景，"如果你过生日，想打电话约好朋友，你会怎么说呢？"在活动中，教师是观察者和指导者，可以适时参与和调节幼儿出现的矛盾和纠纷。要督促幼儿遵守游戏规则，如果因为幼儿玩得兴奋，忘了拿着电话说，要给予提醒。

这一环节采用的是游戏法。小班幼儿处于典型角色游戏的发展期。活动中，以幼儿自主参与为主，充分调动幼儿的学习积极性，进一步巩固本次活动的重难点。

4. 游戏评价

通过评价游戏结束教学活动。表扬参加游戏、遵守规则的小朋友及正确使用礼貌用语的小朋友，对正确、规范的语言要加以肯定。

六、说活动延伸

《纲要》中提出：发展幼儿语言的关键是创设一个能使他们想说、敢说、喜欢说、有机会说并能得到积极应答的环境。我将在娃娃家中多投放小电话，给幼儿提供打电话的环境和机会，让幼儿在平时的游戏中可以继续"打电话"。

案例 5.5

中班语言活动："熊和鸟窝"说课稿

一、说设计思路

排图讲述是一种创造性的讲述，是启发幼儿在观察图片、理解图意的基础上用恰当的词句表达图意的一种活动，也是发展幼儿口语表达能力的重要形式。这种活动的特点在于所给的图片可以按不同的顺序排列，从而讲出不同的故事。在中班进行排图讲述活动，是对幼儿各方面素质发展的巩固和深化，无论对孩子的情感、态度、能力的培养，还是智力发展、知识建构方面都起着承上启下的作用。

我设计这个排图讲述活动，目的是让幼儿通过观察、理解，发挥想象，按照不同的排序方法，创编不同情节的故事，着重培养幼儿感知、理解讲述对象、独立构思、完整表述等方面的能力。

活动设计根据中班幼儿的年龄特点，以富有童趣的"故事小精灵"为主线，用"讲故事比赛"贯穿整个活动。这样能带给幼儿很大的想象空间，激发幼儿大胆讲述的欲望。

二、说活动目标

结合中班幼儿的年龄特点和语言发展水平，制定以下目标。

1. 仔细观察图片，感受、理解图片内容。
2. 能按自己的理解和想象排列图片，并尝试完整连贯地讲述。
3. 乐意参与讲述活动。

重点：幼儿按自己理解和想象的事件发展顺序，尝试排列图片并连贯讲述。依据是：老师要引导孩子理解一个完整的故事，要有时间、地点、人物、发展变化等要素，以此方法来解决重点，既不限制孩子，也教给孩子编故事的方法，构建可持续发展的知识基础。

难点：幼儿用不同的排图顺序讲故事。通过组织幼儿观察图片、展开想象，幼儿之间相互交流各自的构思，最后通过完整讲述故事来展现故事内容。

三、说活动准备

1. 示范图 4 张，幼儿每人一套小图片（便于幼儿更直观地观察图片，方便排图活动的展开）。

2. 红、黄、蓝队标志，故事小精灵头饰，音乐，奖状（吸引幼儿的注意力，让幼儿对活动始终保持高度的热情）。

四、说教学方法

1. 观察法。因为幼儿期的思维特点是以形象思维为主，幼儿可以通过生动有趣的画面，直观地去理解故事内容，还可以提高学习的兴趣。排列图片顺序必须在观察的基础上，透彻地理解图片的内容，经过自己的分析判断来完成，所以我采用了"观察法"。

2. 讲述法。讲述的过程是幼儿创造性地运用语言，提高语言表达能力的过程，需要自由、宽松的语言交往环境，支持、鼓励、吸引幼儿与老师、同伴间的积极交流，充分解放幼儿的大脑和嘴巴，让幼儿想说、敢说、喜欢说、有机会说，并积极地应答、评价，所以我采用"讲述法"。

3. 练习法。在教师的帮助辅导下，通过多次重复地练习讲述，使幼儿熟练地掌握故事内容，在此基础上排列讲述出更多有趣的故事。我将通过"讲故事比赛"这一活动来加深孩子对此故事的印象。

4. 示范法。开阔孩子的思路，同时起到榜样示范的作用。

五、说活动过程

1. 环节一：教师扮演"故事小精灵"导入活动

将幼儿分成红、黄、蓝队，我会这样引导孩子："红、黄、蓝队的小朋友们，大家好，我是故事小精灵，今天我们森林里要举办一个'讲故事比赛'，你们想参加吗？看哪一队讲得最好，小精灵是有奖励的！"

好的开始是成功的一半，这样的导入能激发幼儿的兴趣，有效地吸引幼儿的注意力，实现了目标中乐意参与讲述活动的要求。

2. 环节二：引导幼儿观察图片并大胆讲述

(1)(小熊爬上树放鸟窝)"我们一起来看看图上有谁？它在干什么？是在什么时间、什么地点发生的事情？"该环节让幼儿了解故事的基本要素，重点引导幼儿说出故事发生的时间、地点、人物和事件。

(2)(小熊被鸟窝砸中脑袋)"小熊怎么了？是什么东西砸着小熊的脑袋了？"启发幼

儿动脑筋，发散幼儿思维。着重引导幼儿讲述小熊的心情，请幼儿模仿难过的表情。通过这种方式让幼儿更深刻地体会图中小熊的情感。

（3）（忽然刮起大风）提问："看看天怎么样？你是怎么看出来的？小熊在树下干什么？"

（4）（小熊在树下美美地睡觉）问："小熊在什么地方，干什么呢，周围的环境是怎么样的？"着重引导幼儿观察图中的景物。该环节有助于培养幼儿的观察力，理解讲述对象，以便为讲述故事打好基础。

这一环节运用观察法，实现了目标中仔细观察图片、感受理解图片内容的要求。

3. 环节三：幼儿排图讲故事

我引导幼儿思考："请小朋友看一看你桌上的小图片，排一排，可以随便排列图片然后把故事讲给大家听。"语言是在交流中发展起来的，同伴交流不仅能提高幼儿的语言表达能力，还有助于促进幼儿同伴间的关系。教师随时注意观察幼儿，了解幼儿的情况，帮助幼儿理顺故事情节，及时纠正幼儿语句不通和用词不当的现象，引导幼儿运用适当的动词讲述故事。教师在观察、倾听孩子讲述的时候，有目的地选择不同的排列方式。

4. 环节四：讲故事比赛

幼儿上台排图讲述故事，红、黄、蓝队分别派出队员讲述。老师和幼儿一起评价，"大家觉得怎么样？谁讲得最好？"帮助幼儿归纳出这样的认识，故事的转折点在于小熊做了一件什么事，这样做对吗？启发幼儿了解故事中小熊的做法。

5. 环节五：教师示范，总结提升

"小朋友们的故事讲得真好，小精灵也蠢蠢欲动想给大家讲个故事了。"教师完整讲述故事。

这个环节我通过示范总结让幼儿明白：图片有多种排列方法，可以编出许多不同的故事。这是对幼儿思维能力的提升。

六、说活动延伸

在表演区投放树、小熊头饰、鸟窝。平时游戏时，让幼儿按照几种不同的故事情节进行表演，满足幼儿表演的愿望。

案例 5.6

大班语言活动："米宝宝去旅行"说课稿

尊敬的各位评委老师，亲爱的同学们：

大家好！我是1号参赛选手，今天我说课的内容是大班语言活动"米宝宝去旅行"，我将从设计意图、活动目标、活动准备、教法学法、活动过程、活动延伸等六个方面加以介绍和说明。

一、设计意图

语言是人类最重要的交际工具,幼儿认识事物是通过看、听、摸、尝等直接感知的,同时,又必须以相应的语言来说明事物的现象和意义,才能真正认识它,形成正确的概念。

《幼儿园教育指导纲要》中指出:鼓励幼儿大胆、清楚地表达自己的想法和感受,尝试说明描述简单的事物或过程,发展语言表达能力和思维能力。《3~6岁儿童学习与发展指南》中指出:幼儿的语言交往能力是在交流和运用的过程中发展起来的。

大班时期的幼儿具有很强的理解能力及观察能力,个性化特征明显,在幼儿日常活动模仿语言的过程中具有选择性和变通性,且会创造性地使用所学到的语言,因此我设计了本次教学活动。

二、活动目标

活动目标是幼儿园活动的指南针,它既是活动设计的起点,也是活动设计的终点,在教学过程中教学目标的确是一个非常重要的环节。《纲要》中指出要从不同角度促进幼儿的态度、能力、知识技能等方面的发展,结合纲要精神和中班幼儿的发展水平、经验和需要,我制定了如下三个方面的目标:

认知目标:根据图示,能用完整连贯的语言讲述故事;

能力目标:学会推理种子成长过程并准确排序故事的前半部分,养成学会倾听的习惯;

情感目标:懂得粮食的来之不易,养成珍惜粮食的情感。

活动目标是主次分明的,这样才能突出重、难点。依据大班幼儿的认知特点和发展状况,我将本次活动的重点定为:根据图示,能用完整连贯的语言讲述故事。将学会推理种子的成长过程并准确排序前半部分、养成学会倾听的习惯确定为本次活动的难点。

三、活动准备

有兴趣的材料是活动的最好刺激,为了使活动更好地进行,我做了以下准备。

经验准备:幼儿已有讲述故事的经验。

物质准备:《米宝宝去旅行》故事的相关图片5份、米宝宝的头饰、PPT课件。

四、学法教法

教学方法是达成活动目标的手段,整个活动我以幼儿为主体,变过去的"要我学"为现在的"我要学",遵循由浅入深的道理,让幼儿在看看、听听、想想、说说、玩玩的轻松氛围中掌握活动的重难点,体现以幼儿为主体,创造条件让幼儿参加活动。因此我采用的学法有以下几种。

游戏法：游戏法是幼儿最喜爱的活动，在幼儿身心倍感疲惫时，游戏能增强幼儿参与活动的兴趣，在活动中让幼儿通过图片排序的游戏提高幼儿的观察与逻辑思维能力，了解米宝宝的成长过程。

观察法：观察法是幼儿通过视、听觉感官积极参加活动，在活动过程中让幼儿通过观看教师出示的图片直接获得印象并运用语言表达出来。

讨论交流法：让幼儿互相交流分享自己的想法，促进幼儿之间的情感，让幼儿学会用完整的语言表达自己的感受。

哲学家黑格尔有这样一句名言："方法是一种不可抗拒的至高无上的力量。"《纲要》中指出：教师应成为幼儿学习的支持者、合作者、引导者。幼儿园的教育活动是教师以多种形式，有目的、有计划的引导幼儿主动活动的过程，因此本次活动我采用的教法有以下两种。

提问法：提问是教师引导幼儿观察事物，启发幼儿积极思维的手段，适当的问题有助于活跃幼儿的思维，启发学习。通过教师提问，幼儿思考与回答，提高幼儿的想象能力和语言表达能力。

讲述法：通过生动形象的讲述，帮助幼儿更好地理解故事中米宝宝的旅行是什么样的，引导幼儿理解故事内容。

五、活动过程

活动目标的实现、教学方法的运用总是体现在具体的活动过程中。活动过程是整个教育教学的中心环节，遵循由浅入深、循序渐进的原则，我设计了以下四个环节：课题导入，引发思考——排图游戏，讲述故事——联系生活，发散思维——表达交流，情感升华。

（一）课题导入，引发思考

教师引导：小朋友们，你们有出去旅行过吗？都是和谁一起去的呢？随机挑选几名幼儿回答并总结：今天我们这里也有一位宝宝开始了它的旅程。教师佩戴米宝宝头饰，开始讲述故事的开头，引出课题。

"大家好，我是一粒快乐的米宝宝。我生长在水稻田里，和许许多多的米宝宝一起快乐健康的成长。我是小朋友们最喜欢吃的食物，想知道我从一粒米种子开始到来到大家的饭桌上都经历了哪些旅程吗？"

以问题的形式直接导入课题，可以引发幼儿的思考，带动幼儿对故事内容的好奇心，也为下面几个环节做了良好的铺垫。

（二）排图游戏，讲述故事

此环节是故事的前半部分，我会通过三个步骤来展开。教师先设置问题引导幼儿动脑思考，接着用排图游戏培养幼儿的逻辑思维能力和讲述故事的能力，最后教师总结以此来提升幼儿的经验。

1. 设置问题

教师出示米宝宝第一阶段旅行的四幅图片,并设置问题:这里有几张图片,米宝宝一起去旅行的故事就在里面,本来呢是要给图片排好顺序,再讲故事给小朋友听的,可是图片没写哪张是图一,哪张是图二,只能请小朋友们来给这些图片排队了。教师鼓励幼儿用创造性的语言表达自己的想法,培养幼儿的语言表达能力和思维创造力。

2. 排图游戏

教师将幼儿自由分成四个小组进行排图讲述,并提出要求:"请小朋友们为这四幅图片排好顺序,并按照你们排列的顺序讲出米宝宝从一颗小小的种子变成稻米的旅行故事。"在这个过程中,教师要巡回指导,鼓励幼儿大胆排图,能用较连贯、完整的语言描述米宝宝是如何经过春天的播种和夏天的日晒雨淋最后到秋天的丰收过程。引导幼儿讲述故事说说米宝宝都去了哪里,经历了什么,又有了什么样的变化,同时要多帮助那些能力稍弱的幼儿,使每个孩子都可以体会到排图讲述游戏的乐趣。

此部分是活动的难点,通过小组合作和排图游戏的方法来进行,让幼儿有更多的机会进行交流表达,保证每个人获得在众人面前表达的机会,这样既能增加他们参与的积极性,又能让幼儿互相学习,调整思想,改进原来的讲述。在幼儿自由讲述的过程中,教师的指导定位应关注在倾听幼儿的讲话,发现其中的闪光点及存在的问题,教师可以通过适当地插话、简单地提问,拓展幼儿的思路。

3. 提升经验

为了提升幼儿的知识经验,拓展幼儿新的讲述能力,教师可在四组幼儿讲述完成后展示自己的排图顺序,并用完整的语言配合图片中的内容,生动形象地讲述米宝宝如何从春天的一颗种子,到夏天经过日晒雨淋成为稻谷,到最后秋天经过收割脱粒后成为水稻的旅行。

通过教师的总结示范,帮助幼儿理解怎样串联起故事情节,使表述更完整、更流畅,以此来提升每个幼儿的经验,锻炼幼儿组织语言的能力,促进幼儿语言表达能力的发展。

(三) 联系生活,发散思维

此环节是故事的后半部分,也是故事的重点内容,讲述了农民伯伯将成熟后的米宝宝们带去了不同的地方,遇到了不同的事物(有水、竹叶、蜂蜜等),最后变成了小朋友们饭桌上各种各样的美食(有大米饭、粽子、米糕)。

首先,教师讲述故事并引导幼儿观察图片中的内容,提出问题一:米宝宝在接下来的旅行中,都遇到了什么?变成了什么?让幼儿养成注意倾听的习惯,发展语言的理解能力。

接着,教师提出问题二:米宝宝除了能变成大米饭、粽子、米糕之外还能变成什么呢？从幼儿的日常生活出发，引导幼儿动脑思考，为幼儿创设一个使他们想说、敢说、喜欢说、有机会说并能得到积极应答的环境。

（四）表达交流，情感升华

讲述后，教师引导幼儿讨论：故事中绝大部分的米宝宝都变成了小朋友们非常喜欢的食物，但有些米宝宝却在旅行中掉落了，它们都怎么了呢？引导幼儿说出"掉落浪费了"，使幼儿了解到米宝宝从一颗种子变成最后我们饭桌上各种样式的食物，是非常来之不易的，从而将幼儿对故事的理解自然过渡到珍惜、节约粮食的情感教育。

六、活动延伸

仅仅通过一次教学活动往往是不够的，为了使幼儿更好地巩固所学内容，提升幼儿的经验，我将本次活动延伸至家园共育，让幼儿回家后向爸爸妈妈讲述《米宝宝去旅行》的故事，既能加强幼儿的语言表达能力，还可以培养幼儿珍惜、节约粮食的好品质。

以上就是我的说课内容，谢谢各位评委老师，谢谢大家！

下面是我的答辩环节，请各位评委老师进行提问。

（此案例获河南省师范毕业生技能大赛专科组一等奖）

任务3　社会领域

案例 5.7

小班社会活动："过新年了"说课稿

一、教材分析

一年一度的春节是中国人的传统节日，也是最隆重的一个节日。春节期间，家家户户团团圆圆，贴春联，放鞭炮，走亲戚，访朋友，人人穿新衣，个个笑开颜，到处洋溢着过节的喜悦。这种浓烈的节日氛围，对幼儿有着很深的影响，这正是对幼儿进行传统节日教育的最佳时机。根据小班幼儿的年龄特点，本次活动通过设置情境、演示课件等方法让幼儿了解民俗，感受节日的快乐。

1. 活动目标

根据小班幼儿的年龄特点及实际情况，我从情感、认知、技能三个维度来制定本次活动的目标，具体如下：

（1）情感目标：乐意参加新年庆祝活动，感受节日的快乐；

（2）知识技能目标：初步了解春节时的民俗特征，会用一些简单的词语表达自己的想法。

2. 重点、难点

本次活动是一个综合活动，其中渗透了语言领域、社会领域与艺术领域的内容，但活动的重点仍以社会领域为主，主要引导幼儿在集体面前大方自主地表现。

本次活动将"引导幼儿初步了解春节时的民俗特征，会用一些简单的词语表达自己的想法"确定为重难点。突破重点的方法：通过设置情境、演示课件、启发提问等方法，帮助幼儿回忆春节时的情景。突破难点的方法：一是口头鼓励，二是通过发奖品来刺激幼儿，从而让他们大胆表现。

3. 活动准备

为使活动呈现出趣味性、综合性和活动性，寓教育于实际操作和游戏中，我做了以下准备：布置"小熊的家"，悬挂各种鞭炮、春联等，请家长与幼儿准备一些用来布置以迎接新年的材料并带到班级，如窗花、一串串的千纸鹤、星星和"福"字、中国结、小灯笼、对联等，课件《新年的民俗》、音乐磁带《新年好》。

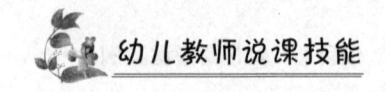

二、说教法

1. 情境创设法

这个活动我始终以"过年了，到小熊家做客"这一主线贯穿始终，给幼儿创设一个轻松、愉快的学习环境，让幼儿始终沉浸在游戏环境之中自由地学习，既能很好地达到活动目的，又使整个活动情节完整、过渡自然。

2. 直观法

通过演示课件，激发幼儿的学习兴趣。影音课件具有生动形象、富于表现力和感染力的特点，其特有的声像并茂、动静结合的优点，使教学成为有趣的活动，容易引起幼儿的兴趣，集中幼儿的注意力，使幼儿便于理解，易于记忆，从而使幼儿情绪高涨，兴趣盎然。

3. 谈话法

由师生相互提出问题和回答问题所组成。恰当的问题有助于活跃幼儿的思维，启发幼儿的学习，有利于幼儿获得新知识和发展智力，培养幼儿的语言能力和语言习惯。

此外，在各个不同的教学环节中，还穿插了赏识激励法、交流讨论法、表演法等教学方法，让幼儿在轻松愉快的环境中学习，寓教于乐。

三、说学法

1. 多种感官参与法

活动中我引导幼儿通过尝一尝、说一说、看一看、做一做等多种感官的参与，不知不觉地对年俗有了较多的了解。

2. 体验法

这次庆祝新年的活动，幼儿通过各种体验，获得多样性的知识，一定会给幼儿留下深刻的印象，其中的快乐也将让他们永远地回忆。这也充分体现了"以幼儿发展为本"的理念。

四、说活动过程

本次活动，我主要从"认识新年—迎接新年—庆祝新年"三个环节入手，以"过新年"为核心，通过创设情境、展示课件、分享合作、表演歌曲等活动来加深幼儿对新年的认识与了解。活动过程分为四个环节。

1. 创设情境，激发兴趣

活动一开始，将幼儿带进一个浓浓的节日氛围之中，让幼儿感觉到过节的快乐。以小熊的口吻邀请小朋友来做客，在这个环节里，我让幼儿观察小熊家的春节景象，安排小熊与小朋友互道新年快乐。接着，小熊拿出各种过年时的代表性的食物请小朋友品尝，让幼儿在这种特殊的氛围中回忆过年时到别人家做客的情景。

提问：小熊请我们到他家做客，新年到了，你要对小熊说什么？新年到了，小熊家发生了哪些变化？

2. 演示课件，了解民俗

帮助幼儿了解春节的民俗风情是本次活动的重点。为此，我采用了先让幼儿观看课件，再通过谈话帮助幼儿整理已有经验，形成初步概念，接着以小熊的口吻邀请幼儿观看过年的课件。在幼儿有了这些直接经验的基础上再提问：过年时人们穿什么？吃什么？说什么？看什么？家里有什么变化？街上有什么变化？通过讨论引导幼儿建构过年的概念。

3. 师幼合作，布置班级

在开设此活动前，我已请家长与幼儿准备了一些布置的材料，如窗花、"福"字、小灯笼、对联等，在这里还是以小熊的口吻，请幼儿自己动手和老师一起把教室进行装扮。

提问：小熊待会要到我们班级来做客，我们一起把班级打扮漂亮再邀请他来，你们说好吗？

4. 表演节目，庆祝春节

在已营造的节日氛围中，小熊和小朋友们一起把已学过的歌曲《新年好》表演出来。活动最后为幼儿每人准备一张蛇年的贴纸作为奖品，告诉他们今年是蛇年，将活动推向高潮。

案例 5.8

中班社会活动："互相帮助"说课稿

一、教材分析

《互相帮助》是中班领域中的一个社会活动，以"学习主动帮助他人，有同情心"为主题。从幼儿心理发展的层面来说，中班幼儿正处于个性初具雏形的阶段，所以培养幼儿的互助意识，学习助人为乐，对幼儿的社会性学习具有重要意义。

1. 活动目标

(1) 知道有许多人需要帮助，并会主动帮助别人，具有同情心。

(2) 向雷锋叔叔学习，知道助人为乐是一种美德。

我把"能注意到别人的困难和需要，体验相应的情感，主动帮助别人，具有同情心"放在目标的首位，因为这是本次活动的重难点。重点是引导幼儿能够主动帮助别人，具有同情心，这个重点也恰恰是难点，因为引导幼儿主动帮助别人、有同情心，不是一朝一夕就能实现的，而是需要渗透在日常生活中，逐渐帮助幼儿养成助人为乐的习惯。

2. 活动准备

活动准备为活动的成功展开提供了可能性。同时，幼儿的经验是通过环境与材料相互作用获得的，社会活动的课前知识、经验准备尤为重要，它直接影响到幼儿学习的兴

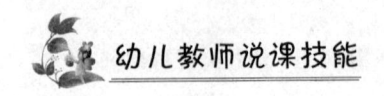

趣，所以，我为本次活动做了以下准备：

（1）知识经验准备：请家长帮忙收集有关雷锋事迹的故事，并让幼儿了解；

（2）物质准备：录像、图片等，与小班教师协商好。

二、说教法与学法

1. 提问法

活动开始，我提出："谁知道雷锋叔叔是谁？他喜欢做什么事？你听过哪一些关于雷锋叔叔的故事呢？"第一个问题就紧扣主题，让幼儿知道助人为乐是一件快乐的事。

2. 榜样示范法

这是整个活动中最重要的一种教法。雷锋的事迹被歌颂、被弘扬，开展《互相帮助》活动正好可以与弘扬雷锋精神相呼应。雷锋是一个正直、善良、助人为乐的榜样形象，以他来作为助人为乐精神的代表再合适不过了，利用雷锋这个优秀的榜样示范形象，引导幼儿向雷锋学习。

3. 电教法

本活动以播放录像的形式，直观地向幼儿展示社会上还有很多需要帮助的人与事，更能激发幼儿的互助意识和同情心。

4. 体验法

自己操作实践可以使幼儿获得最直接的经验和情感，所以我事先与小班老师协商好，组织我班幼儿到小班去帮小弟弟、小妹妹穿衣服、系鞋带，让幼儿体验到帮助别人的快乐。这种亲身实践的过程，比起教师生硬的灌输更具教育意义。

三、说活动过程

我采用"环环相扣，层层深入"的教学原则来组织本次活动，设计程序如下。

（一）出示雷锋图片导入，激发幼儿兴趣

师提问：你们知道他是谁？雷锋最喜欢做什么事？

1. 请幼儿与同伴分享交流自己所知道的关于雷锋叔叔的故事。

2. 请个别幼儿讲述。

（设计意图：此环节通过出示直观图片和提问引入正题，重新唤起幼儿脑海中对雷锋叔叔的已有印象，再通过分享讲述。提供畅所欲言的机会，从而为活动的成功开展奠定基础）

（二）学习主动帮助他人，有同情心

1. 观看录像

师：有很多小雷锋，他们也总在帮助有困难的人，我们一起来看看吧！

2. 师提问：如果你遇到了困难，没有人来帮助你，你会有什么感觉？

3. 师小结：我们要注意到别人的困难，向雷锋叔叔学习，也做一个助人为乐、有同情心的人。

（设计意图：观看录像的意图是让幼儿更加深切、直接地感受和了解雷锋，懂得雷锋精神的涵义，再通过提问把抽象的雷锋精神以生动形象的方式向幼儿展示，在幼儿的脑海里树立榜样示范作用）

（三）情境：我来帮助你，体验乐于助人的快乐

师：小班的小朋友年纪小，他们都还不会自己穿衣服、系鞋带，怎么办呢？嗯，我们一起去帮助他们吧！

1. 幼儿帮小班的小朋友穿衣服、系鞋带。
2. 师提问：你帮助了别人，心情是怎样的？
3. 师小结：帮助别人是一件很快乐的事，所以我们要学会互相帮助！

（设计意图：情景体验环节把活动推向一个高潮，让幼儿在理解雷锋精神的基础上，还能够自己亲身体验。幼儿的发展是在体验中获得的，让幼儿亲身去感受帮助别人的快乐，无形中在幼儿心中播下了善良的种子）

（四）活动延伸

在班级设立互相帮助专栏，对幼儿的良好行为加以宣传表扬，鼓励幼儿的互助行为。

案例 5.9

大班社会活动："一起来合作"说课稿

一、说幼儿

在日常生活中，我们经常发现孩子缺乏合作意识，不善于协商、交流，如果遇到困难或与同伴之间发生矛盾常常以告状、求助或攻击的办法来解决问题。从小加强幼儿群体性与社会性的教育，培养他们主动交往、协同合作的团体意识和与人沟通、和睦相处、共同生活的社会能力，是时代发展的必然要求。幼儿之间的合作常常会带来积极愉快的结果：活动成功，增进友谊，让幼儿感受、体会到合作的快乐与必要，促进幼儿身心健康发展。因此，合作能力的培养对于幼儿来说是十分重要的。我从让幼儿感受合作的乐趣及重要性入手，设计了本次活动。

二、说内容

在确定活动内容后，我设计了站报纸、夹球走、两人三足、同舟共济等有趣的合作游戏。游戏中，幼儿为了完成任务，都需要与同伴协商、合作，能充分感受、体验合作的乐趣及重要性。

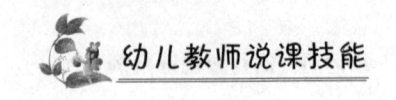

三、说目标

依据大班幼儿的年龄特点和活动内容的特点，以及《纲要》的要求，目标的定位应充分体现综合性、层次性、具体性和客观性。因此，我把本次活动目标确定如下。

1. 在各种有趣的合作游戏中，感受合作的重要性。
2. 探索合作的多种方法，体验合作的乐趣。

其中，我把"探索合作的多种方法"作为本次活动的重点，目的在于让幼儿自主思考，寻找合作的最佳方法，充分发挥幼儿的创造性、学习的主动性，培养其勇于探索的精神，也有利于教师更好地观察幼儿的游戏情况，引导幼儿与同伴协商、合作。

本次活动的难点在于，在游戏中让幼儿充分感受合作的重要性。因为在游戏中，幼儿在乎的是玩得是否开心，游戏是否成功，很难明白是因为合作使自己的游戏获得成功与快乐。因此，要引导、鼓励幼儿用语言将自己的感受表达出来，从而进一步了解、感受合作的重要性。

四、说活动准备

我主要从环境、教师、材料、幼儿游戏体验四方面进行准备。

环境创设：我准备了相应的活动场地：用大的圆纸筒做大门，用装有原料水的七彩可乐瓶做围墙，将班级周围的场地围成三个游戏场，以激发幼儿愉悦的情绪。

教师的准备：在活动前我与个别教师先尝试了四人如何尽量同时站在同张报纸上的多种方法及大拖鞋、夹皮球、两人三足的多种玩法。目的在于更好地了解这些材料是否适合幼儿使用，而且事先了解这些玩法便于在游戏中更好地启发、引导幼儿玩出多种方法。

材料准备：为了让幼儿游戏达到合作和多次游戏的需要，我选择大报纸作为本次团体游戏的材料。因为大报纸易于幼儿操作，面积较大，可以让幼儿反复折叠，折叠后的报纸面积不断变化，可以增加游戏的趣味性。选择竹竿、皮球、纱巾、大拖鞋作为分组游戏的材料，因为这些材料的可操作性较强，适合幼儿游戏，并能让幼儿不断发明、变换玩法。

幼儿游戏体验准备：结合以上材料及教师自身的尝试，我事先丰富幼儿相应的游戏经验，如，找朋友的游戏经验、单双脚站立的活动体验及掌握"两人三足"的简单玩法，以便他们在游戏过程中想出更多的玩法。

五、说教法、学法

在本次活动中我主要采用了以下四种方法。

1. 探索发现法

在教学过程中，我没有把游戏方法教给幼儿，而是把材料介绍给幼儿，启发、引导幼儿依靠已有的游戏体验和生活经验去尝试、发现并探索更多的合作方法。如：夹球走的游戏，引导幼儿用两根竹竿夹一个或一个以上的皮球，也可以引导幼儿用三根竹竿搭成三角形来夹皮球或者用三根以上的竹竿来夹更多的皮球。在游戏过程中，幼儿按自己的意愿选择材料，也能自由选择、创造更多的游戏玩法，有机会亲历探索发现的乐趣，在探索中发现，在发现中学习。这一方法是本活动最主要的学习方法，并贯穿始终。

2. 观察法

在游戏中，我运用观察法了解幼儿在活动中的探究方法，从"成功"和"失败"两方面加以引导，对于成功的幼儿，鼓励他们尝试更多的玩法；对于失败的幼儿，则引导他们找出原因，改进方法，反复尝试。如同舟共济这个游戏，几位幼儿穿上大拖鞋，如果他们之间步伐不一致的话，很容易出现摔倒或碰撞的现象，所以教师在幼儿游戏时更应当认真观察他们的游戏情况，同时引导幼儿观察其他组的玩法，找出自己摔倒的原因，从而改进原有的游戏。

3. 讨论法

在活动中通过幼儿与幼儿之间、教师与幼儿之间自由式的讨论与交流，能促进幼儿思维的相互作用。因此，我在活动中针对幼儿探究合作方法的情况，多次提供自由交流与讨论的机会，帮助幼儿明确要合作的项目、方法。如，让他们讨论"怎样才能让四个好朋友尽量同时站在大报纸上"，讨论"要玩哪种游戏，要怎么玩、怎么合作才会成功"等等，让他们用自己的语言有条理地表述探索的过程与结果。这样，有助于幼儿归纳、概括出各种适用的合作方法，同伴间的相互质疑和矛盾之处也会引出新的问题，从而激发幼儿进一步探究。

4. 游戏法

丰富的游戏活动能满足幼儿的学习要求，促进幼儿身心健康和个性发展。因此，在活动中，我运用游戏"娱乐馆真好玩"，让幼儿进行分组活动。娱乐馆分为两人三组馆、同心协力馆、夹球走馆，幼儿可以自主选择任意一个游戏馆进行游戏，在轻松愉快的情境中探索、学习，发挥他们在现实中尚未表现的能力，既发展了身体，获得了知识，又培养了良好的行为习惯和交往能力。我在游戏中则以游戏者的身份与幼儿合作游戏，充分尊重幼儿的意愿，让他们自主选择，大胆想象，勇于创造，从而形成一种健康活泼、轻松愉快的心理氛围。

六、说活动过程

本活动我分为五大环节来进行：热身运动—团体训练—分组体验—分享快乐—活动延伸。

（一）热身运动：找朋友

1. 今天老师要跟小朋友一起玩"找朋友"的游戏。一会儿音乐开始，请大家听信号

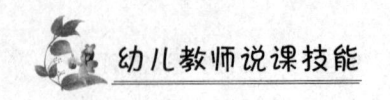

找四个朋友。找到朋友后，相互介绍自己的姓名，道声"请多关照"。

2. 让我们一起来帮助没有找到好朋友的四个小朋友。

指导语：请这新的四个好朋友互相介绍一下姓名。

（设计意图：为激发幼儿参与活动的积极性，在本环节中与艺术领域整合，结合《找朋友》的音乐，让幼儿初步尝试与同伴友好相处、共同合作完成教师的要求）

（二）团体训练：站报纸

1. 教师边介绍站报纸的玩法边提出要求，并指导幼儿活动。

指导语：我们现在来玩个游戏，每四个小朋友拿一张报纸，把报纸展开放在地上，四个小朋友的脚都要踩在报纸的一角，观察看看报纸剩下的空间有多少。

四个小朋友是单脚踩在报纸上还是双脚都踩在报纸上？有没有剩下空间？为什么四个小朋友站在报纸上，报纸还有剩下空间？

2. 教师简单小结幼儿"站在大报纸上"的情况，引导幼儿将报纸对折进行示范，并进一步尝试用各种方法合作站报纸。

3. 进行游戏"同心协力"。

要求：每一组都站在报纸上了，把报纸一次一次对折，要求小朋友都要站在上面，比比哪组又稳又快？报纸再对折时，地方小了，想一想怎么站，才能让每个好朋友都踩到报纸。

4. 分享经验。

指导语：请小朋友来说一说你们是用什么方法让四个好朋友尽量同时站在越折越小的报纸上的。怎么做到另一只脚没有踩在地上也不会摔倒呢？

小结：四个好朋友都可以站在一张小小的报纸上，是因为他们互相帮助、相互团结、相互合作，才能在小小的报纸上站好而又不摔倒。

（设计意图：本环节作为活动的重点，主要是让幼儿探索合作方法，了解合作的重要性。所以在设计这个环节时，我充分考虑活动的层次性，让幼儿通过体验不同难度的游戏，分享经验、交流体会，那么，幼儿就可以在轻松自由的交流氛围中获取他人经验。教师在与幼儿交流的过程中，适当引导幼儿用完整、连贯的语句把自己的感受表达出来。这个环节能充分体现幼儿在活动中的主体地位，而活动目的在此也得以初步实现）

（三）分组体验：夹皮球、两人三足

1. 向幼儿介绍各种游戏材料及规则

（1）夹球走。

指导语：接下来老师准备了几种游戏要让小朋友来玩，第一个游戏叫做"夹球走"。请两个小朋友一手拿一根竹竿，把球放在中间，从这条线走到那条线，在这个过程中，不能用手拿，也不能用手碰，只能用竹竿夹着走，谁用手碰了就犯规了，就算输了。可以请几组小朋友一起来比赛，看看谁先把球夹到对面的篮子里。

（2）两人三足。

指导语：还有一个游戏叫做"两人三足"，这个游戏是把两个小朋友的腿用纱布绑在一起，然后想想用什么办法可以最快走到对面，也可以三、四个小朋友一起玩。可以找几组小朋友一起比赛看看谁先到对面的终点。

2. 提出要求

（1）可以自由选择同伴和游戏的类型。

（2）边玩边想想怎样与同伴合作将"任务"完成得又快又好。

3. 幼儿游戏

指导语：在玩两人三足的游戏中，可以启发幼儿在原来两人的基础上增加到三人、四人以上。

4. 分享经验

指导语：你们参加了哪个游戏？你们在游戏中是怎样和小伙伴合作完成任务的？最后得了第几名？

（设计意图：在幼儿已初步体验合作的乐趣后，为了让他们进一步感受合作的重要性，本环节在已创设好的环境里，让幼儿分为夹球走、两人三足、同舟共济三组进行游戏。在这一过程中，我注重幼儿个体差异，启发幼儿结合生活经验及已有的游戏体验，通过协商、观察、探索等方法进行反复尝试，动脑想出更多与众不同的玩法，并且帮助每位幼儿获得合作成功的体验）

（四）分享快乐：快乐的小伙伴

今天小朋友都跟自己的好朋友合作得非常开心，那让我们现在一起唱起来，一起跳起来吧。在音乐《快乐的小伙伴》中自然地结束。

（设计意图：活动的最后再次与艺术领域整合，结合音乐《快乐的小伙伴》让幼儿与同伴共舞，将幼儿合作成功的愉悦情绪推向高潮）

（五）活动延伸

合作是幼儿未来发展、适应社会、立足社会不可或缺的重要素质。在本次活动结束后，我还将开展一系列有关团体合作的活动，如亲子游戏猪八戒抱西瓜、运娃娃、保护恐龙蛋、日常游戏传话、搭轿子、合作拼插、幼儿组画等，让幼儿更加充分地感受合作的重要性，逐步培养幼儿的合作意识、合作能力。

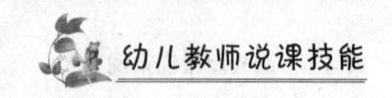

任务4 科学领域

案例 5.10

小班科学活动:"小猫钓鱼"说课稿

一、说教学内容

理解"1"和"许多",能按物体的一个特征进行分类,是小班第二学期关于集合和量的数学教学的重要内容之一。数学抽象性、系统性强的特点及小班幼儿思维的具体形象性,决定了小班幼儿数学学习要具备情境性、游戏性和简单的情节性。小班数学活动"小猫钓鱼"因其情境性、游戏性、操作性的特点,深受幼儿喜爱,所提供的材料隐含有数学内容,具有数学教育功能,能引导幼儿积极思考,并通过操作吸收知识,从而获得相关的数学经验。

二、说活动目标

根据小班幼儿的年龄特点和活动内容,制定以下两个活动目标。

1. 知识目标:能根据物体的颜色进行分类,进一步感知"1"和"许多"的关系。
2. 情感及态度目标:喜欢参与集体数学游戏,愿意与大家分享钓鱼过程中的发现。

重点、难点:结合《纲要》要求和幼儿的学习水平,我们把活动的重点定位为进一步感知"1"和"许多"的关系,并能根据物体的颜色标志进行分类,让幼儿通过在情境中晒鱼、收鱼等动手操作活动,通过看颜色标志进行分类。小班幼儿还不能够主动、大方地与他人交流。因此,我把难点定位为愿意与大家分享自己在钓鱼过程中的发现,要通过教师示范,引导幼儿在轻松的钓鱼游戏过程中自然地与教师、同伴交流自己的发现及乐趣,使数学经验的获得成为自然而然的过程,让数学学习成为幼儿喜爱的活动。

三、活动准备

为了让幼儿更积极、主动地投入到数学活动中,主要在以下几个方面做了充分的准备工作。

1. 游戏式的情境创设:教师用稍加装饰的栏杆围成了一个水池塘,里面投放了大小、颜色各不相同的鱼,池塘边的一角是三个不同颜色的晒鱼台,目的是让幼儿根据标记(晒鱼台上分别贴有不同颜色的标记),把钓起来的鱼进行分类晾晒。
2. 经验准备:幼儿已初步理解了"1"和"许多"的关系。

3. 物质准备：人手一份钓鱼竿，小桶，欢快的背景轻音乐。

四、说教学方法

1. 说教法

根据小班幼儿的年龄水平、思维特点和数学教学的特点，本活动我将以游戏贯穿始终，再加上具体的适合幼儿亲身体验操作的情境创设，主要采用直观演示法、情境操作法、启发提问法，充分调动幼儿参与集体活动的积极性和主动性，达到学习的有效性、科学性、愉悦性的和谐统一。

情境创设法：小班幼儿的学习具有情境性的特点，通过创设池塘的情境，让幼儿参观情境中的景物，在情境中游戏，利用情境进行学习，使学习更富有吸引力，激发幼儿学习的积极性。

示范讲解法：教师结合儿歌示范讲解收拾钓鱼竿、钓鱼、晒鱼、收鱼等的方法，让幼儿在交流中获得直观的印象和方法。

观察指导法：幼儿之间存在个别差异，因此，该方法便于教师在活动过程中及时针对幼儿活动的情况随机进行个别指导，适当调控活动的进程和节奏，使游戏有序地推进。

2. 说学法

根据小班幼儿在游戏中可以更好感受、体验的年龄特点，让幼儿扮演角色，在情境中操作，在交流中学习，主要的学法有游戏法、角色扮演法。

游戏法：《纲要》指出，幼儿园要以游戏为基本的活动形式。本活动以游戏贯穿始终，能有效激发并维持幼儿的兴趣。

角色扮演法：师幼分别扮演猫妈妈和小猫的角色，以小猫钓鱼的形式进行游戏，符合幼儿的想象特点，更能激发幼儿参与活动的兴趣和欲望。

五、说活动过程

（一）角色扮演导入活动，激发幼儿参与集体活动的兴趣

"我是妈妈，你们都是我的孩子。今天天气真好，妈妈要带小猫们到池塘边去钓鱼。"以角色扮演的方式，一能拉近教师与幼儿的距离；二能激发幼儿参与集体活动的兴趣；三是通过角色，知道有一个妈妈，有许多的小猫，自然地感知"1"和"许多"。

（二）介绍道具的使用，了解游戏的玩法

1. 出示并分发钓鱼竿和小桶："妈妈这里有许多小桶，现在我把它分到小猫们的手上，看看每只小猫的手上有几个小桶。"通过视觉与触觉的感受，每人手拿一份钓鱼工具的动作，幼儿再次感知"1"和"许多"之间的关系。

2. 参观池塘，了解玩法。看一看，初步感知鱼的颜色。教师提问：池塘里有什么

呢？都有哪些颜色的鱼？数一数，有多少鱼呢？

教师讲解玩法。在具体的情境中看一看、数一数，感知有一个大池塘，里面有许多鱼，自然渗透"1"和"许多"的概念，在情境中讲解玩法，易为幼儿所理解和接受。

（三）开始钓鱼游戏

1. 教师结合儿歌，讲解示范使用钓鱼竿的方法："钓鱼竿，转转转，变长了，钓鱼啦，转转转，变短了，收好了。"教师利用简短的儿歌并结合自身的动作示范，让幼儿学习使用、整理钓竿，为接下来的钓鱼做好动作技能上的准备，使幼儿能更好地体验钓鱼成功的乐趣。

2. 钓鱼：幼儿围在池塘边，自由地钓鱼，自由地交流钓鱼的情况，并把钓到的鱼放进小桶里。在有趣的情境中，教师利用自身的动作示范和语言示范，引导幼儿积极地投入钓鱼活动中，引导幼儿在钓鱼的具体操作中，在自然而然的互动中交流自己钓到的各种颜色的鱼，自然地感受"1"和"许多"的关系。

（四）晒鱼、收鱼

引导幼儿根据晒鱼板、鱼篓的颜色，对所钓上来的鱼进行分类，即按颜色分类。钓完鱼后的休息与交流，既满足了幼儿身体成长的需要，又为幼儿创设了一个宽松、自由的交流氛围。小班幼儿缺乏与人交流的经验，教师自然参与交流，以自身的语言和行动为幼儿做示范，教给幼儿交流的方法，带动幼儿与教师、同伴交流自己钓鱼的收获，分享钓鱼的快乐。

晒鱼和收鱼活动就是引导幼儿按颜色进行分类的过程。同时教师借机帮助幼儿梳理有关的数学经验：原来，许多个一条一条的鱼放到筐里，筐里就有许多条鱼。在这个过程中，自然地完成了按物体的一维特征进行分类的目的。

（本说课稿来自于唐海燕、林高明的《说课实战训练教程》）

案例 5.11

中班科学活动："多变的触觉"说课稿

一、设计意图

科学活动来源于生活探索，给孩子提供材料，让孩子亲身体验直接感知的过程，让幼儿自己操作完成，通过游戏和实验的方式让孩子提升自己的探索欲望。《3~6岁儿童学习与发展指南》中指出：儿童常常动手动脑探索物体和材料并乐在其中。《幼儿园教育指导纲要》中要求：为幼儿的探究活动创造宽松的环境，让每个幼儿都有机会参与尝试，支持、鼓励他们大胆提出问题。

经过幼儿园一段时间的学习和生活，中班幼儿对科学的兴趣明显加强，喜欢观察特征明显、多元、有变化且好玩的事物与现象。

幼儿科学教育的目的在于培养幼儿的探索欲望。良好的触觉感知有助于幼儿的人际交往，通过本次活动，让幼儿实际体验探索的过程，通过多种形式探究多种触觉体验，使他们感受科学探究的过程和方法，体验活动中带来的快乐。

二、活动目标

活动目标是幼儿园活动的指南针，它既是活动设计的起点，也是活动设计的终点，在教学过程中教学目标是一个非常重要的环节。《幼儿园教育指导纲要》中指出：要从不同角度促进幼儿的态度、能力、知识技能等方面的发展。结合纲要精神和中班幼儿的发展水平、经验和需要，我制定了如下三个方面的目标。

认知目标：通过不同形式体验不同部位的多种触觉感受。

能力目标：主动探究各种触觉体验，乐于表达自己的感受。

情感目标：感受活动中所带来的乐趣，以及同伴间的友好。

活动重点在教学中起着决定性的作用，根据教学目标与幼儿学习水平的关系，我将通过不同形式体验不同部位多种触觉感受设为重点，将触觉活动中所带来的情感体验设为本活动的难点。每个孩子的发展水平不一样，对触觉的感知也不一样，为了关注个别差异，帮助每一位幼儿全面发展，我设定了以上重难点。

三、活动准备

教学材料的设计与选择能激发起幼儿对本次活动的兴趣，为了更好地服务于本次活动和完成活动目标，我做了以下准备。

经验准备：幼儿生活中已有触觉的不同体验。

物质准备：荔枝、苹果、芒果等水果、羽毛、小刺球、海绵垫。

空间准备：让幼儿围一个半圆而坐。

四、教法学法

《幼儿园教育指导纲要》中指出：教师应成为幼儿学习的支持者、合作者、引导者。要使幼儿对本次活动具有浓厚的兴趣，教学方法尤为重要，结合活动目标和中班幼儿年龄特点，我采用的教法有以下两种。

启发式教学法：是指教师在教学过程中，依据学习过程的客观规律，最大限度地调动幼儿的思维和学习积极性的教学方法。

提问法：适当的问题有助于活跃幼儿的思维，启发学习有利于幼儿获得新知识和发展智力。提问在教学中发挥着不可替代的作用，例如在活动中我会向幼儿提问：生活中除了软和硬还有哪些触觉感受？以此启发幼儿思考。

在整个活动中，我始终以幼儿为主体，调动幼儿的积极性，引导幼儿在体验中获得提高，因此我采用的学法有以下两种。

游戏法：游戏也是幼儿最喜爱的活动，科学活动中巧妙地将理性的科学内容结合到游戏当中，就能够有效地激发幼儿参与活动的热情。

体验法：心理学指出：凡是人们积极参加体验过的活动，人的记忆效果就会明显提高。因此，为了加深幼儿对触觉的了解，我让幼儿感受不同的触觉，在这个过程中加深体验。

五、活动过程

活动过程是整个教育教学的中心环节，遵循由浅入深、循序渐进的原则，我设计了以下三个环节：创设情境，提出问题——开展活动，感受触觉——趣味游戏，结束活动。

（一）创设情境，提出问题

教师用"小熊要去参加好朋友的生日聚会"这个情境进行导入，我会这样说："今天呀，小熊要去参加小兔子的生日聚会，它准备用彩色的粘土给小兔子做个漂亮的礼物，可是粘土变干了，那小朋友谁来摸摸看，是什么感觉呢？"引导幼儿说出硬硬的感觉，再请幼儿摸摸其他颜色的粘土，通过幼儿触摸粘土的软与硬，引出"触觉"一词。教师再次提问：生活中除了软和硬还有哪些触觉感受？让幼儿思考，引出多变的触觉，为下面的环节做铺垫。

（二）开展活动，感受触觉

此环节我将分为四个部分来进行活动：用分一分的方式让幼儿感受手的触觉，体验触觉中的光滑与粗糙；用碰一碰的方式感受脚的触觉，体验触觉中的痒与痛；用爬一爬的方式感受全身不同部位的触觉，体验触觉中温度的凉与暖；用说一说的方式让幼儿与同伴交流分享自己的感受。

1. 分一分

在这个环节，老师会为幼儿准备一些水果，老师与幼儿讨论。教师出示提前准备好的水果，我会这样说："今天老师带来了许多水果，有苹果、梨、火龙果、荔枝，小朋友来摸摸看，摸起来是什么感受呢？"教师随机挑选几名幼儿，让他们用手摸摸这些水果的外表。《纲要》中指出：科学教育应密切联系幼儿的实际生活进行，利用身边的事物与现象作为科学探索的对象。活动中所用到的水果就来源于我们的日常生活，也是孩子最喜欢吃的东西，但他们却很少关注到它们的外表。这一部分主要是让幼儿通过分一分的形式，感受手的触觉，体验触觉中的光滑与粗糙。

2. 碰一碰

教师出示准备好的羽毛与小刺球。首先出示羽毛，教师一边念儿歌一边挠痒痒，将羽毛举起来，一手拿羽毛，一手拿毛毛虫图片，"毛毛虫呀！爬出来呀！哩哩哩哩哩哩哩。小朋友们准备好了吗？"让所有幼儿将鞋子和袜子脱掉，席地而坐在海绵垫上，小朋友们伸出脚丫，变大树举起来，教师用羽毛触碰幼儿的脚底，"痒不痒，大树爷爷笑

起来呀！哈哈哈哈哈哈哈。"小朋友告诉老师羽毛碰到脚底是什么感觉。(痒痒的)

现在我们的球球来了，小朋友们踩上去感受一下小脚丫是什么感觉，让小朋友在欢乐中进行游戏，你一言我一语，表达自己的感受。通过触碰脚底，让幼儿说说是什么感受。(痛痛的) 这一部分主要是为幼儿创设了轻松愉悦的氛围，让幼儿感受活动中所带来的乐趣，通过碰一碰的形式，感受脚的触觉，体验触觉中的"痒与痛"。

3. 爬一爬

教师选取教室中的一块地面铺上海绵垫子，另一边是干净的地板，我会这样说：小朋友看看地面上有什么呢？哇原来是海绵垫，小朋友们变身毛毛虫，爬在垫子上，感受垫子是什么感觉？（软软的、暖暖的）小朋友现在爬出来，地板上又是什么感觉呢？（硬硬的、凉凉的）在爬一爬的游戏过程中幼儿体验到手心、膝盖、腿等部位的全身触觉，让幼儿感受到触觉中的凉与暖。

4. 说一说

让小朋友与自己的小伙伴说一说自己通过分一分、碰一碰、爬一爬活动，都感受到了什么。幼儿感受到身体不同部位的多种触觉感受，此环节给幼儿创造交流的环境，鼓励与引导幼儿与同伴交流、分享活动过程中的感受。

此环节是本活动的重点部分，通过游戏的方法让幼儿参与到活动中来，亲身体验触觉的多样性，以此突出活动的重点。

（三）趣味游戏，结束活动

此环节，我将用音乐游戏（碰一碰），让幼儿体验与同伴间相互触碰的感觉，使幼儿有更好的触觉体验。让幼儿随机挑选自己的小伙伴来进行碰一碰的游戏，带动幼儿的兴趣，做一个情感的提升。教师播放音乐，老师与幼儿一起根据歌词来做游戏。

中班幼儿处于交往期，通过碰一碰要让幼儿感受同伴之间的相处，在碰一碰中，教师提醒幼儿与小朋友一起游戏要注意安全，在音乐中结束活动。

六、活动延伸

为了有更好地幼儿体验，我将活动延伸到区角，让幼儿在区角里面触摸别的东西，感受触觉的多样性，同时也要注意提醒幼儿去关注哪些东西不能触摸。

(此说课稿由濮阳职业技术学院朱乾娜老师和16级学前教育王金凤撰写)

案例 5.12

大班数学活动："好玩的跳舞毯"说课稿

一、设计意图

认识空间方位是幼儿数学教育的内容之一。5岁左右的幼儿，其空间方位概念有了进一步发展，表现在开始以客体为中心判断左右方位，初步理解空间方位的连续性。数学教育要重视培养幼儿学习数学的兴趣，重视培养幼儿良好的思维品质。基于以上认识，我设计本次活动时，以玩"跳舞毯"的游戏形式，将认识左右的教育内容负载其中，使幼儿在玩中学，在学中乐。

二、说活动目标

通过分析教学内容及大班幼儿空间方位的认识水平，从发展幼儿认知、情感与态度、能力等角度考虑，将活动目标定位如下。

1. 情感态度目标：感受游戏"跳舞毯"的趣味性，体验数学活动的快乐。

2. 知识目标：认识表示方位的箭头。区分前/后、左/右、左前/左后、右前/右后，并说出相应方位词。

3. 技能目标：能依据口令、箭头标志进行方位判断并做出相应的动作。

教学重点：能依据口令、箭头标志进行方位判断并做出相应的动作。这个目标建立在目标二的基础之上，幼儿在认识空间方位的基础上才能做出相应动作。所以，这是教学重点。

教学难点：区分左前、左后、右前、右后并说出相应方位词。空间方位具有连续性，如前边和左边中间的区域可称为左前。左前、左后等属于复合方位，大班幼儿能认识到自身斜前方区域，但不能用正确的方位词描述，如常把"左前"称为前左。因此，定为本次活动的难点。

三、说活动准备

幼儿是通过与环境、材料的相互作用来获得发展的。准备的材料有：跳舞毯一个，课件方位图谱及背景音乐；泡沫地垫每人一个，箭头卡片（粘胶）每人一套。

四、说教学方法

1. 游戏法。教学中以玩"跳舞毯"的游戏形式进行，让幼儿在游戏氛围中主动学习。

2. 操作法。幼儿动手在地垫上粘贴表示方位的箭头卡片，在操作中建构空间方位观念。此外，还让幼儿通过身体的活动获得对空间方位的体验和理解。

五、说活动过程

1. 演示玩"跳舞毯"，导入活动（5分钟）

教学开始，我这样设计："小朋友，老师给你们带来了一样好玩的东西。"出示跳舞毯，请幼儿根据自己的认识说一说。然后，教师在跳舞毯上随音乐跳一次，使幼儿直观地看到跳舞毯玩法。导入紧扣教学内容，形式有趣，能激发幼儿的学习动机。

2. 运用操作法在"跳舞毯"上粘贴表示方位的箭头，区分空间方位（15分钟）

在这一环节，遵循着认识——理解——运用的认知规律，设计以下教学步骤。

（1）认识跳舞毯上的箭头标记，说出所表示的方位。由易到难，我分两步让幼儿认识箭头标记。先认识箭头↑（前）、↓（后）、←（左）、→（右）表示的空间方位，辨别前后、左右对大班幼儿来说较容易。先请幼儿观察跳舞毯上的箭头，提出问题：这几个箭头表示什么方位？通过提问使幼儿说出方位词。

然后，认识箭头↖（左前）、↗（右前）、↙（左后）、↘（右后）表示的复合空间方位，这是本节课的难点。我以一个箭头为例提问："这个箭头在什么位置？"（前边和左边的中间），在幼儿思考的基础上使幼儿知道左前这个方位词，然后认识其他三个。为了解决难点，我加强提问，随机指着任何一个箭头让幼儿练习说方位词。

（2）幼儿动手操作，做一个跳舞毯。

在认识空间方位的基础上，幼儿在地垫上进行操作。先粘贴↑（前）、↓（后）、←（左）、→（右）箭头，再粘贴复合方位箭头。我观察并提醒幼儿贴的位置要准确。为突破难点，在此环节，请幼儿贴出复合方位箭头后说出相应的方位词。

3. 玩"跳舞毯游戏"，巩固对空间方位的认识（12分钟）

带领幼儿玩"跳舞毯"游戏，由易到难设计了两个步骤。

（1）听口令做动作玩法，教师发出口令（如前后、左右、左前、左后等），幼儿按口令跳到相应的位置。此环节的目的是使幼儿熟悉方位，为游戏做准备。

（2）看简单的方位图谱玩跳舞毯。这一玩法难度较大，需要幼儿视觉、听觉、运动觉的联合活动，但对大班幼儿具有很强的吸引力。游戏进行多次，锻炼幼儿反应的灵活性和敏捷性。

六、说活动延伸

学习数学的目的是为了解决生活中的问题。为此，我让幼儿将箭头卡粘贴在班级及室外的一些地方，如楼梯转弯处、班级区域中需要进行方位指示的地方，使幼儿了解箭头标识在生活中的运用。

（本说课稿取自梅纳新主编的《幼儿教师说课技能训练》，由河南省实验幼儿园教师陈静撰写）

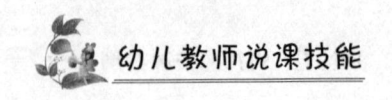

任务5 艺术领域

案例 5.13

小班手指点画:"快乐的虫子"说课稿

一、教材分析

我班主题活动"可爱的小动物"正如火如荼地开展着,我们开展了给小动物涂色、撕贴狮子、手指点画小鸡等活动。在手指点画小鸡的活动中,一名幼儿用手指点画小鸡时说小鸡最喜欢吃虫子了,引起了幼儿的极大兴趣:虫子长得长长的、一节一节的……我们还发现:将一个个点连起来不就是一条虫子吗?手指点画可以是单独的点,也可以是连贯的点,点和点可以组合变形从而组成各种有趣的图案。此外,手指点画属于实物版画中比较简单、容易操作的内容,非常适合没有版画基础的小班幼儿操作,操作起来又有一定的挑战性。

于是,我们结合分享"小鸡找虫吃"活动中幼儿感兴趣的虫子问题,生成了"快乐的虫子"美术活动。

1. 活动目标

(1) 知识目标:初步学习用手指点画来表现虫子的外形特征。

(2) 能力目标:能用画面的组合来表现虫子的各种动态。

(3) 情感目标:知道自己生活在绚丽多彩的世界里,激发热爱生活、热爱大自然的情感。

2. 重点与难点

《纲要》提出:进行艺术活动时,要根据幼儿的发展情况和需要,对表现方式和技能、技巧给予适时、适当的指导。在幼儿对毛毛虫及点画有一定了解的基础上,设定活动的重点在于将点画的圆圈连接起来,明确点画毛毛虫身体与节数有关。

难点是如何表现出毛毛虫的各种动态。在家长、教师收集资料的基础上,用录像、课件、游戏等形式向幼儿直观形象地展示毛毛虫的各种动态,并采用游戏"虫子捉迷藏"贯穿整个活动,为幼儿创设一个宽松有趣的活动氛围,引导幼儿通过观察、想象、讲述、动手等表现毛毛虫的外形特征。

3. 活动准备

经验准备:带领幼儿玩体育游戏"虫子爬";请家长利用周末带幼儿到草丛中寻找毛毛虫。

物质准备：实物拓印背景图三张；虫子道具一个，红、黄、蓝、黑四种颜料若干碟，抹布人手一块。

二、说教法

1. 情景创设法。兴趣是孩子最好的老师。在小班幼儿已有经验的基础上创设相应的游戏情景"与虫子捉迷藏"，让幼儿能更积极地参与其中。

2. 启发性提问法。谈话能维护宽松的精神氛围和自主表现的时空，而提问的方式又能引导幼儿靠近主题，表达出自己的所思所想和已有的知识经验。

3. 示范讲解法。小班幼儿需要教师分步骤示范操作，才能在模仿中掌握基本的技法，所以有条有序的示范、讲解是很重要的。

4. 个别指导法。幼儿美术活动虽然游戏性很强，又非常自由，但它并不是单纯的娱乐或消遣，教师在把握幼儿现有水平和每个孩子的特点的前提下，对个别幼儿进行适时、适当地指导才能出成果。

三、说学法

1. 讨论法。在观察之后和操作之前，提供给幼儿一个相对自由的空间，鼓励幼儿大胆讨论毛毛虫的藏身之处，有利于发展幼儿的想象力和自主解决问题的能力。

2. 操作法。这是美术活动中重要的学法，幼儿通过动手操作，才能掌握手指点画的技巧并从中体验情感教育。

四、说活动过程

1. 出示虫子道具，引出活动

提问：小虫子长什么样？（请幼儿一起数数虫子的节数）

（设计意图：点画虫子的难点是让幼儿控制虫子身上的节数，而使画面具有美感。点数的目的是为了帮助幼儿进一步理解虫子身上的节是由一个一个的点组成的，明确点画与节的关系，另外数字"5"可以帮助幼儿有意识地控制每条"虫子"的长度，让画面更具美感）

2. 出示大幅背景图，师幼共同点画虫子

（1）出示背景图，引导幼儿观察背景图。

（设计意图：在提供幼儿表达、表现的平台基础上，突破以往"人手一张绘画纸"的教学模式，以小组合作作画的形式，为幼儿提供了大张的背景图，背景图的画面内容充分体现版画的效果，如树叶、水果、花朵、小草等。幼儿看到的是自然、逼真的巨大的树叶、水果以及嫩绿的小草，显得亲切、自然，给他们以强烈的视觉冲击，激发幼儿点画虫子的兴趣）

（2）了解虫子的藏身之地，为点画作准备。

提问：小虫子喜欢躲在哪里？

（设计意图：在预设的问题情境中，激发幼儿的创造性思维。教师随机应变，在幼儿面前展示不同的画种和不同的绘画工具，帮助幼儿发散思维）

（3）教师示范点画虫子的头部，指导幼儿参与点画。

提问：虫子受伤了，有什么好办法可以将虫子的头和身体连起来？

（设计意图：点画虫子的难点在于"虫子各个节之间的连接"，要避免传统教学中"教师示范幼儿模仿"的局限，让幼儿创造性地学习相关技能。对此，教师有意识地将活动的难点作为问题抛给幼儿："虫子的身体在哪里？谁能帮忙一下？"请幼儿点画）

（4）提升点画虫子技巧，共同讨论点画的重点与注意事项。

提问：虫子的身体为什么要一节一节地连接在一起？

（设计意图：学会点画虫子技巧，并不能满足能力强的幼儿的需求，因此提升虫子的动态，提升画面的审美情趣，是这个环节的重点）

3. 引导幼儿在背景图上点画虫子，鼓励幼儿大胆组合造型

（设计意图：开始点画虫子，教师协助，进行有针对性地提示、引导，对于犹豫不决、不知从哪儿落笔的幼儿，用"你的虫子准备从哪里爬出来"进行语言提示。对于画了很多雷同造型虫子的幼儿用"你的虫子会爬到高高的树上吗""你的虫子会吃苹果吗""你的虫子有好朋友吗"等语言引导。在活动组织的过程中，注重幼儿的情感体验）

4. 师幼共同欣赏作品，引导幼儿从虫子的颜色、动态说一说虫子的心情

提问：你画的虫子在哪里？是一只什么样的虫子？用你的动作表现出来。

（设计意图：每个幼儿都是创作这幅作品的主角，他们一起创作、相互欣赏、相互交流，一起体验自由表达与合作的乐趣）

5. 活动拓展：玩游戏"虫子爬呀爬"

玩法：幼儿一个一个趴在地上，和前面的伴连接成虫子的样子，开心地爬，并且边爬边念自编儿歌"快乐的虫子爬呀爬，爬到××做游戏"。

（设计意图：让幼儿将自己和同伴的身体连接起来，变成一条条可爱的"虫子"，与体育活动"虫子爬"整合，合作体验"虫子爬"，让美术活动的结束环节精彩而自然地结束）

案例 5.14

中班音乐活动："扮家家"说课稿

一、设计意图

《扮家家》是一首二四拍的儿童歌曲，旋律活泼欢快，节奏简单重复，有很强的表演情节，歌曲中说唱结合及分角色演唱的方式，给歌曲增加了趣味性。歌词内容根据幼儿平时在幼儿园中最喜欢的"娃娃家"游戏情境改编而来，富有生活气息，便于幼儿理解。

正如《纲要》中所说的：既符合幼儿的实际需要，又有利于长远发展，既贴近幼儿的生活，选择幼儿感兴趣的事情或问题，又有助于拓展幼儿的经验和视野。尤其是中间的一段念白部分，节奏明了，琅琅上口，具有一定的灵活性和情景性，在活动中要求幼儿进行创编表演，符合中班幼儿活泼好动、好奇好问、喜欢表演的特点。本次活动源于生活，充满童趣，深受幼儿喜爱。

二、活动目标

活动目标是教学的出发点和归宿，对活动起着导向作用，根据活动内容和幼儿年龄特点，同时为满足幼儿认知、能力、情感的需要，我将本次活动目标确定为以下三点。

1. 认知目标：初步学唱歌曲，感受歌曲中的说唱情绪并能根据角色进行对唱和齐唱。

2. 能力目标：根据角色情境及歌词创编表演动作。

3. 情感目标：在表演时用眼睛看着同伴，体验目标交流带来的快乐，愿意与同伴一起参与表演。

活动重点是在教学目标中起着决定性作用的内容，同时，基于音乐领域的要求，我将初步学唱歌曲，感受歌曲中的说唱情绪并能根据角色进行对唱和齐唱设定为教学重点。在整个活动中我始终围绕这一目标进行教学。

根据教学目标与幼儿学习水平的关系，我将难点设为创编表演动作。

三、活动准备

教学材料的设计和使用是提高教学有效性和激发幼儿学习兴趣的重要手段，为了更好地服务于本次活动目标和完成活动内容，我做了以下准备：

1. 经验准备：幼儿已有"娃娃家"游戏的经验；
2. 物质准备：卡通图谱、游戏道具眼镜、炊具、布娃娃等。

四、活动方法

《纲要》中指出：教师应成为幼儿学习活动的支持者、合作者和引导者。要使幼儿在活动中具有浓厚的兴趣，大胆地表现自己的情感和体验，教学方法就尤为重要。结合活动目标和中班幼儿年龄特点，我采用的教法有以下三点。

1. 情境教学法，活动中通过创设"扮家家"游戏情境，激发幼儿兴趣，唤起幼儿已有的生活经验，使幼儿愉快地参与到音乐活动中来。

2. 提问法，适当的问题有助于活跃幼儿的思维，启发学习，有利于获得新知识和发散思维，活动中，我通过提问加深幼儿对歌词的理解和记忆。

3. 直观教学法，通过图谱演示，利用具体形象的教学，使幼儿建立形象思维，以提高对歌词的记忆和旋律的掌握，并能够调动幼儿学习的主动性。

五、活动过程

在整个活动中，我始终以幼儿为主体，调动幼儿的积极性，变过去的"要我学"为"我要学"，让幼儿在听一听、唱一唱、想一想、动一动的过程中感受音乐的魅力，引导幼儿自主学习，让幼儿在玩中学、学中玩，保证活动目标的全面实现。本次活动中我采用的学法有：体验法和多感官参与法。本次活动中注重幼儿自身的学习，引导幼儿在体验中学习，通过看、听、唱、想、动等多感官的参与，学习表演歌曲。

活动过程是整个教育教学的中心环节，本次活动突出生活与游戏的整合性，遵循由浅入深、循序渐进的原则，我设计了以下四个环节：律动表演，激发兴趣；学唱歌曲，节奏训练；创编动作，深入学习；角色游戏，结束活动。

1. 环节一：律动表演，激发兴趣

良好的开端是成功的一半，为了营造一种愉快、欢乐的气氛，我让学生伴随着幼儿熟悉的《拍拍敲敲》音乐来做律动。律动结束后，教师引导："你们有玩过扮家家的游戏吗？今天呀，老师要带领着大家一起来学习一首好听的歌曲，叫做《扮家家》，让我们一起来学唱吧！"通过律动和问题来调动幼儿的积极性，激发幼儿兴趣，引领幼儿步入音乐的殿堂。

2. 环节二：学唱歌曲，节奏训练

这是本次活动的主要内容，也是重点部分。为了帮助幼儿理解歌曲、熟悉旋律并能够记住歌词，此环节我将通过师生互动、创设情境——教师示范、学生模唱——学习图谱、熟悉旋律三个步骤来引导学生学习新歌曲。

(1) 师生互动、创设情境。

师生互动的关键是为了给幼儿提供宽松、和谐的环境，激发幼儿积极回应教师的提问，如教师引导："大家在扮家家的游戏中都演过哪些角色呢？哦，有爸爸！有妈妈！有娃娃……"结合幼儿的回答，教师继续互动："在'扮家家'游戏中，你们都会干些什么事呢？"引导幼儿回答娃娃肚子饿了要给娃娃喂东西，要给娃娃去炒菜做饭等。这样开放性地提问有助于拓展幼儿的思维，帮助幼儿主动回忆"扮家家"游戏中的情境，同时巧妙地借助图片展示图像，帮助幼儿理解并熟悉歌词，也为下一步学唱歌曲做了铺垫。

(2) 教师示范、学生模唱。

教师先播放歌曲并整体示范演唱，然后分句感知欣赏歌曲，让学生进行模唱。教师播放并演唱歌曲："我来做爸爸呀，我来做妈妈，我们一起来呀，来过娃娃家，炒小菜炒小菜，炒好小菜吃饭了，娃娃肚子饿呀我来喂他，娃娃肚子饿呀我来喂他。"整体感知完歌曲后教师分句范唱，学生模唱，这一部分通过听唱、跟唱、分唱三大方式，幼儿基本会唱本歌曲，并指导歌曲中人物情节的顺序。幼儿对一种表现方式的兴趣不会很持久，因此我让学生尝试分角色演唱，男生学唱爸爸，女生学唱妈妈，其余部分合唱来完成。这样的设计大大提高了幼儿积极参与的兴趣，更好地巩固对歌曲旋律和节奏的感知。

（3）学习图谱、熟悉旋律。

此部分我将出示说唱部分的卡通图谱，配合节奏训练，让幼儿熟悉旋律，攻克歌曲难点。教师引导："这是老师做的萝卜图谱，一个萝卜的地方拍一下，两个萝卜的地方拍两下，让我们来打节拍吧！"这一部分主要是把歌曲难点进行分解，通过卡通图谱和节奏训练激发幼儿的兴趣，又能让幼儿熟悉说唱部分的音乐旋律。

3. 环节三：创编动作，深入学习

《纲要》艺术领域目标指出："艺术是实施美育的重要途径，应充分发挥艺术的情感教育功能。"在同学们能够有感情、完整演唱歌曲的前提下，将幼儿两两结伴，听音乐做律动，请个别小组上来表演歌曲加动作，进一步提高幼儿参与活动的兴趣，使他们全身心地融入到律动游戏中来。

教师提高要求，表演时进行同伴间的目光交流，整个过程中要注重渗透热爱父母的思想教育。

4. 环节四：角色游戏，结束活动

此环节教师组织幼儿进行"扮家家"的角色游戏，给幼儿佩戴上事先准备好的围裙、领带，带着幼儿扮演爸爸妈妈，从买菜到洗菜、切菜、炒菜，最后给娃娃吃。让幼儿和自己的好朋友唱一唱、演一演，使幼儿在快乐的氛围中结束本次活动。

六、活动延伸

为了更好地完善本次活动，我将活动延伸至美术活动，让幼儿画一画我心目中的幸福一家人，表达幼儿对父母和家庭的爱。

通过本次活动的学习，使幼儿通过学唱、表演等形式激发对音乐的兴趣，让幼儿享受音乐带来的乐趣，并在轻松、和谐、愉快的课堂氛围中实现活动目标，培养幼儿关爱父母的情感。

案例 5.15

大班韵律活动："筷子舞"说课稿

一、设计思路

本次活动内容是让幼儿用筷子跳舞，改变了幼儿关于筷子是用于吃饭的原有经验，使他们产生好奇和兴趣。看到这个课题，我马上联想起传统的蒙古族舞蹈《筷子舞》。幼儿进入大班后，对具有异域风情的音乐和韵律活动更感兴趣，我想让幼儿在感受、体验、表现民族音乐的基础上，领略蒙古族舞蹈的风情。韵律活动中，音乐的选择十分重要，我选择了幼儿喜欢并学过的《牧童之歌》作为本次活动的音乐，这首歌曲旋律优

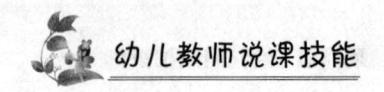

美，节奏欢快，便于幼儿边唱边做动作，体验活动的快乐。

二、活动目标

韵律活动不仅仅需要舞蹈技能、活动秩序的支持与保障，还有对幼儿空间思维、人际交往以及快速反应的要求。活动的组织既要体现"审美"，又要"实实在在"让幼儿有所得。因此，我根据大班幼儿的年龄特点和动作发展水平，制定了以下目标。

1. 感受蒙古族舞蹈的特点，学习筷子舞的舞蹈动作。
2. 变换队形，体验与同伴集体跳舞的快乐。

教学重点是：学习"筷子舞"的基本动作。

教学难点是：变换队形相互配合。因为这需要幼儿具有一定的空间方位判断能力和较强的合作能力。

三、活动准备

现代化的教学手段集音、形、色、动为一体，为了有效地吸引孩子的注意力和学习兴趣，完成拟定的教学目标，做了相关教学准备。

1. 经验准备

《牧童之歌》的音乐，具有明显的蒙古族风情。活动前，教幼儿学会唱这首歌曲，调动他们参与活动的主动性和积极性。

2. 物质准备

每个幼儿手持两把同样色彩的筷子（活动时，部分幼儿拿红彩带筷子，另一部分幼儿拿绿彩带筷子）。准备不同颜色的筷子，目的是使幼儿区分队形变换。

四、教学方法

"成功的教学需要的不是强制，而是激发孩子的学习兴趣。"我主要采用示范法、讲解法、练习法来实施教学。具体方法将结合活动过程进行阐述。

五、活动过程

为了让幼儿在活动中真正动起来、跳起来，快乐地学习。我设计了三个教学环节。

1. 提出问题，导入活动

活动开始，我拿出筷子，问幼儿："平时我们都用筷子干什么？"幼儿回答后，我告诉幼儿蒙古族的小朋友高兴的时候会拿筷子来跳舞，以表达他们愉快的心情。提问的方式不仅可以引起幼儿的注意，而且会促幼儿进行积极思考。

2. 运用示范法，学习筷子舞

（1）教师随音乐舞蹈，幼儿初步感知筷子舞优美的韵律。

组织幼儿围成半圆形，使幼儿清楚、直观地观察到我的每一个动作。

(2) 幼儿学习筷子舞的基本动作。

幼儿拿起筷子，学习筷子舞的基本动作。根据儿童动作发展是从单纯动作到复合动作，从不移动动作到移动动作的发展规律，我设计了以下四组基本动作：

① 原地击筷子，发出有节奏的声音；

② 学习弓箭步，用筷子敲击肩部；

③ 学习行走并敲击筷子；

④ 学习相互配合敲击筷子。

这一环节，在教学方法上，我交替使用讲解法和示范法。其中，示范法最直观，幼儿边看边模仿教师的动作，伴随教师的讲解使幼儿更细致地把握动作要领。

(3) 幼儿练习筷子舞。

运用练习法时，我采取集体练习与分组练习相结合的方式。如幼儿按筷子颜色分组、男女分组等，保持幼儿学习的兴趣。幼儿互相帮助，共同学习动作，教师在旁随机指导。

3. 学习队形变换，与同伴配合随音乐表演

幼儿掌握基本动作后，加大难度，学习变化队形。这是教学难点。

要求拿红色彩带筷子的幼儿向内圈走，拿绿色筷子的幼儿原地敲打节奏。在队形变化后的基础上，两个小朋友面对面，互相敲击对方肩膀，做基本动作中的第四组动作。

在教学中我请幼儿思考：怎样才能变换好队形。每一次练习后都让幼儿反思自己的做法，幼儿不仅有身体的活动，思维也活跃起来。以突破教学难点。

4. 完整随乐曲表演筷子舞

教师和幼儿在音乐声中共同舞蹈。在这一环节，为进一步让幼儿体验舞蹈的快乐，我引导幼儿根据自己的理解，大胆想象，用不同的方式表现动作。如启发幼儿思考：筷子除了可以打在肩膀上、地上，还可以打在哪儿？引导幼儿创造性地进行表演，将整个活动推向高潮。

六、活动延伸

活动结束后，在区角中设置蒙古族服饰、乐器等，让幼儿对蒙古族文化有更多的了解，以激发幼儿从小关注我国民族文化的情感。

附录一

《3~6岁儿童学习与发展指南》

说　明

一、为深入贯彻《国家中长期教育改革和发展规划纲要（2010~2020年）》和《国务院关于当前发展学前教育的若干意见》（国发〔2010〕41号），指导幼儿园和家庭实施科学的保育和教育，促进幼儿身心全面和谐发展，制定《3~6岁儿童学习与发展指南》（以下简称《指南》）。

二、《指南》以为幼儿后继学习和终身发展奠定良好素质基础为目标，以促进幼儿体、智、德、美各方面的协调发展为核心，通过提出3~6岁各年龄段儿童学习与发展目标和相应的教育建议，帮助幼儿园教师和家长了解3~6岁幼儿学习与发展的基本规律和特点，建立对幼儿发展的合理期望，实施科学的保育和教育，让幼儿度过快乐而有意义的童年。

三、《指南》从健康、语言、社会、科学、艺术五个领域描述幼儿的学习与发展。每个领域按照幼儿学习与发展最基本、最重要的内容划分为若干方面。每个方面由学习与发展目标和教育建议两部分组成。

目标部分分别对3~4岁、4~5岁、5~6岁三个年龄段末期幼儿应该知道什么、能做什么，大致可以达到什么发展水平提出了合理期望，指明了幼儿学习与发展的具体方向；教育建议部分列举了一些能够有效帮助和促进幼儿学习与发展的教育途径与方法。

四、实施《指南》应把握以下几个方面：

1. 关注幼儿学习与发展的整体性。儿童的发展是一个整体，要注重领域之间、目标之间的相互渗透和整合，促进幼儿身心全面协调发展，而不应片面追求某一方面或几方面的发展。

2. 尊重幼儿发展的个体差异。幼儿的发展是一个持续、渐进的过程，同时也表现出一定的阶段性特征。每个幼儿在沿着相似进程发展的过程中，各自的发展速度和到达某一水平的时间不完全相同。要充分理解和尊重幼儿发展进程中的个别差异，支持和引导他们从原有水平向更高水平发展，按照自身的速度和方式到达《指南》所呈现的发展"阶梯"，切忌用一把"尺子"衡量所有幼儿。

3. 理解幼儿的学习方式和特点。幼儿的学习是以直接经验为基础，在游戏和日常生活中进行的。要珍视游戏和生活的独特价值，创设丰富的教育环境，合理安排一日生活，最大限度地支持和满足幼儿通过直接感知、实际操作和亲身体验获取经验的需要，严禁"拔苗助长"式的超前教育和强化训练。

4. 重视幼儿的学习品质。幼儿在活动过程中表现出的积极态度和良好行为倾向是终身学习与发展所必需的宝贵品质。要充分尊重和保护幼儿的好奇心和学习兴趣，帮助幼儿逐步养成积极主动、认真专注、不怕困难、敢于探究和尝试、乐于想象和创造等良好学习品质。忽视幼儿学习品质培养，单纯追求知识技能学习的做法是短视而有害的。

一、健康

健康是指人在身体、心理和社会适应方面的良好状态。幼儿阶段是儿童身体发育和机能发展极为迅速的时期，也是形成安全感和乐观态度的重要阶段。发育良好的身体、愉快的情绪、强健的体质、协调的动作、良好的生活习惯和基本生活能力是幼儿身心健康的重要标志，也是其它领域学习与发展的基础。

为有效促进幼儿身心健康发展，成人应为幼儿提供合理均衡的营养，保证充足的睡眠和适宜的锻炼，满足幼儿生长发育的需要；创设温馨的人际环境，让幼儿充分感受到亲情和关爱，形成积极稳定的情绪情感；帮助幼儿养成良好的生活与卫生习惯，提高自我保护能力，形成使其终身受益的生活能力和文明生活方式。

幼儿身心发育尚未成熟，需要成人的精心呵护和照顾，但不宜过度保护和包办代替，以免剥夺幼儿自主学习的机会，养成过于依赖的不良习惯，影响其主动性、独立性的发展。

（一）身心状况

目标 1　具有健康的体态

3~4岁	4~5岁	5~6岁
1.身高和体重适宜。参考标准： 男孩： 身高：94.9-111.7 厘米 体重：12.7-21.2 公斤 女孩： 身高：94.1-111.3 厘米 体重：12.3-21.5 公斤 2.在提醒下能自然坐直、站直。	1.身高和体重适宜。参考标准： 男孩： 身高：100.7-119.2 厘米 体重：14.1-24.2 公斤 女孩： 身高：99.9-118.9 厘米 体重：13.7-24.9 公斤 2.在提醒下能保持正确的站、坐和行走姿势。	1.身高和体重适宜。参考标准： 男孩： 身高：106.1-125.8 厘米 体重：15.9-27.1 公斤 女孩： 身高：104.9-125.4 厘米 体重：15.3-27.8 公斤 2.经常保持正确的站、坐和行走姿势。

注：身高和体重数据来源：《2006年世界卫生组织儿童生长标准》4、5、6周岁儿童身高和体重的参考数据。

教育建议：

1.为幼儿提供营养丰富、健康的饮食。如：

● 参照《中国孕期、哺乳期妇女和0~6岁儿童膳食指南》，为幼儿提供谷物、蔬菜、水果、肉、奶、蛋、豆制品等多样化的食物，均衡搭配。

● 烹调方式要科学，尽量少煎炸、烧烤、腌制。

2.保证幼儿每天睡 11~12 小时，其中午睡一般应达到 2 小时左右。午睡时间可根据幼儿的年龄、季节的变化和个体差异适当减少。

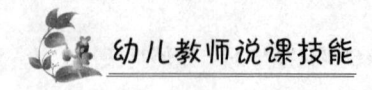

3. 注意幼儿的体态，帮助他们形成正确的姿势。如：

• 提醒幼儿要保持正确的站、坐、走姿势；发现有八字脚、罗圈腿、驼背等骨骼发育异常的情况，应及时就医矫治。

• 桌、椅和床要合适。椅子的高度以幼儿写画时双脚能自然着地、大腿基本保持水平状为宜；桌子的高度以写画时身体能坐直，不驼背、不耸肩为宜；床不宜过软。

4. 每年为幼儿进行健康检查。

目标2　情绪安定愉快

3~4岁	4~5岁	5~6岁
1. 情绪比较稳定，很少因一点小事哭闹不止。 2. 有比较强烈的情绪反应时，能在成人的安抚下逐渐平静下来。	1. 经常保持愉快的情绪，不高兴时能较快缓解。 2. 有比较强烈情绪反应时，能在成人提醒下逐渐平静下来。 3. 愿意把自己的情绪告诉亲近的人，一起分享快乐或求得安慰。	1. 经常保持愉快的情绪。知道引起自己某种情绪的原因，并努力缓解。 2. 表达情绪的方式比较适度，不乱发脾气。 3. 能随着活动的需要转换情绪和注意。

教育建议：

1. 营造温暖、轻松的心理环境，让幼儿形成安全感和信赖感。如：

• 保持良好的情绪状态，以积极、愉快的情绪影响幼儿。

• 以欣赏的态度对待幼儿。注意发现幼儿的优点，接纳他们的个体差异，不简单与同伴做横向比较。

• 幼儿做错事时要冷静处理，不厉声斥责，更不能打骂。

2. 帮助幼儿学会恰当表达和调控情绪。如：

• 成人用恰当的方式表达情绪，为幼儿做出榜样。如生气时不乱发脾气，不迁怒于人。

• 成人和幼儿一起谈论自己高兴或生气的事，鼓励幼儿与人分享自己的情绪。

• 允许幼儿表达自己的情绪，并给予适当的引导。如幼儿发脾气时不硬性压制，等其平静后告诉他什么行为是可以接受的。

• 发现幼儿不高兴时，主动询问情况，帮助他们化解消极情绪。

目标3　具有一定的适应能力

3~4岁	4~5岁	5~6岁
1. 能在较热或较冷的户外环境中活动。 2. 换新环境时情绪能较快稳定，睡眠、饮食基本正常。 3. 在帮助下能较快适应集体生活。	1. 能在较热或较冷的户外环境中连续活动半小时左右。 2. 换新环境时较少出现身体不适。 3. 能较快适应人际环境中发生的变化。如换了新老师能较快适应。	1. 能在较热或较冷的户外环境中连续活动半小时以上。 2. 天气变化时较少感冒，能适应车、船等交通工具造成的轻微颠簸。 3. 能较快融入新的人际关系环境。如换了新的幼儿园或班级能较快适应。

教育建议：

1. 保证幼儿的户外活动时间，提高幼儿适应季节变化的能力。

• 幼儿每天的户外活动时间一般不少于两小时，其中体育活动时间不少于 1 小时，季节交替时要坚持。

• 气温过热或过冷的季节或地区应因地制宜，选择温度适当的时间段开展户外活动，也可根据气温的变化和幼儿的个体差异，适当减少活动的时间。

2. 经常与幼儿玩拉手转圈、秋千、转椅等游戏活动，让幼儿适应轻微的摆动、颠簸、旋转，促进其平衡机能的发展。

3. 锻炼幼儿适应生活环境变化的能力。如：

• 注意观察幼儿在新环境中的饮食、睡眠、游戏等方面的情况，采取相应的措施帮助他们尽快适应新环境。

• 经常带幼儿接触不同的人际环境，如参加亲戚朋友聚会，多和不熟悉的小朋友玩，使幼儿较快适应新的人际关系。

（二）动作发展

目标 1　具有一定的平衡能力，动作协调、灵敏

3~4 岁	4~5 岁	5~6 岁
1. 能沿地面直线或在较窄低矮物体上走一段距离。 2. 能双脚灵活交替上下楼梯。 3. 能身体平稳地双脚连续向前跳。 4. 分散跑时能躲避他人的碰撞。 5. 能双手向上抛球。	1. 能在较窄的低矮物体上平稳地走一段距离。 2. 能以匍匐、膝盖悬空等多种方式钻爬。 3. 能助跑跨跳过一定距离，或助跑跨跳过一定高度的物体。 4. 能与他人玩追逐、躲闪跑的游戏。 5. 能连续自抛自接球。	1. 能在斜坡、荡桥和有一定间隔的物体上较平稳地行走。 2. 能以手脚并用的方式安全地爬攀登架、网等。 3. 能连续跳绳。 4. 能躲避他人滚过来的球或扔过来的沙包。 5. 能连续拍球。

教育建议：

1. 利用多种活动发展身体平衡和协调能力。如：

• 走平衡木，或沿着地面直线、田埂行走。

• 开展玩跳房子、踢毽子、蒙眼走路、踩小高跷等游戏活动。

2. 发展幼儿动作的协调性和灵活性。如：

• 鼓励幼儿进行跑跳、钻爬、攀登、投掷、拍球等活动。

• 玩跳竹竿、滚铁环等传统体育游戏。

3. 对于拍球、跳绳等技能性活动，不要过于要求数量，更不能机械训练。

4. 结合活动内容对幼儿进行安全教育，注重在活动中培养幼儿的自我保护能力。

目标2 具有一定的力量和耐力

3~4岁	4~5岁	5~6岁
1. 能双手抓杠悬空吊起10秒左右。 2. 能单手将沙包向前投掷2米左右。 3. 能单脚连续向前跳2米左右。 4. 能快跑15米左右。 5. 能行走1公里左右（途中可适当停歇）。	1. 能双手抓杠悬空吊起15秒左右。 2. 能单手将沙包向前投掷4米左右。 3. 能单脚连续向前跳5米左右。 4. 能快跑20米左右。 5. 能连续行走1.5公里左右（途中可适当停歇）。	1. 能双手抓杠悬空吊起20秒左右。 2. 能单手将沙包向前投掷5米左右。 3. 能单脚连续向前跳8米左右。 4. 能快跑25米左右。 5. 能连续行走1.5公里以上（途中可适当停歇）。

教育建议：

1. 开展丰富多样、适合幼儿年龄特点的各种身体活动，如走、跑、跳、攀、爬等，鼓励幼儿坚持下来，不怕累。

2. 日常生活中鼓励幼儿多走路、少坐车；自己上下楼梯、自己背包。

目标3 手的动作灵活协调

3~4岁	4~5岁	5~6岁
1. 能用笔涂涂画画。 2. 能熟练地用勺子吃饭。 3. 能用剪刀沿直线剪，边线基本吻合。	1. 能沿边线较直地画出简单图形，或能边线基本对齐地折纸。 2. 会用筷子吃饭。 3. 能沿轮廓线剪出由直线构成的简单图形，边线吻合。	1. 能根据需要画出图形，线条基本平滑。 2. 能熟练使用筷子。 3. 能沿轮廓线剪出由曲线构成的简单图形，边线吻合且平滑。 4. 能使用简单的劳动工具或用具。

教育建议：

1. 创造条件和机会，促进幼儿手的动作灵活协调。如：

• 提供画笔、剪刀、纸张、泥团等工具和材料，或充分利用各种自然、废旧材料和常见物品，让幼儿进行画、剪、折、粘等美工活动。

• 引导幼儿生活自理或参与家务劳动，发展其手的动作。如练习自己用筷子吃饭、扣扣子，帮助家人择菜叶、做面食等。

• 幼儿园在布置娃娃家、商店等活动区时，多提供原材料和半成品，让幼儿有更多机会参与制作活动。

2. 引导幼儿注意活动安全。如：

• 为幼儿提供的塑料粒、珠子等活动材料要足够大，材质要安全，以免造成异物进入气管、铅中毒等伤害。提供幼儿用安全剪刀。

• 为幼儿示范拿筷子、握笔的正确姿势以及使用剪刀、锤子等工具的方法。

• 提醒幼儿不要拿剪刀等锋利工具玩耍，用完后要放回原处。

（三）生活习惯与生活能力

目标1 具有良好的生活与卫生习惯

3~4岁	4~5岁	5~6岁
1. 在提醒下，按时睡觉和起床，并能坚持午睡。 2. 喜欢参加体育活动。 3. 在引导下，不偏食、挑食。喜欢吃瓜果、蔬菜等新鲜食品。 4. 愿意饮用白开水，不贪喝饮料。 5. 不用脏手揉眼睛，连续看电视等不超过15分钟。 6. 在提醒下，每天早晚刷牙、饭前便后洗手。	1. 每天按时睡觉和起床，并能坚持午睡。 2. 喜欢参加体育活动。 3. 不偏食、挑食，不暴饮暴食。喜欢吃瓜果、蔬菜等新鲜食品。 4. 常喝白开水，不贪喝饮料。 5. 知道保护眼睛，不在光线过强或过暗的地方看书，连续看电视等不超过20分钟。 6. 每天早晚刷牙、饭前便后洗手，方法基本正确。	1. 养成每天按时睡觉和起床的习惯。 2. 能主动参加体育活动。 3. 吃东西时细嚼慢咽。 4. 主动饮用白开水，不贪喝饮料。 5. 主动保护眼睛。不在光线过强或过暗的地方看书，连续看电视等不超过30分钟。 6. 每天早晚主动刷牙，饭前便后主动洗手，方法正确。

教育建议：

1. 让幼儿保持有规律的生活，养成良好的作息习惯。如：早睡早起、每天午睡、按时进餐、吃好早餐等。

2. 帮助幼儿养成良好的饮食习惯。如：

- 合理安排餐点，帮助幼儿养成定点、定时、定量进餐的习惯。
- 帮助幼儿了解食物的营养价值，引导他们不偏食不挑食、少吃或不吃不利于健康的食品；多喝白开水，少喝饮料。
- 吃饭时不过分催促，提醒幼儿细嚼慢咽，不要边吃边玩。

3. 帮助幼儿养成良好的个人卫生习惯。如：

- 早晚刷牙、饭后漱口。
- 勤为幼儿洗澡、换衣服、剪指甲。
- 提醒幼儿保护五官，如不乱挖耳朵、鼻孔，看电视时保持3米左右的距离等。

4. 激发幼儿参加体育活动的兴趣，养成锻炼的习惯。如：

- 为幼儿准备多种体育活动材料，鼓励他选择自己喜欢的材料开展活动。
- 经常和幼儿一起在户外运动和游戏，鼓励幼儿和同伴一起开展体育活动。
- 和幼儿一起观看体育比赛或有关体育赛事的电视节目，培养他对体育活动的兴趣。

目标2 具有基本的生活自理能力

3~4岁	4~5岁	5~6岁
1. 在帮助下能穿脱衣服或鞋袜。 2. 能将玩具和图书放回原处。	1. 能自己穿脱衣服、鞋袜、扣钮扣。 2. 能整理自己的物品。	1. 能知道根据冷热增减衣服。 2. 会自己系鞋带。 3. 能按类别整理好自己的物品。

教育建议：

1. 鼓励幼儿做力所能及的事情，对幼儿的尝试与努力给予肯定，不因做不好或做得慢而包办代替。

2. 指导幼儿学习和掌握生活自理的基本方法，如穿脱衣服和鞋袜、洗手洗脸、擦鼻涕、擦屁股的正确方法。

3. 提供有利于幼儿生活自理的条件。如：

• 提供一些纸箱、盒子，供幼儿收拾和存放自己的玩具、图书或生活用品等。

• 幼儿的衣服、鞋子等要简单实用，便于自己穿脱。

目标3　具备基本的安全知识和自我保护能力

3~4岁	4~5岁	5~6岁
1. 不吃陌生人给的东西，不跟陌生人走。 2. 在提醒下能注意安全，不做危险的事。 3. 在公共场所走失时，能向警察或有关人员说出自己和家长的名字、电话号码等简单信息。	1. 知道在公共场合不远离成人的视线单独活动。 2. 认识常见的安全标志，能遵守安全规则。 3. 运动时能主动躲避危险。 4. 知道简单的求助方式。	1. 未经大人允许不给陌生人开门。 2. 能自觉遵守基本的安全规则和交通规则。 3. 运动时能注意安全，不给他人造成危险。 4. 知道一些基本的防灾知识。

教育建议：

1. 创设安全的生活环境，提供必要的保护措施。如：

• 要把热水瓶、药品、火柴、刀具等物品放到幼儿够不到的地方；阳台或窗台要有安全保护措施；要使用安全的电源插座等。

• 在公共场所要注意照看好幼儿；幼儿乘车、乘电梯时要有成人陪伴；不把幼儿单独留在家里或汽车里等。

2. 结合生活实际对幼儿进行安全教育。如：

• 外出时，提醒幼儿要紧跟成人，不远离成人的视线，不跟陌生人走，不吃陌生人给的东西；不在河边和马路边玩耍；要遵守交通规则等。

• 帮助幼儿了解周围环境中不安全的事物，不做危险的事。如不动热水壶，不玩火柴或打火机，不摸电源插座，不攀爬窗户或阳台等。

• 帮助幼儿认识常见的安全标识，如：小心触电、小心有毒、禁止下河游泳、紧急出口等。

• 告诉幼儿不允许别人触摸自己的隐私部位。

3. 教给幼儿简单的自救和求救的方法。如：

• 记住自己家庭的住址、电话号码、父母的姓名和单位，一旦走失时知道向成人求助，并能提供必要信息。

• 遇到火灾或其他紧急情况时，知道要拨打110、120、119等求救电话。

- 可利用图书、音像等材料对幼儿进行逃生和求救方面的教育，并运用游戏方式模拟练习。
- 幼儿园应定期进行火灾、地震等自然灾害的逃生演习。

二、语言

语言是交流和思维的工具。幼儿期是语言发展，特别是口语发展的重要时期。幼儿语言的发展贯穿于各个领域，也对其它领域的学习与发展有着重要的影响：幼儿在运用语言进行交流的同时，也在发展着人际交往能力、理解他人和判断交往情境的能力、组织自己思想的能力。通过语言获取信息，幼儿的学习逐步超越个体的直接感知。

幼儿的语言能力是在交流和运用的过程中发展起来的。应为幼儿创设自由、宽松的语言交往环境，鼓励和支持幼儿与成人、同伴交流，让幼儿想说、敢说、喜欢说并能得到积极回应。为幼儿提供丰富、适宜的低幼读物，经常和幼儿一起看图书、讲故事，丰富其语言表达能力，培养阅读兴趣和良好的阅读习惯，进一步拓展学习经验。

幼儿的语言学习需要相应的社会经验支持，应通过多种活动扩展幼儿的生活经验，丰富语言的内容，增强理解和表达能力。应在生活情境和阅读活动中引导幼儿自然而然地产生对文字的兴趣，用机械记忆和强化训练的方式让幼儿过早识字不符合其学习特点和接受能力。

（一）倾听与表达

目标1　认真听并能听懂常用语言

3~4岁	4~5岁	5~6岁
1. 别人对自己说话时能注意听并做出回应。 2. 能听懂日常会话。	1. 在群体中能有意识地听与自己有关的信息。 2. 能结合情境感受到不同语气、语调所表达的不同意思。 3. 方言地区和少数民族幼儿能基本听懂普通话。	1. 在集体中能注意听老师或其他人讲话。 2. 听不懂或有疑问时能主动提问。 3. 能结合情境理解一些表示因果、假设等相对复杂的句子。

教育建议：

1. 多给幼儿提供倾听和交谈的机会。如：经常和幼儿一起谈论他感兴趣的话题，或一起看图书、讲故事。

2. 引导幼儿学会认真倾听。如：
- 成人要耐心倾听别人（包括幼儿）的讲话，等别人讲完再表达自己的观点。
- 与幼儿交谈时，要用幼儿能听得懂的语言。
- 对幼儿提要求和布置任务时要求他注意听，鼓励他主动提问。

3. 对幼儿讲话时，注意结合情境使用丰富的语言，以便于幼儿理解。如：
- 说话时注意语气、语调，让幼儿感受语气、语调的作用。如对幼儿的不合理要求以比较坚定的语气表示不同意；讲故事时，尽量把故事人物高兴、悲伤的心情用不同的语气、语调表现出来。

- 根据幼儿的理解水平有意识地使用一些反映因果、假设、条件等关系的句子。

目标2　愿意讲话并能清楚地表达

3~4岁	4~5岁	5~6岁
1. 愿意在熟悉的人面前说话，能大方地与人打招呼。 2. 基本会说本民族或本地区的语言。 3. 愿意表达自己的需要和想法，必要时能配以手势动作。 4. 能口齿清楚地说儿歌、童谣或复述简短的故事。	1. 愿意与他人交谈，喜欢谈论自己感兴趣的话题。 2. 会说本民族或本地区的语言，基本会说普通话。少数民族聚居地区幼儿会用普通话进行日常会话。 3. 能基本完整地讲述自己的所见所闻和经历的事情。 4. 讲述比较连贯。	1. 愿意与他人讨论问题，敢在众人面前说话。 2. 会说本民族或本地区的语言和普通话，发音正确清晰。少数民族聚居地区幼儿基本会说普通话。 3. 能有序、连贯、清楚地讲述一件事情。 4. 讲述时能使用常见的形容词、同义词等，语言比较生动。

教育建议：

1. 为幼儿创造说话的机会并体验语言交往的乐趣。

- 每天有足够的时间与幼儿交谈。如谈论他感兴趣的话题，询问和听取他对自己事情的意见等。
- 尊重和接纳幼儿的说话方式，无论幼儿的表达水平如何，都应认真地倾听并给予积极的回应。
- 鼓励和支持幼儿与同伴一起玩耍、交谈，相互讲述见闻、趣事或看过的图书、动画片等。
- 方言和少数民族地区应积极为幼儿创设用普通话交流的语言环境。

2. 引导幼儿清楚地表达。如：

- 和幼儿讲话时，成人自身的语言要清楚、简洁。
- 当幼儿因为急于表达而说不清楚的时候，提醒他不要着急，慢慢说；同时要耐心倾听，给予必要的补充，帮助他理清思路并清晰地说出来。

目标3　具有文明的语言习惯

3~4岁	4~5岁	5~6岁
1. 与别人讲话时知道眼睛要看着对方。 2. 说话自然，声音大小适中。 3. 能在成人的提醒下使用恰当的礼貌用语。	1. 别人对自己讲话时能回应。 2. 能根据场合调节自己说话声音的大小。 3. 能主动使用礼貌用语，不说脏话、粗话。	1. 别人讲话时能积极主动地回应。 2. 能根据谈话对象和需要，调整说话的语气。 3. 懂得按次序轮流讲话，不随意打断别人。 4. 能依据所处情境使用恰当的语言。如在别人难过时会用恰当的语言表示安慰。

教育建议：

1. 成人注意语言文明，为幼儿做出表率。如：

- 与他人交谈时，认真倾听，使用礼貌用语。
- 在公共场合不大声说话，不说脏话、粗话。
- 幼儿表达意见时，成人可蹲下来，眼睛平视幼儿，耐心听他把话说完。

2. 帮助幼儿养成良好的语言行为习惯。如：

- 结合情境提醒幼儿一些必要的交流礼节。如对长辈说话要有礼貌，客人来访时要打招呼，得到帮助时要说谢谢等。
- 提醒幼儿遵守集体生活的语言规则，如轮流发言，不随意打断别人讲话等。
- 提醒幼儿注意公共场所的语言文明，如不大声喧哗。

（二）阅读与书写准备

目标 1　喜欢听故事，看图书

3~4岁	4~5岁	5~6岁
1. 主动要求成人讲故事、读图书。 2. 喜欢跟读韵律感强的儿歌、童谣。 3. 爱护图书，不乱撕、乱扔。	1. 反复看自己喜欢的图书。 2. 喜欢把听过的故事或看过的图书讲给别人听。 3. 对生活中常见的标识、符号感兴趣，知道它们表示一定的意义。	1. 专注地阅读图书。 2. 喜欢与他人一起谈论图书和故事的有关内容。 3. 对图书和生活情境中的文字符号感兴趣，知道文字表示一定的意义。

教育建议：

1. 为幼儿提供良好的阅读环境和条件。如：

- 提供一定数量、符合幼儿年龄特点、富有童趣的图画书。
- 提供相对安静的地方，尽量减少干扰，保证幼儿自主阅读。

2. 激发幼儿的阅读兴趣，培养阅读习惯。如：

- 经常抽时间与幼儿一起看图书、讲故事。
- 鼓励提供童谣、故事和诗歌等不同体裁的儿童文学作品，让幼儿自主选择和阅读。
- 当幼儿遇到感兴趣的事物或问题时，和他一起查阅图书资料，让他感受图书的作用，体会通过阅读获取信息的乐趣。

3. 引导幼儿体会标识、文字符号的用途。如：

- 向幼儿介绍医院、公用电话等生活中的常见标识，让他知道标识可以代表具体事物。
- 结合生活实际，帮助幼儿体会文字的用途。如买来新玩具时，把说明书上的文字念给幼儿听，了解玩具的玩法。

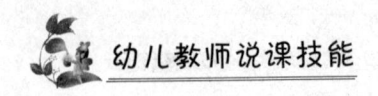

目标2 具有初步的阅读理解能力

3~4岁	4~5岁	5~6岁
1. 能听懂短小的儿歌或故事。 2. 会看画面，能根据画面说出图中有什么，发生了什么事等。 3. 能理解图书上的文字是和画面对应的，是用来表达画面意义的。	1. 能大体讲出所听故事的主要内容。 2. 能根据连续画面提供的信息，大致说出故事的情节。 3. 能随着作品的展开产生喜悦、担忧等相应的情绪反应，体会作品所表达的情绪情感。	1. 能说出所阅读的幼儿文学作品的主要内容。 2. 能根据故事的部分情节或图书画面的线索猜想故事情节的发展，或续编、创编故事。 3. 对看过的图书、听过的故事能说出自己的看法。 4. 能初步感受文学语言的美。

教育建议：

1. 经常和幼儿一起阅读，引导他以自己的经验为基础理解图书的内容。如：

- 引导幼儿仔细观察画面，结合画面讨论故事内容，学习建立画面与故事内容的联系。
- 和幼儿一起讨论或回忆书中的故事情节，引导他有条理地说出故事的大致内容。
- 在给幼儿读书或讲故事时，可先不告诉名字，让幼儿听完后自己命名，并说出这样命名的理由。
- 鼓励幼儿自主阅读，并与他人讨论自己在阅读中的发现、体会和想法。

2. 在阅读中发展幼儿的想象和创造能力。如：

- 鼓励幼儿依据画面线索讲述故事，大胆推测、想象故事情节的发展，改编故事部分情节或续编故事结尾。
- 鼓励幼儿用故事表演、绘画等不同的方式表达自己对图书和故事的理解。
- 鼓励和支持幼儿自编故事，并为自编的故事配上图画，制成图画书。

3. 引导幼儿感受文学作品的美。如：

- 有意识地引导幼儿欣赏或模仿文学作品的语言节奏和韵律。
- 给幼儿读书时，通过表情、动作和抑扬顿挫的声音传达书中的情绪情感，让幼儿体会作品的感染力和表现力。

目标3 具有书面表达的愿望和初步技能

3~4岁	4~5岁	5~6岁
1. 喜欢用涂涂画画表达一定的意思。	1. 愿意用图画和符号表达自己的愿望和想法。 2. 在成人提醒下，写写画画时姿势正确。	1. 愿意用图画和符号表现事物或故事。 2. 会正确书写自己的名字。 3. 写画时姿势正确。

教育建议：

1. 让幼儿在写写画画的过程中体验文字符号的功能，培养书写兴趣。如：

●准备供幼儿随时取放的纸、笔等材料，也可利用沙地、树枝等自然材料，满足幼儿自由涂画的需要。

●鼓励幼儿将自己感兴趣的事情或故事画下来并讲给别人听，让幼儿体会写写画画的方式可以表达自己的想法和情感。

●把幼儿讲过的事情用文字记录下来，并念给他听，使幼儿知道说的话可以用文字记录下来，从中体会文字的用途。

2. 在绘画和游戏中做必要的书写准备，如：

●通过把虚线画出的图形轮廓连成实线等游戏，促进手眼协调，同时帮助幼儿学习由上至下、由左至右的运笔技能。

●鼓励幼儿学习书写自己的名字。

●提醒幼儿写画时保持正确姿势。

三、社会

幼儿社会领域的学习与发展过程是其社会性不断完善并奠定健全人格基础的过程。人际交往和社会适应是幼儿社会学习的主要内容，也是其社会性发展的基本途径。幼儿在与成人和同伴交往的过程中，不仅学习如何与人友好相处，也在学习如何看待自己、对待他人，不断发展适应社会生活的能力。良好的社会性发展对幼儿身心健康和其它各方面的发展都具有重要影响。

家庭、幼儿园和社会应共同努力，为幼儿创设温暖、关爱、平等的家庭和集体生活氛围，建立良好的亲子关系、师生关系和同伴关系，让幼儿在积极健康的人际关系中获得安全感和信任感，发展自信和自尊，在良好的社会环境及文化的熏陶中学会遵守规则，形成基本的认同感和归属感。

幼儿的社会性主要是在日常生活和游戏中通过观察和模仿潜移默化地发展起来的。成人应注重自己言行的榜样作用，避免简单生硬的说教。

（一）人际交往

目标1　愿意与人交往

3~4岁	4~5岁	5~6岁
1. 愿意和小朋友一起游戏。 2. 愿意与熟悉的长辈一起活动。	1. 喜欢和小朋友一起游戏，有经常一起玩的小伙伴。 2. 喜欢和长辈交谈，有事愿意告诉长辈。	1. 有自己的好朋友，也喜欢结交新朋友。 2. 有问题愿意向别人请教。 3. 有高兴的或有趣的事愿意与大家分享。

教育建议：

1. 主动亲近和关心幼儿，经常和他一起游戏或活动，让幼儿感受到与成人交往的快乐，建立亲密的亲子关系和师生关系。

2. 创造交往的机会，让幼儿体会交往的乐趣。如：

• 利用走亲戚、到朋友家做客或有客人来访的时机，鼓励幼儿与他人接触和交谈。

• 鼓励幼儿参加小朋友的游戏，邀请小朋友到家里玩，感受有朋友一起玩的快乐。

• 幼儿园应多为幼儿提供自由交往和游戏的机会，鼓励他们自主选择、自由结伴开展活动。

目标2　能与同伴友好相处

3~4岁	4~5岁	5~6岁
1. 想加入同伴的游戏时，能友好地提出请求。 2. 在成人指导下，不争抢、不独霸玩具。 3. 与同伴发生冲突时，能听从成人的劝解。	1. 会运用介绍自己、交换玩具等简单技巧加入同伴游戏。 2. 对大家都喜欢的东西能轮流、分享。 3. 与同伴发生冲突时，能在他人帮助下和平解决。 4. 活动时愿意接受同伴的意见和建议。 5. 不欺负弱小。	1. 能想办法吸引同伴和自己一起游戏。 2. 活动时能与同伴分工合作，遇到困难能一起克服。 3. 与同伴发生冲突时能自己协商解决。 4. 知道别人的想法有时和自己不一样，能倾听和接受别人的意见，不能接受时会说明理由。 5. 不欺负别人，也不允许别人欺负自己。

教育建议：

1. 结合具体情境，指导幼儿学习交往的基本规则和技能。如：

• 当幼儿不知怎样加入同伴游戏，或提出请求不被接受时，建议他拿出玩具邀请大家一起玩；或者扮成某个角色加入同伴的游戏。

• 对幼儿与别人分享玩具、图书等行为给予肯定，让他对自己的表现感到高兴和满足。

• 当幼儿与同伴发生矛盾或冲突时，指导他尝试用协商、交换、轮流玩、合作等方式解决冲突。

• 利用相关的图书、故事，结合幼儿的交往经验，和他讨论什么样的行为受大家欢迎，想要得到别人的接纳应该怎样做。

• 幼儿园应多为幼儿提供需要大家齐心协力才能完成的活动，让幼儿在具体活动中体会合作的重要性，学习分工合作。

2. 结合具体情境，引导幼儿换位思考，学习理解别人。如：

• 幼儿有争抢玩具等不友好行为时，引导他们想想"假如你是那个小朋友，你有什么感受？"让幼儿学习理解别人的想法和感受。

3. 和幼儿一起谈谈他的好朋友，说说喜欢这个朋友的原因，引导他多发现同伴的优点、长处。

目标3 具有自尊、自信、自主的表现

3~4岁	4~5岁	5~6岁
1. 能根据自己的兴趣选择游戏或其它活动。 2. 为自己的好行为或活动成果感到高兴。 3. 自己能做的事情愿意自己做。 4. 喜欢承担一些小任务。	1. 能按自己的想法进行游戏或其他活动。 2. 知道自己的一些优点和长处，并对此感到满意。 3. 自己的事情尽量自己做，不愿意依赖别人。 4. 敢于尝试有一定难度的活动和任务。	1. 能主动发起活动或在活动中出主意、想办法。 2. 做了好事或取得了成功后还想做得更好。 3. 自己的事情自己做，不会的愿意学。 4. 主动承担任务，遇到困难能够坚持而不轻易求助。 5. 与别人的看法不同时，敢于坚持自己的意见并说出理由。

教育建议：

1. 关注幼儿的感受，保护其自尊心和自信心。如：

- 能以平等的态度对待幼儿，使幼儿切实感受到自己被尊重。
- 对幼儿好的行为表现多给予具体、有针对性的肯定和表扬，让他对自己优点和长处有所认识并感到满足和自豪。
- 不要拿幼儿的不足与其他幼儿的优点作比较。

2. 鼓励幼儿自主决定，独立做事，增强其自尊心和自信心。如：

- 与幼儿有关的事情要征求他的意见，即使他的意见与成人不同，也要认真倾听，接受他的合理要求。
- 在保证安全的情况下，支持幼儿按自己的想法做事；或提供必要的条件，帮助他实现自己的想法。
- 幼儿自己的事情尽量放手让他自己做，即使做得不够好，也应鼓励并给予一定的指导，让他在做事中树立自尊和自信。
- 鼓励幼儿尝试有一定难度的任务，并注意调整难度，让他感受经过努力获得的成就感。

目标4 关心尊重他人

3~4岁	4~5岁	5~6岁
1. 长辈讲话时能认真听，并能听从长辈的要求。 2. 身边的人生病或不开心时表示同情。 3. 在提醒下能做到不打扰别人。	1. 会用礼貌的方式向长辈表达自己的要求和想法。 2. 能注意到别人的情绪，并有关心、体贴的表现。 3. 知道父母的职业，能体会到父母为养育自己所付出的辛劳。	1. 能有礼貌地与人交往。 2. 能关注别人的情绪和需要，并能给予力所能及的帮助。 3. 尊重为大家提供服务的人，珍惜他们的劳动成果。 4. 接纳、尊重与自己的生活方式或习惯不同的人。

教育建议：

1. 成人以身作则，以尊重、关心的态度对待自己的父母、长辈和其他人。如：

- 经常问候父母，主动做家务。
- 礼貌地对待老年人，如坐车时主动为老人让座。
- 看到别人有困难能主动关心并给予一定的帮助。

2. 引导幼儿尊重、关心长辈和身边的人，尊重他人劳动及成果。如：

- 提醒幼儿关心身边的人，如妈妈累了，知道让她安静休息一会儿。
- 借助故事、图书等给幼儿讲讲父母抚育孩子成长的经历，让幼儿理解和体会父爱与母爱。
- 结合实际情境，提醒幼儿注意别人的情绪，了解他们的需要，给予适当的关心和帮助。
- 利用生活机会和角色游戏，帮助幼儿了解与自己关系密切的社会服务机构及其工作，如商场、邮局、医院等，体会这些机构给大家提供的便利和服务，懂得尊重工作人员的劳动，珍惜劳动成果。

3. 引导幼儿学习用平等、接纳和尊重的态度对待差异。如：

- 了解每个人都有自己的兴趣、爱好和特长，可以相互学习。
- 利用民间游戏、传统节日等，适当向幼儿介绍我国主要民族和世界其它国家和民族的文化，帮助幼儿感知文化的多样性和差异性，理解人们之间是平等的，应该互相尊重，友好相处。

（二）社会适应

目标1 喜欢并适应群体生活

3~4岁	4~5岁	5~6岁
1. 对群体活动有兴趣。 2. 对幼儿园的生活好奇，喜欢上幼儿园。	1. 愿意并主动参加群体活动。 2. 愿意与家长一起参加社区的一些群体活动。	1. 在群体活动中积极、快乐。 2. 对小学生活有好奇和向往。

教育建议：

1. 经常和幼儿一起参加一些群体性的活动，让幼儿体会群体活动的乐趣。如：参加亲戚、朋友和同事间的聚会以及适合幼儿参加的社区活动等，支持幼儿和不同群体的同伴一起游戏，丰富其群体活动的经验。

2. 幼儿园组织活动时，可以经常打破班级的界限，让幼儿有更多机会参加不同群体的活动。

3. 带领大班幼儿参观小学，讲讲小学有趣的活动，唤起他们对小学生活的好奇和向往，为入学做好心理准备。

目标2　遵守基本的行为规范

3~4岁	4~5岁	5~6岁
1.在提醒下，能遵守游戏和公共场所的规则。 2.知道不经允许不能拿别人的东西，借别人的东西要归还。 3.在成人提醒下，爱护玩具和其他物品。	1.感受规则的意义，并能基本遵守规则。 2.不私自拿不属于自己的东西。 3.知道说谎是不对的。 4.知道接受了的任务要努力完成。 5.在提醒下，能节约粮食、水电等。	1.理解规则的意义，能与同伴协商制定游戏和活动规则。 2.爱惜物品，用别人的东西时也知道爱护。 3.做了错事敢于承认，不说谎。 4.能认真负责地完成自己所接受的任务。 5.爱护身边的环境，注意节约资源。

教育建议：

1.成人要遵守社会行为规则，为幼儿树立良好的榜样。如：答应幼儿的事一定要做到、尊老爱幼、爱护公共环境，节约水电等。

2.结合社会生活实际，帮助幼儿了解基本行为规则或其它游戏规则，体会规则的重要性，学习自觉遵守规则。如：

●经常和幼儿玩带有规则的游戏，遵守共同约定的游戏规则。

●利用实际生活情境和图书故事，向幼儿介绍一些必要的社会行为规则，以及为什么要遵守这些规则。

●在幼儿园的区域活动中，创设情境，让幼儿体会没有规则的不方便，鼓励他们讨论制定规则并自觉遵守。

●对幼儿表现出的遵守规则的行为要及时肯定，对违规行为给予纠正。如：幼儿主动为老人让座时要表扬；幼儿损害别人的物品或公共物品时要及时制止并主动赔偿。

3.教育幼儿要诚实守信。如：

●对幼儿诚实守信的行为要及时肯定。

●允许幼儿犯错误，告诉他改了就好。不要打骂幼儿，以免他因害怕惩罚而说谎。

●小年龄幼儿经常分不清想象和现实，成人不要误认为他是在说谎。

●发现幼儿说谎时，要反思是否是因自己对幼儿的要求过高过严造成的。如果是，要及时调整自己的行为，同时要严肃地告诉幼儿说谎是不对的。

●经常给幼儿分配一些力所能及的任务，要求他完成并及时给予表扬，培养他的责任感和认真负责的态度。

目标3　具有初步的归属感

3~4岁	4~5岁	5~6岁
1. 知道和自己一起生活的家庭成员及与自己的关系，体会到自己是家庭的一员。 2. 能感受到家庭生活的温暖，爱父母，亲近与信赖长辈。 3. 能说出自己家所在街道、小区（乡镇、村）的名称。 4. 认识国旗，知道国歌。	1. 喜欢自己所在的幼儿园和班级，积极参加集体活动。 2. 能说出自己家所在地的省、市、县（区）名称，知道当地有代表性的物产或景观。 3. 知道自己是中国人。 4. 奏国歌、升国旗时能自动站好。	1. 愿意为集体做事，为集体的成绩感到高兴。 2. 能感受到家乡的发展变化并为此感到高兴。 3. 知道自己的民族，知道中国是一个多民族的大家庭，各民族之间要互相尊重，团结友爱。 4. 知道国家一些重大成就，爱祖国，为自己是中国人感到自豪。

教育建议：

1. 亲切地对待幼儿，关心幼儿，让他感到长辈是可亲、可近、可信赖的，家庭和幼儿园是温暖的。如：

• 多和孩子一起游戏、谈笑，尽量在家庭和班级中营造温馨的氛围。

• 通过和幼儿一起翻阅照片、讲幼儿成长的故事等，让幼儿感受到家庭和幼儿园的温暖，老师的和蔼可亲，对养育自己的人产生感激之情。

2. 吸引和鼓励幼儿参加集体活动，萌发集体意识。如：

• 幼儿园和班级里的重大事情和计划，请幼儿集体讨论决定。

• 幼儿园应经常组织多种形式的集体活动，萌发幼儿的集体荣誉感。

3. 运用幼儿喜闻乐见和能够理解的方式激发幼儿爱家乡、爱祖国的情感。如：

• 和幼儿说一说或在地图上找一找自己家所在的省、市、县（区）名称。

• 和幼儿一起外出游玩，一起看有关的电视节目或画报等；和他们一起收集有关家乡、祖国各地的风景名胜、著名的建筑、独特物产的图片等，在观看和欣赏的过程中激发幼儿的自豪感和热爱之情。

• 利用电视节目或参加升旗等活动，向幼儿介绍国旗、国歌以及观看升旗、奏国歌的礼仪。

• 向幼儿介绍反映中国人聪明才智的发明和创造，激发幼儿的民族自豪感。

四、科学

幼儿的科学学习是在探究具体事物和解决实际问题中，尝试发现事物间的异同和联系的过程。幼儿在对自然事物的探究和运用数学解决实际生活问题的过程中，不仅获得丰富的感性经验，充分发展形象思维，而且初步尝试归类、排序、判断、推理，逐步发展逻辑思维能力，为其它领域的深入学习奠定基础。

幼儿科学学习的核心是激发探究兴趣，体验探究过程，发展初步的探究能力。成人要善于发现和保护幼儿的好奇心，充分利用自然和实际生活机会，引导幼儿通过观察、比较、操作、实验等方法，学习发现问题、分析问题和解决问题；帮助幼儿不断积累经验，并运用于新的学习活动，形成受益终身的学习态度和能力。

幼儿的思维特点是以具体形象思维为主，应注重引导幼儿通过直接感知、亲身体验和实际操作进行科学学习，不应为追求知识和技能的掌握，对幼儿进行灌输和强化训练。

（一）科学探究

目标1　亲近自然，喜欢探究

3~4岁	4~5岁	5~6岁
1. 喜欢接触大自然，对周围的很多事物和现象感兴趣。 2. 经常问各种问题，或好奇地摆弄物品。	1. 喜欢接触新事物，经常问一些与新事物有关的问题。 2. 常常动手动脑探索物体和材料，并乐在其中。	1. 对自己感兴趣的问题总是刨根问底。 2. 能经常动手动脑寻找问题的答案。 3. 探索中有所发现时感到兴奋和满足。

教育建议：

1. 经常带幼儿接触大自然，激发其好奇心与探究欲望。如：

- 为幼儿提供一些有趣的探究工具，用自己的好奇心和探究积极性感染和带动幼儿。
- 和幼儿一起发现并分享周围新奇、有趣的事物或现象，一起寻找问题的答案。
- 通过拍照和画图等方式保留和积累有趣的探索与发现。

2. 真诚地接纳、多方面支持和鼓励幼儿的探索行为。如：

- 认真对待幼儿的问题，引导他们猜一猜、想一想，有条件时和幼儿一起做一些简易的调查或有趣的小实验。
- 容忍幼儿因探究而弄脏、弄乱、甚至破坏物品的行为，引导他们活动后做好收拾整理。
- 多为幼儿选择一些能操作、多变化、多功能的玩具材料或废旧材料，在保证安全的前提下，鼓励幼儿拆装或动手自制玩具。

目标2　具有初步的探究能力

3~4岁	4~5岁	5~6岁
1. 对感兴趣的事物能仔细观察，发现其明显特征。 2. 能用多种感官或动作去探索物体，关注动作所产生的结果。	1. 能对事物或现象进行观察比较，发现其相同与不同。 2. 能根据观察结果提出问题，并大胆猜测答案。 3. 能通过简单的调查收集信息。 4. 能用图画或其他符号进行记录。	1. 能通过观察、比较与分析，发现并描述不同种类物体的特征或某个事物前后的变化。 2. 能用一定的方法验证自己的猜测。 3. 在成人的帮助下能制定简单的调查计划并执行。 4. 能用数字、图画、图表或其他符号记录。 5. 探究中能与他人合作与交流。

教育建议：

1. 有意识地引导幼儿观察周围事物，学习观察的基本方法，培养观察与分类能力。如：

- 支持幼儿自发的观察活动，对其发现表示赞赏。
- 通过提问等方式引导幼儿思考并对事物进行比较观察和连续观察。
- 引导幼儿在观察和探索的基础上，尝试进行简单的分类、概括。如：根据运动方式给动物分类，根据生长环境给植物分类，根据外部特征给物体分类等等。

2. 支持和鼓励幼儿在探究的过程中积极动手动脑寻找答案或解决问题。如：

- 鼓励幼儿根据观察或发现提出值得继续探究的问题，或成人提出有探究意义且能激发幼儿兴趣的问题。如：皮球、轮胎、竹筒等物体滚动时都走直线吗？怎样让橡皮泥球浮在水面上？
- 支持和鼓励幼儿大胆联想、猜测问题的答案，并设法验证。如：玩风车时，鼓励幼儿猜测风车转动方向及速度快慢的原因和条件，并实际去验证。
- 支持、引导幼儿学习用适宜的方法探究和解决问题，或为自己的想法收集证据。如：想知道院子里有多少种植物，可以进行实地调查；想知道球在平地上还是在斜坡上滚得快，可以动手试一试；想证明影子的方向与太阳的位置有关，可以做个小实验进行验证等。

3. 鼓励和引导幼儿学习做简单的计划和记录，并与他人交流分享。如：

- 和幼儿共同制定调查计划，讨论调查对象、步骤和方法等，也可以和幼儿一起设法用图画、箭头等标识呈现计划。
- 鼓励幼儿用绘画、照相、做标本等办法记录观察和探究的过程与结果，注意要让记录有意义，通过记录帮助幼儿丰富观察经验、建立事物之间的联系和分享发现。
- 支持幼儿与同伴合作探究与分享交流，引导他们在交流中尝试整理、概括自己探究的成果，体验合作探究和发现的乐趣。如一起讨论和分享自己的问题与发现，一起想办法收集资料和验证猜测。

4. 帮助幼儿回顾自己探究过程，讨论自己做了什么，怎么做的，结果与计划目标是否一致，分析一下原因以及下一步要怎样做等。

目标3 在探究中认识周围事物和现象

3~4岁	4~5岁	5~6岁
1. 认识常见的动植物，能注意并发现周围的动植物是多种多样的。 2. 能感知和发现物体和材料的软硬、光滑和粗糙等特性。 3. 能感知和体验天气对自己生活和活动的影响。 4. 初步了解和体会动植物和人们生活的关系。	1. 能感知和发现动植物的生长变化及其基本条件。 2. 能感知和发现常见材料的溶解、传热等性质或用途。 3. 能感知和发现简单物理现象，如物体形态或位置变化等。 4. 能感知和发现不同季节的特点，体验季节对动植物和人的影响。 5. 初步感知常用科技产品与自己生活的关系，知道科技产品有利也有弊。	1. 能察觉到动植物的外形特征、习性与生存环境的适应关系。 2. 能发现常见物体的结构与功能之间的关系。 3. 能探索并发现常见的物理现象产生的条件或影响因素，如影子、沉浮等。 4. 感知并了解季节变化的周期性，知道变化的顺序。 5. 初步了解人们的生活与自然环境的密切关系，知道尊重和珍惜生命，保护环境。

教育建议：

1. 支持幼儿在接触自然、生活事物和现象中积累有益的直接经验和感性认识。如：

● 和幼儿一起通过户外活动、参观考察、种植和饲养活动，感知生物的多样性和独特性，以及生长发育、繁殖和死亡的过程。

● 给幼儿提供丰富的材料和适宜的工具，支持幼儿在游戏过程中探索并感知常见物质、材料的特性和物体的结构特点。

2. 引导幼儿在探究中思考，尝试进行简单的推理和分析，发现事物之间明显的关联。如：

● 引导5岁以上幼儿关注和思考动植物的外部特征、习性与生活环境对动植物生存的意义。如兔子的长耳朵具有自我保护的作用；植物种子的形状有助于其传播等。

● 引导幼儿根据常见物质、材料的特性和物体的结构特点，推测和证实它们的用途。如：带轮子的物体方便移动；不同用途的车辆有不同的结构等等。

3. 引导幼儿关注和了解自然、科技产品与人们生活的密切关系，逐渐懂得热爱、尊重、保护自然。如：

● 结合幼儿的生活需要，引导他们体会人与自然、动植物的依赖关系。如：动植物、季节变化与人们生活的关系、常见灾害性天气给人们生产和生活带来的影响等。

● 和幼儿一起讨论常见科技产品的用途和弊端，如：汽车等交通工具给生活带来的方便和对环境的污染等。

（二）数学认知

目标1　初步感知生活中数学的有用和有趣

3~4岁	4~5岁	5~6岁
1. 感知和发现周围物体的形状是多种多样的，对不同的形状感兴趣。 2. 体验和发现生活中很多地方都用到数。	1. 在指导下，感知和体会有些事物可以用形状来描述。 2. 在指导下，感知和体会有些事物可以用数来描述，对环境中各种数字的含义有进一步探究的兴趣。	1. 能发现事物简单的排列规律，并尝试创造新的排列规律。 2. 能发现生活中许多问题都可以用数学的方法来解决，体验解决问题的乐趣。

教育建议：

1. 引导幼儿注意事物的形状特征，尝试用表示形状的词来描述事物，体会描述的生动形象性和趣味性。如：

● 参观游览后，和幼儿一起谈论所看到的事物的形状，鼓励幼儿产生联想，并用自己的语言进行描述。如：熊猫的身体圆圆的，全身好像是一个个的圆形组成的。

● 和幼儿交谈或读书讲故事时，适当地运用一些有关形状的词汇来描述事物，如看图片时，和幼儿讨论奥运会场馆的形状，体会为什么有的场馆叫"水立方"，有的叫"鸟巢"。

2. 引导幼儿感知和体会生活中很多地方都用到数，关注周围与自己生活密切相关的数的信息，体会数可以代表不同的意义。如：

● 和幼儿一起寻找发现生活中用数字作标识的事物，如电话号码、时钟、日历和商品的价签等。

● 引导幼儿了解和感受数用在不同的地方，表示的意义是不一样的。如天气预报中表示气温的数代表冷热状况；钟表上的数表明时间的早晚等。

● 鼓励幼儿尝试使用数的信息进行一些简单的推理。如知道今天是星期五，能推断明天是星期六，爸爸妈妈休息。

3. 引导幼儿观察发现按照一定规律排列的事物，体会其中的排列特点与规律，并尝试自己创造出新的排列规律。如：

● 和幼儿一起发现和体会按一定顺序排列的队形整齐有序。

● 提供具有重复性旋律和词语的音乐、儿歌和故事，或利用环境中有序排列的图案(如按颜色间隔排列的瓷砖、按形状间隔排列的珠帘等)，鼓励幼儿发现和感受其中的规律。

● 鼓励幼儿尝试自己设计有规律的花边图案、创编有一定规律的动作，或者按某种规律进行搭建活动。

● 引导幼儿体会生活中很多事情都是有一定顺序和规律的，如一周七天的顺序是从周一到周日，一年四季按照春夏秋冬轮回等。

4. 鼓励和支持幼儿发现、尝试解决日常生活中需要用到数学的问题，体会数学的用处。如：

● 拍球、跳绳、跳远或投沙包时，可通过数数、测量的方法确定名次。

● 讨论春游去哪里玩时，让幼儿商量想去哪里玩？每个想去的地方有多少人？根据统计结果做出决定。

● 滑滑梯时，按照"先来先玩"的规则有序地排队玩。

目标2 感知和理解数、量及数量关系

3~4岁	4~5岁	5~6岁
1. 能感知和区分物体的大小、多少、高矮长短等量方面的特点，并能用相应的词表示。 2. 能通过一一对应的方法比较两组物体的多少。 3. 能手口一致地点数5个以内的物体，并能说出总数。能按数取物。 4. 能用数词描述事物或动作。如我有4本图书。	1. 能感知和区分物体的粗细、厚薄、轻重等量方面的特点，并能用相应的词语描述。 2. 能通过数数比较两组物体的多少。 3. 能通过实际操作理解数与数之间的关系，如5比4多1；2和3合在一起是5。 4. 会用数词描述事物的排列顺序和位置。	1. 初步理解量的相对性。 2. 借助实际情境和操作(如合并或拿取)理解"加"和"减"的实际意义。 3. 能通过实物操作或其它方法进行10以内的加减运算。 4. 能用简单的记录表、统计图等表示简单的数量关系。

教育建议：

1. 引导幼儿感知和理解事物"量"的特征。如：

- 感知常见事物的大小、多少、高矮、粗细等量的特征，学习使用相应的词汇描述这些特征。
- 结合具体事物让幼儿通过多次比较逐渐理解"量"是相对的。如小亮比小明高，但比小强矮。
- 收拾物品时，根据情况，鼓励幼儿按照物体量的特征分类整理。如整理图书时按照大小摆放。

2. 结合日常生活，指导幼儿学习通过对应或数数的方式比较物体的多少。如：
- 鼓励幼儿在一对一配对的过程中发现两组物体的多少。如，在给桌子上的每个碗配上勺子时，发现碗和勺多少的不同。
- 鼓励幼儿通过数数比较两样东西的多少。如数一数有多少个苹果，多少个梨，判断苹果和梨哪个多，哪个少。

3. 利用生活和游戏中的实际情境，引导幼儿理解数概念。如：
- 结合生活需要，和幼儿一起手口一致点数物体，得出物体的总数。
- 通过点数的方式让幼儿体会物体的数量不会因排列形式、空间位置的不同而发生变化。如鼓励幼儿将一定数量的扣子以不同的形式摆放，体会扣子的数量是不变的。
- 结合日常生活，为幼儿提供"按数取物"的机会，如游戏时，请幼儿按要求拿出几个球。

4. 通过实物操作引导幼儿理解数与数之间的关系，并用"加"或"减"的办法来解决问题。如：
- 游戏中遇到让4个小动物住进两间房子的问题，或生活中遇到将5块饼干分给两个小朋友问题时，让幼儿尝试不同的分法。
- 鼓励幼儿尝试自己解决生活中的数学问题。如家里来了5位客人，桌子上只有3个杯子，还需要几个杯子等。
- 购少量物品时，有意识地鼓励幼儿参与计算和付款的过程等。

目标3　感知形状与空间关系

3~4岁	4~5岁	5~6岁
1. 能注意物体较明显的形状特征，并能用自己的语言描述。 2. 能感知物体基本的空间位置与方位，理解上下、前后、里外等方位词。	1. 能感知物体的形体结构特征，画出或拼搭出该物体的造型。 2. 能感知和发现常见几何图形的基本特征，并能进行分类。 3. 能使用上下、前后、里外、中间、旁边等方位词描述物体的位置和运动方向。	1. 能用常见的几何形体有创意地拼搭和画出物体的造型。 2. 能按语言指示或根据简单示意图正确取放物品。 3. 能辨别自己的左右。

教育建议：

1. 用多种方法帮助幼儿在物体与几何形体之间建立联系。如：
- 引导幼儿感受生活中各种物品的形状特征，并尝试识别和描述。如感受和识别盘子、桌子、车轮、地砖等物品的形状特征。

●鼓励和支持幼儿用积木、纸盒、拼板等各种形状材料进行建构游戏或制作活动。如用长方形的纸盒加两个圆形瓶盖制作"汽车"。

●收拾整理积木时，引导幼儿体验图形之间的转换。如两个三角形可组合成一个正方形，两个正方形可组合成一个长方形。

●引导幼儿注意观察生活物品的图形特征，鼓励他们按形状分类整理物品。

2. 丰富幼儿空间方位识别的经验，引导幼儿运用空间方位经验解决问题。如：

●请幼儿取放物体时，使用他们能够理解的方位词，如把桌子下面的东西放到窗台上，把花盆放在大树旁边等。

●和幼儿一起识别熟悉场所的位置。如超市在家的旁边，邮局在幼儿园的前面。

●在体育、音乐和舞蹈活动中，引导幼儿感受空间方位和运动方向。

●和幼儿玩按指令找宝的游戏。对年龄小的幼儿要求他们按语言指令寻找，对年龄大些的幼儿可要求按照简单的示意图寻找。

五、艺术

艺术是人类感受美、表现美和创造美的重要形式，也是表达自己对周围世界的认识和情绪态度的独特方式。

每个幼儿心里都有一颗美的种子。幼儿艺术领域学习的关键在于充分创造条件和机会，在大自然和社会文化生活中萌发幼儿对美的感受和体验，丰富其想象力和创造力，引导幼儿学会用心灵去感受和发现美，用自己的方式去表现和创造美。

幼儿对事物的感受和理解不同于成人，他们表达自己认识和情感的方式也有别于成人。幼儿独特的笔触、动作和语言往往蕴含着丰富的想象和情感，成人应对幼儿的艺术表现给予充分的理解和尊重，不能用自己的审美标准去评判幼儿，更不能为追求结果的"完美"而对幼儿进行千篇一律的训练，以免扼杀其想象与创造的萌芽。

（一）感受与欣赏

目标1 喜欢自然界与生活中美的事物

3~4岁	4~5岁	5~6岁
1. 喜欢观看花草树木、日月星空等大自然中美的事物。 2. 容易被自然界中的鸟鸣、风声、雨声等好听的声音所吸引。	1. 在欣赏自然界和生活环境中美的事物时，关注其色彩、形态等特征。 2. 喜欢倾听各种好听的声音，感知声音的高低、长短、强弱等变化。	1. 乐于收集美的物品或向别人介绍所发现的美的事物。 2. 乐于模仿自然界和生活环境中有特点的声音，并产生相应的联想。

教育建议：

1. 和幼儿一起感受、发现和欣赏自然环境和人文景观中美的事物。如：

210

- 让幼儿多接触大自然，感受和欣赏美丽的景色和好听的声音。
- 经常带幼儿参观园林、名胜古迹等人文景观，讲讲有关的历史故事、传说，与幼儿一起讨论和交流对美的感受。

2. 和幼儿一起发现美的事物的特征，感受和欣赏美。如：

- 让幼儿观察常见动植物以及其它物体，引导幼儿用自己的语言、动作等描述它们美的方面，如颜色、形状、形态等。
- 让幼儿倾听和分辨各种声响，引导幼儿用自己的方式来表达他对音色、强弱、快慢的感受。
- 支持幼儿收集喜欢的物品并和他一起欣赏。

目标2 喜欢欣赏多种多样的艺术形式和作品

3~4岁	4~5岁	5~6岁
1. 喜欢听音乐或观看舞蹈、戏剧等表演。 2. 乐于观看绘画、泥塑或其它艺术形式的作品。	1. 能够专心地观看自己喜欢的文艺演出或艺术品，有模仿和参与的愿望。 2. 欣赏艺术作品时会产生相应的联想和情绪反应。	1. 艺术欣赏时常常用表情、动作、语言等方式表达自己的理解。 2. 愿意和别人分享、交流自己喜爱的艺术作品和美感体验。

教育建议：

1. 创造条件让幼儿接触多种艺术形式和作品。如：

- 经常让幼儿接触适宜的、各种形式的音乐作品，丰富幼儿对音乐的感受和体验。
- 和幼儿一起用图画、手工制品等装饰和美化环境。
- 带幼儿观看或共同参与传统民间艺术和地方民俗文化活动，如皮影戏、剪纸和捏面人等。
- 有条件的情况下，带幼儿去剧院、美术馆、博物馆等欣赏文艺表演和艺术作品。

2. 尊重幼儿的兴趣和独特感受，理解他们欣赏时的行为。如：

- 理解和尊重幼儿在欣赏艺术作品时的手舞足蹈、即兴模仿等行为。
- 当幼儿主动介绍自己喜爱的舞蹈、戏曲、绘画或工艺品时，要耐心倾听并给予积极回应和鼓励。

（二）表现与创造

目标1 喜欢进行艺术活动并大胆表现

3~4岁	4~5岁	5~6岁
1. 经常自哼自唱或模仿有趣的动作、表情和声调。 2. 经常涂涂画画、粘粘贴贴并乐在其中。	1. 经常唱唱跳跳，愿意参加歌唱、律动、舞蹈、表演等活动。 2. 经常用绘画、捏泥、手工制作等多种方式表现自己的所见所想。	1. 积极参与艺术活动，有自己比较喜欢的活动形式。 2. 能用多种工具、材料或不同的表现手法表达自己的感受和想象。 3. 艺术活动中能与他人相互配合，也能独立表现。

教育建议：

1. 创造机会和条件，支持幼儿自发的艺术表现和创造。

• 提供丰富的便于幼儿取放的材料、工具或物品，支持幼儿进行自主绘画、手工、歌唱、表演等艺术活动。

• 经常和幼儿一起唱歌、表演、绘画、制作，共同分享艺术活动的乐趣。

2. 营造安全的心理氛围，让幼儿敢于并乐于表达表现。如：

• 欣赏和回应幼儿的哼哼唱唱、模仿表演等自发的艺术活动，赞赏他独特的表现方式。

• 在幼儿自主表达创作过程中，不做过多干预或把自己的意愿强加给幼儿，在幼儿需要时再给予具体的帮助。

• 了解并倾听幼儿艺术表现的想法或感受，领会并尊重幼儿的创作意图，不简单用"像不像"、"好不好"等成人标准来评价。

• 展示幼儿的作品，鼓励幼儿用自己的作品或艺术品布置环境。

目标2　具有初步的艺术表现与创造能力

3~4岁	4~5岁	5~6岁
1. 能模仿学唱短小歌曲。 2. 能跟随熟悉的音乐做身体动作。 3. 能用声音、动作、姿态模拟自然界的事物和生活情景。 4. 能用简单的线条和色彩大体画出自己想画的人或事物。	1. 能用自然的、音量适中的声音基本准确地唱歌。 2. 能通过即兴哼唱、即兴表演给熟悉的歌曲编词来表达自己的心情。 3. 能用拍手、踏脚等身体动作或可敲击的物品敲打节拍和基本节奏。 4. 能运用绘画、手工制作等表现自己观察到或想象的事物。	1. 能用基本准确的节奏和音调唱歌。 2. 能用律动或简单的舞蹈动作表现自己的情绪或自然界的情景。 3. 能自编自演故事，并为表演选择和搭配简单的服饰、道具或布景。 4. 能用自己制作的美术作品布置环境、美化生活。

教育建议：

• 尊重幼儿自发的表现和创造，并给予适当的指导。如：

• 鼓励幼儿在生活中细心观察、体验，为艺术活动积累经验与素材。如，观察不同树种的形态、色彩等。

• 提供丰富的材料，如图书、照片、绘画或音乐作品等，让幼儿自主选择，用自己喜欢的方式去模仿或创作，成人不做过多要求。

• 根据幼儿的生活经验，与幼儿共同确定艺术表达表现的主题，引导幼儿围绕主题展开想象，进行艺术表现。

• 幼儿绘画时，不宜提供范画，特别不应要求幼儿完全按照范画来画。

• 肯定幼儿作品的优点，用表达自己感受的方式引导其提高。如，"你的画用了这么多红颜色，感觉就像过年一样喜庆"、"你扮演的大灰狼声音真像，要是表情再凶一点就更好了"等。

附录二

教育部关于印发
《幼儿园教育指导纲要（试行）》的通知

教基〔2001〕20号

各省、自治区、直辖市教育厅（教委）、新疆生产建设兵团教委，部属师范大学：

为进一步贯彻第三次全国教育工作会议和全国基础教育工作会议精神，落实《国务院关于基础教育改革与发展的决定》，推进幼儿园实施素质教育，全面提高幼儿园教育质量，现将《幼儿园教育指导纲要（试行）》（以下简称《纲要》）印发给你们，从2001年9月起试行，并就贯彻实施《纲要》的有关问题通知如下：

一、《纲要》是根据党的教育方针和《幼儿园工作规程》（以下简称《规程》）制定的，是指导广大幼儿教师将《规程》的教育思想和观念转化为教育行为的指导性文件。各地教育行政部门要对《纲要》的实施工作给予充分重视，认真抓好。

要积极利用多种宣传媒介，采取多种形式，广泛、深入地宣传《纲要》，使广大幼儿教育工作者、幼儿家长以及社会人士都能了解《纲要》的指导思想和基本要求。

要通过多种形式的学习和培训，认真组织各级教育行政部门负责幼儿教育工作的行政人员、教研人员、幼儿园园长和教师学习和理解《纲要》，以有效地依据《纲要》的指导思想和基本要求，根据儿童发展的实际需要，制订教育计划和组织教育活动，进一步更新教育观念，提高教育技能。

二、贯彻实施《纲要》，要坚持因地制宜、实事求是的原则，认真制订本地贯彻《纲要》的实施方案。应从具体情况出发，切忌搞"一刀切"。各地可采取先试点的方法，对不同地区、不同类型、不同条件的幼儿园，分别提出不同的要求，待取得经验后逐步推开。

三、设有学前教育专业的高等师范院校和幼儿师范学校要认真、深入地学习《纲要》的精神，改革现行学前教育课程和师资培养方式，并主动配合教育行政部门做好贯彻实施《纲要》的宣传和培训工作。

四、各地在实施《纲要》的过程中，要注意不断研究和解决出现的困难和问题，要注意总结积累经验，并及时反映给我部。

1981年颁发的《幼儿园教育纲要（试行草案)》同时废止。

教育部
二〇〇一年七月二日

《幼儿园教育指导纲要（试行）》

第一部分 总 则

一、为贯彻《中华人民共和国教育法》、《幼儿园管理条例》和《幼儿园工作规程》，指导幼儿园深入实施素质教育，特制定本纲要。

二、幼儿园教育是基础教育的重要组成部分，是我国学校教育和终身教育的奠基阶段。城乡各类幼儿园都应从实际出发，因地制宜地实施素质教育，为幼儿一生的发展打好基础。

三、幼儿园应与家庭、社区密切合作，与小学相互衔接，综合利用各种教育资源，共同为幼儿的发展创造良好的条件。

四、幼儿园应为幼儿提供健康、丰富的生活和活动环境，满足他们多方面发展的需要，使他们在快乐的童年生活中获得有益于身心发展的经验。

五、幼儿园教育应尊重幼儿的人格和权利，尊重幼儿身心发展的规律和学习特点，以游戏为基本活动，保教并重，关注个别差异，促进每个幼儿富有个性的发展。

第二部分 教育内容与要求

幼儿园的教育内容是全面的、启蒙性的，可以相对划分为健康、语言、社会、科学、艺术等五个领域，也可作其它不同的划分。各领域的内容相互渗透，从不同的角度促进幼儿情感、态度、能力、知识、技能等方面的发展。

一、健康

（一）目标

1. 身体健康，在集体生活中情绪安定、愉快；
2. 生活、卫生习惯良好，有基本的生活自理能力；
3. 知道必要的安全保健常识，学习保护自己；
4. 喜欢参加体育活动，动作协调、灵活。

（二）内容与要求

1. 建立良好的师生、同伴关系，让幼儿在集体生活中感到温暖，心情愉快，形成安全感、信赖感。
2. 与家长配合，根据幼儿的需要建立科学的生活常规。培养幼儿良好的饮食、睡眠、盥洗、排泄等生活习惯和生活自理能力。
3. 教育幼儿爱清洁、讲卫生，注意保持个人和生活场所的整洁和卫生。
4. 密切结合幼儿的生活进行安全、营养和保健教育，提高幼儿的自我保护意识和能力。

5. 开展丰富多彩的户外游戏和体育活动，培养幼儿参加体育活动的兴趣和习惯，增强体质，提高对环境的适应能力。

6. 用幼儿感兴趣的方式发展基本动作，提高动作的协调性、灵活性。

7. 在体育活动中，培养幼儿坚强、勇敢、不怕困难的意志品质和主动、乐观、合作的态度。

(三) 指导要点

1. 幼儿园必须把保护幼儿的生命和促进幼儿的健康放在工作的首位。树立正确的健康观念，在重视幼儿身体健康的同时，要高度重视幼儿的心理健康。

2. 既要高度重视和满足幼儿受保护、受照顾的需要，又要尊重和满足他们不断增长的独立要求，避免过度保护和包办代替，鼓励并指导幼儿自理、自立的尝试。

3. 健康领域的活动要充分尊重幼儿生长发育的规律，严禁以任何名义进行有损幼儿健康的比赛、表演或训练等。

4. 培养幼儿对体育活动的兴趣是幼儿园体育的重要目标，要根据幼儿的特点组织生动有趣、形式多样的体育活动，吸引幼儿主动参与。

二、语言

(一) 目标

1. 乐意与人交谈，讲话礼貌；

2. 注意倾听对方讲话，能理解日常用语；

3. 能清楚地说出自己想说的事；

4. 喜欢听故事、看图书；

5. 能听懂和会说普通话。

(二) 内容与要求

1. 创造一个自由、宽松的语言交往环境，支持、鼓励、吸引幼儿与教师、同伴或其他人交谈，体验语言交流的乐趣，学习使用适当的、礼貌的语言交往。

2. 养成幼儿注意倾听的习惯，发展语言理解能力。

3. 鼓励幼儿大胆、清楚地表达自己的想法和感受，尝试说明、描述简单的事物或过程，发展语言表达能力和思维能力。

4. 引导幼儿接触优秀的儿童文学作品，使之感受语言的丰富和优美，并通过多种活动帮助幼儿加深对作品的体验和理解。

5. 培养幼儿对生活中常见的简单标记和文字符号的兴趣。

6. 利用图书、绘画和其他多种方式，引发幼儿对书籍、阅读和书写的兴趣，培养前阅读和前书写技能。

7. 提供普通话的语言环境，帮助幼儿熟悉、听懂并学说普通话。少数民族地区还应帮助幼儿学习本民族语言。

（三）指导要点

1. 语言能力是在运用的过程中发展起来的，发展幼儿语言的关键是创设一个能使他们想说、敢说、喜欢说、有机会说并能得到积极应答的环境。

2. 幼儿语言的发展与其情感、经验、思维、社会交往能力等其它方面的发展密切相关，因此，发展幼儿语言的重要途径是通过互相渗透的各领域的教育，在丰富多彩的活动中去扩展幼儿的经验，提供促进语言发展的条件。

3. 幼儿的语言学习具有个别化的特点，教师与幼儿的个别交流、幼儿之间的自由交谈等，对幼儿语言发展具有特殊意义。

4. 对有语言障碍的儿童要给予特别关注，要与家长和有关方面密切配合，积极地帮助他们提高语言能力。

三、社会

（一）目标

1. 能主动地参与各项活动，有自信心；

2. 乐意与人交往，学习互助、合作和分享，有同情心；

3. 理解并遵守日常生活中基本的社会行为规则；

4. 能努力做好力所能及的事，不怕困难，有初步的责任感；

5. 爱父母长辈、老师和同伴，爱集体、爱家乡、爱祖国。

（二）内容与要求

1. 引导幼儿参加各种集体活动，体验与教师、同伴等共同生活的乐趣，帮助他们正确认识自己和他人，养成对他人、社会亲近、合作的态度，学习初步的人际交往技能。

2. 为每个幼儿提供表现自己长处和获得成功的机会，增强其自尊心和自信心。

3. 提供自由活动的机会，支持幼儿自主地选择、计划活动，鼓励他们通过多方面的努力解决问题，不轻易放弃克服困难的尝试。

4. 在共同的生活和活动中，以多种方式引导幼儿认识、体验并理解基本的社会行为规则，学习自律和尊重他人。

5. 教育幼儿爱护玩具和其他物品，爱护公物和公共环境。

6. 与家庭、社区合作，引导幼儿了解自己的亲人以及与自己生活有关的各行各业人们的劳动，培养其对劳动者的热爱和对劳动成果的尊重。

7. 充分利用社会资源，引导幼儿实际感受祖国文化的丰富与优秀，感受家乡的变化和发展，激发幼儿爱家乡、爱祖国的情感。

8. 适当向幼儿介绍我国各民族和世界其他国家、民族的文化，使其感知人类文化的多样性和差异性，培养理解、尊重、平等的态度。

（三）指导要点

1. 社会领域的教育具有潜移默化的特点。幼儿社会态度和社会情感的培养尤应渗透在多种活动和一日生活的各个环节之中，要创设一个能使幼儿感受到接纳、关爱和支持的良好环境，避免单一呆板的言语说教。

2. 幼儿与成人、同伴之间的共同生活、交往、探索、游戏等，是其社会学习的重要途径。应为幼儿提供人际间相互交往和共同活动的机会和条件，并加以指导。

3. 社会学习是一个漫长的积累过程，需要幼儿园、家庭和社会密切合作，协调一致，共同促进幼儿良好社会性品质的形成。

四、科学

(一) 目标

1. 对周围的事物、现象感兴趣，有好奇心和求知欲；
2. 能运用各种感官，动手动脑，探究问题；
3. 能用适当的方式表达、交流探索的过程和结果；
4. 能从生活和游戏中感受事物的数量关系并体验到数学的重要和有趣；
5. 爱护动植物，关心周围环境，亲近大自然，珍惜自然资源，有初步的环保意识。

(二) 内容与要求

1. 引导幼儿对身边常见事物和现象的特点、变化规律产生兴趣和探究的欲望。

2. 为幼儿的探究活动创造宽松的环境，让每个幼儿都有机会参与尝试，支持、鼓励他们大胆提出问题，发表不同意见，学会尊重别人的观点和经验。

3. 提供丰富的可操作的材料，为每个幼儿都能运用多种感官、多种方式进行探索提供活动的条件。

4. 通过引导幼儿积极参加小组讨论、探索等方式，培养幼儿合作学习的意识和能力，学习用多种方式表现、交流、分享探索的过程和结果。

5. 引导幼儿对周围环境中的数、量、形、时间和空间等现象产生兴趣，建构初步的数概念，并学习用简单的数学方法解决生活和游戏中某些简单的问题。

6. 从生活或媒体中幼儿熟悉的科技成果入手，引导幼儿感受科学技术对生活的影响，培养他们对科学的兴趣和对科学家的崇敬。

7. 在幼儿生活经验的基础上，帮助幼儿了解自然、环境与人类生活的关系。从身边的小事入手，培养初步的环保意识和行为。

(三) 指导要点

1. 幼儿的科学教育是科学启蒙教育，重在激发幼儿的认识兴趣和探究欲望。

2. 要尽量创造条件让幼儿实际参加探究活动，使他们感受科学探究的过程和方法，体验发现的乐趣。

3. 科学教育应密切联系幼儿的实际生活进行，利用身边的事物与现象作为科学探索的对象。

五、艺术

（一）目标

1. 能初步感受并喜爱环境、生活和艺术中的美；

2. 喜欢参加艺术活动，并能大胆地表现自己的情感和体验；

3. 能用自己喜欢的方式进行艺术表现活动。

（二）内容与要求

1. 引导幼儿接触周围环境和生活中美好的人、事、物，丰富他们的感性经验和审美情趣，激发他们表现美、创造美的情趣。

2. 在艺术活动中面向全体幼儿，要针对他们的不同特点和需要，让每个幼儿都得到美的熏陶和培养。对有艺术天赋的幼儿要注意发展他们的艺术潜能。

3. 提供自由表现的机会，鼓励幼儿用不同艺术形式大胆地表达自己的情感、理解和想象，尊重每个幼儿的想法和创造，肯定和接纳他们独特的审美感受和表现方式，分享他们创造的快乐。

4. 在支持、鼓励幼儿积极参加各种艺术活动并大胆表现的同时，帮助他们提高表现的技能和能力。

5. 指导幼儿利用身边的物品或废旧材料制作玩具、手工艺品等来美化自己的生活或开展其他活动。

6. 为幼儿创设展示自己作品的条件，引导幼儿相互交流、相互欣赏、共同提高。

（三）指导要点

1. 艺术是实施美育的主要途径，应充分发挥艺术的情感教育功能，促进幼儿健全人格的形成。要避免仅仅重视表现技能或艺术活动的结果，而忽视幼儿在活动过程中的情感体验和态度的倾向。

2. 幼儿的创作过程和作品是他们表达自己的认识和情感的重要方式，应支持幼儿富有个性和创造性的表达，克服过分强调技能技巧和标准化要求的偏向。

3. 幼儿艺术活动的能力是在大胆表现的过程中逐渐发展起来的，教师的作用应主要在于激发幼儿感受美、表现美的情趣，丰富他们的审美经验，使之体验自由表达和创造的快乐。在此基础上，根据幼儿的发展状况和需要，对表现方式和技能技巧给予适时、适当的指导。

第三部分　组织与实施

一、幼儿园的教育是为所有在园幼儿的健康成长服务的，要为每一个儿童，包括有特殊需要的儿童提供积极的支持和帮助。

二、幼儿园的教育活动，是教师以多种形式有目的、有计划地引导幼儿生动、活泼、主动活动的教育过程。

三、教育活动的组织与实施过程是教师创造性地开展工作的过程。教师要根据本《纲要》，从本地、本园的条件出发，结合本班幼儿的实际情况，制定切实可行的工作计划并灵活地执行。

四、教育活动目标要以《幼儿园工作规程》和本《纲要》所提出的各领域目标为指导，结合本班幼儿的发展水平、经验和需要来确定。

五、教育活动内容的选择应遵照本《纲要》第二部分的有关条款进行，同时体现以下原则：

（一）既适合幼儿的现有水平，又有一定的挑战性。

（二）既符合幼儿的现实需要，又有利于其长远发展。

（三）既贴近幼儿的生活来选择幼儿感兴趣的事物和问题，又有助于拓展幼儿的经验和视野。

六、教育活动内容的组织应充分考虑幼儿的学习特点和认识规律，各领域的内容要有机联系，相互渗透，注重综合性、趣味性、活动性，寓教育于生活、游戏之中。

七、教育活动的组织形式应根据需要合理安排，因时、因地、因内容、因材料灵活地运用。

八、环境是重要的教育资源，应通过环境的创设和利用，有效地促进幼儿的发展。

（一）幼儿园的空间、设施、活动材料和常规要求等应有利于引发、支持幼儿的游戏和各种探索活动，有利于引发、支持幼儿与周围环境之间积极的相互作用。

（二）幼儿同伴群体及幼儿园教师集体是宝贵的教育资源，应充分发挥这一资源的作用。

（三）教师的态度和管理方式应有助于形成安全、温馨的心理环境；言行举止应成为幼儿学习的良好榜样。

（四）家庭是幼儿园重要的合作伙伴。应本着尊重、平等、合作的原则，争取家长的理解、支持和主动参与，并积极支持、帮助家长提高教育能力。

（五）充分利用自然环境和社区的教育资源，扩展幼儿生活和学习的空间。幼儿园同时应为社区的早期教育提供服务。

九、科学、合理地安排和组织一日生活。

（一）时间安排应有相对的稳定性与灵活性，既有利于形成秩序，又能满足幼儿的合理需要，照顾到个体差异。

（二）教师直接指导的活动和间接指导的活动相结合，保证幼儿每天有适当的自主选择和自由活动时间。教师直接指导的集体活动要能保证幼儿的积极参与，避免时间的隐性浪费。

（三）尽量减少不必要的集体行动和过渡环节，减少和消除消极等待现象。

（四）建立良好的常规，避免不必要的管理行为，逐步引导幼儿学习自我管理。

十、教师应成为幼儿学习活动的支持者、合作者、引导者。

（一）以关怀、接纳、尊重的态度与幼儿交往。耐心倾听，努力理解幼儿的想法与感受，支持、鼓励他们大胆探索与表达。

（二）善于发现幼儿感兴趣的事物、游戏和偶发事件中所隐含的教育价值，把握时机，积极引导。

（三）关注幼儿在活动中的表现和反应，敏感地察觉他们的需要，及时以适当的方式应答，形成合作探究式的师生互动。

（四）尊重幼儿在发展水平、能力、经验、学习方式等方面的个体差异，因人施教，努力使每一个幼儿都能获得满足和成功。

（五）关注幼儿的特殊需要，包括各种发展潜能和不同发展障碍，与家庭密切配合，共同促进幼儿健康成长。

十一、幼儿园教育要与0-3岁儿童的保育教育以及小学教育相互衔接。

第四部分　教育评价

一、教育评价是幼儿园教育工作的重要组成部分，是了解教育的适宜性、有效性，调整和改进工作，促进每一个幼儿发展，提高教育质量的必要手段。

二、管理人员、教师、幼儿及其家长均是幼儿园教育评价工作的参与者。评价过程是各方共同参与、相互支持与合作的过程。

三、评价的过程，是教师运用专业知识审视教育实践，发现、分析、研究、解决问题的过程，也是其自我成长的重要途径。

四、幼儿园教育工作评价实行以教师自评为主，园长以及有关管理人员、其他教师和家长等参与评价的制度。

五、评价应自然地伴随着整个教育过程进行。综合采用观察、谈话、作品分析等多种方法。

六、幼儿的行为表现和发展变化具有重要的评价意义，教师应视之为重要的评价信息和改进工作的依据。

七、教育工作评价宜重点考察以下方面：

（一）教育计划和教育活动的目标是否建立在了解本班幼儿现状的基础上。

（二）教育的内容、方式、策略、环境条件是否能调动幼儿学习的积极性。

（三）教育过程是否能为幼儿提供有益的学习经验，并符合其发展需要。

（四）教育内容、要求能否兼顾群体需要和个体差异，使每个幼儿都能得到发展，都有成功感。

（五）教师的指导是否有利于幼儿主动、有效地学习。

八、对幼儿发展状况的评估，要注意：

（一）明确评价的目的是了解幼儿的发展需要，以便提供更加适宜的帮助和指导。

（二）全面了解幼儿的发展状况，防止片面性，尤其要避免只重知识和技能，忽略情感、社会性和实际能力的倾向。

（三）在日常活动与教育教学过程中采用自然的方法进行。平时观察所获的具有典型意义的幼儿行为表现和所积累的各种作品等，是评价的重要依据。

（四）承认和关注幼儿的个体差异，避免用划一的标准评价不同的幼儿，在幼儿面前慎用横向的比较。

（五）以发展的眼光看待幼儿，既要了解现有水平，更要关注其发展的速度、特点和倾向等。

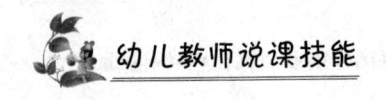

附录三

《幼儿园教师专业标准（试行）》全文

为促进幼儿园教师专业发展，建设高素质幼儿园教师队伍，根据《中华人民共和国教师法》，特制定《幼儿园教师专业标准（试行）》（以下简称《专业标准》）。

幼儿园教师是履行幼儿园教育工作职责的专业人员，需要经过严格的培养与培训，具有良好的职业道德，掌握系统的专业知识和专业技能。《专业标准》是国家对合格幼儿园教师专业素质的基本要求，是幼儿园教师开展保教活动的基本规范，是引领幼儿园教师专业发展的基本准则，是幼儿园教师培养、准入、培训、考核等工作的重要依据。

一、基本理念

（一）幼儿为本

尊重幼儿权益，以幼儿为主体，充分调动和发挥幼儿的主动性；遵循幼儿身心发展特点和保教活动规律，提供适合的教育，保障幼儿快乐健康成长。

（二）师德为先

热爱学前教育事业，具有职业理想，践行社会主义核心价值体系，履行教师职业道德规范。关爱幼儿，尊重幼儿人格，富有爱心、责任心、耐心和细心；为人师表，教书育人，自尊自律，做幼儿健康成长的启蒙者和引路人。

（三）能力为重

把学前教育理论与保教实践相结合，突出保教实践能力；研究幼儿，遵循幼儿成长规律，提升保教工作专业化水平；坚持实践、反思、再实践、再反思，不断提高专业能力。

（四）终身学习

学习先进学前教育理论，了解国内外学前教育改革与发展的经验和做法；优化知识结构，提高文化素养；具有终身学习与持续发展的意识和能力，做终身学习的典范。

二、基本内容

维度	领域	基本要求
专业理念与师德	（一）职业理解与认识	1. 贯彻党和国家教育方针政策，遵守教育法律法规。 2. 理解幼儿保教工作的意义，热爱学前教育事业，具有职业理想和敬业精神。 3. 认同幼儿园教师的专业性和独特性，注重自身专业发展。 4. 具有良好职业道德修养，为人师表。 5. 具有团队合作精神，积极开展协作与交流。
	（二）对幼儿的态度与行为	6. 关爱幼儿，重视幼儿身心健康，将保护幼儿生命安全放在首位。 7. 尊重幼儿人格，维护幼儿合法权益，平等对待每一个幼儿。不讽刺、挖苦、歧视幼儿，不体罚或变相体罚幼儿。 8. 信任幼儿，尊重个体差异，主动了解和满足有益于幼儿身心发展的不同需求。 9. 重视生活对幼儿健康成长的重要价值，积极创造条件，让幼儿拥有快乐的幼儿园生活。
	（三）幼儿保育和教育的态度与行为	10. 注重保教结合，培育幼儿良好的意志品质，帮助幼儿形成良好的行为习惯。 11. 注重保护幼儿的好奇心，培养幼儿的想像力，发掘幼儿的兴趣爱好。 12. 重视环境和游戏对幼儿发展的独特作用，创设富有教育意义的环境氛围，将游戏作为幼儿的主要活动。 13. 重视丰富幼儿多方面的直接经验，将探索、交往等实践活动作为幼儿最重要的学习方式。 14. 重视自身日常态度言行对幼儿发展的重要影响与作用。 15. 重视幼儿园、家庭和社区的合作，综合利用各种资源。
	（四）个人修养与行为	16. 富有爱心、责任心、耐心和细心。 17. 乐观向上、热情开朗，有亲和力。 18. 善于自我调节情绪，保持平和心态。 19. 勤于学习,不断进取。 20.衣着整洁得体，语言规范健康，举止文明礼貌。
专业知识	（五）幼儿发展知识	21. 了解关于幼儿生存、发展和保护的有关法律法规及政策规定。 22. 掌握不同年龄幼儿身心发展特点、规律和促进幼儿全面发展的策略与方法。 23. 了解幼儿在发展水平、速度与优势领域等方面的个体差异，掌握对应的策略与方法。 24. 了解幼儿发展中容易出现的问题与适宜的对策。 25. 了解有特殊需要幼儿的身心发展特点及教育策略与方法。
	（六）幼儿保育和教育知识	26. 熟悉幼儿园教育的目标、任务、内容、要求和基本原则。 27. 掌握幼儿园环境创设、一日生活安排、游戏与教育活动、保育和班级管理的知识与方法。 28. 熟知幼儿园的安全应急预案，掌握意外事故和危险情况下幼儿安全防护与救助的基本方法。 29. 掌握观察、谈话、记录等了解幼儿的基本方法。 30. 了解0~3岁婴幼儿保教和幼小衔接的有关知识与基本方法。
	（七）通识性知识	31. 具有一定的自然科学和人文社会科学知识。 32. 了解中国教育基本情况。 33. 掌握幼儿园各领域教育的特点与基本知识。 34. 具有相应的艺术欣赏与表现知识。 35. 具有一定的现代信息技术知识。

续表

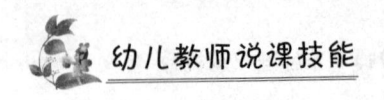

维度	领域	基本要求
专业能力	（八）环境的创设与利用	36. 建立良好的师幼关系，帮助幼儿建立良好的同伴关系，让幼儿感到温暖和愉悦。 37. 建立班级秩序与规则，营造良好的班级氛围，让幼儿感受到安全、舒适。 38. 创设有助于促进幼儿成长、学习、游戏的教育环境。 39. 合理利用资源，为幼儿提供和制作适合的玩教具和学习材料，引发和支持幼儿的主动活动。
	（九）一日生活的组织与保育	40. 合理安排和组织一日生活的各个环节，将教育灵活地渗透到一日生活中。 41. 科学照料幼儿日常生活，指导和协助保育员做好班级常规保育和卫生工作。 42. 充分利用各种教育契机，对幼儿进行随机教育。 43. 有效保护幼儿，及时处理幼儿的常见事故，危险情况优先救护幼儿。
	（十）游戏活动的支持与引导	44. 提供符合幼儿兴趣需要、年龄特点和发展目标的游戏条件。 45. 充分利用与合理设计游戏活动空间，提供丰富、适宜的游戏材料，支持、引发和促进幼儿的游戏。 46. 鼓励幼儿自主选择游戏内容、伙伴和材料，支持幼儿主动地、创造性地开展游戏，充分体验游戏的快乐和满足。 47. 引导幼儿在游戏活动中获得身体、认知、语言和社会性等多方面的发展。
	（十一）教育活动的计划与实施	48. 制定阶段性的教育活动计划和具体活动方案。 49. 在教育活动中观察幼儿，根据幼儿的表现和需要，调整活动，给予适宜的指导。 50. 在教育活动的设计和实施中体现趣味性、综合性和生活化，灵活运用各种组织形式和适宜的教育方式。 51. 提供更多的操作探索、交流合作、表达表现的机会，支持和促进幼儿主动学习。
	（十二）激励与评价	52. 关注幼儿日常表现，及时发现和赏识每个幼儿的点滴进步，注重激发和保护幼儿的积极性、自信心。 53. 有效运用观察、谈话、家园联系、作品分析等多种方法，客观地、全面地了解和评价幼儿。 54. 有效运用评价结果，指导下一步教育活动的开展。
	（十三）沟通与合作	55. 使用符合幼儿年龄特点的语言进行保教工作。 56. 善于倾听，和蔼可亲，与幼儿进行有效沟通。 57. 与同事合作交流，分享经验和资源，共同发展。 58. 与家长进行有效沟通合作，共同促进幼儿发展。 59. 协助幼儿园与社区建立合作互助的良好关系。
	（十四）反思与发展	60. 主动收集分析相关信息，不断进行反思，改进保教工作。 61. 针对保教工作中的现实需要与问题，进行探索和研究。 62. 制定专业发展规划，不断提高自身专业素质。

三、实施建议

（一）各级教育行政部门要将《专业标准》作为幼儿园教师队伍建设的基本依据。根据学前教育改革发展的需要，充分发挥《专业标准》引领和导向作用，深化教师教育改革，建立教师教育质量保障体系，不断提高幼儿园教师培养培训质量。制定幼儿园教师准入标准，严把幼儿园教师入口关；制定幼儿园教师聘任（聘用）、考核、退出等管理制度，保障教师合法权益，形成科学有效的幼儿园教师队伍管理和督导机制。

（二）开展幼儿园教师教育的院校要将《专业标准》作为幼儿园教师培养培训的主要依据。重视幼儿园教师职业特点，加强学前教育学科和专业建设。完善幼儿园教师培养培训方案，科学设置教师教育课程，改革教育教学方式；重视幼儿园教师职业道德教育，重视社会实践和教育实习；加强从事幼儿园教师教育的师资队伍建设，建立科学的质量评价制度。

（三）幼儿园要将《专业标准》作为教师管理的重要依据。制定幼儿园教师专业发展规划，注重教师职业理想与职业道德教育，增强教师育人的责任感与使命感；开展园本研修，促进教师专业发展；完善教师岗位职责和考核评价制度，健全幼儿园绩效管理机制。

（四）幼儿园教师要将《专业标准》作为自身专业发展的基本依据。制定自我专业发展规划，爱岗敬业，增强专业发展自觉性；大胆开展保教实践，不断创新；积极进行自我评价，主动参加教师培训和自主研修，逐步提升专业发展水平。

主要参考文献

[1] 但菲，赵小华等编著：《幼儿园说课、听课与评课》[M]，北京：北京师范大学出版社，2012。

[2] 李兴良，马爱玲主编：《教学智慧的生成与表达——说课原理与方法》[M]，北京：教育科学出版社，2010。

[3] 李鹏，丁名夫，崔素霞主编：《幼儿园教师课件设计与制作》[M]，北京：中国书籍出版社，2018。

[4] 俞春晓著：《幼儿园集体教学活动设计方法与实例》[M]，北京：中国轻工业出版社，2012。

[5] 唐海燕，林高明编著：《说课实战训练教程》[M]，福建：福建教育出版社，2013。

[6] 李云会主编：《教学技能修炼策略》[M]，长春：东北师范大学出版社，2010。

[7] 杨旭，杨白主编：《幼儿园教育活动设计与指导》[M]，上海：复旦大学出版社，2012。

[8] 赵成喜主编：《说课的技巧与艺术》[M]，长春：东北师范大学出版社，2010。

[9] 杨文尧主编：《幼儿园活动设计与实践》[M]，北京：高等教育出版社，1999。

[10] 庄虹，陈瑶著：《新编幼儿园教育活动设计与指导》[M]，北京：北京师范大学出版社，2013。

[11] 林佩芬主编：《新世纪幼儿园说课稿精选》[M]，浙江：宁波出版社，2010。

[12] 莫源秋，韦凌云等著：《幼儿教师实用教育教学技能》[M]，北京：中国轻工业出版社，2013。

[13] 杭梅主编：《幼儿语言教育与活动指导》[M]，北京：北京师范大学出版社，2012。

[14] 卢伟主编：《学前儿童语言教育活动指导》[M]，上海：复旦大学出版社，2009。

[15] 黄瑾主编：《幼儿园教育活动设计与指导》[M]，13版上海：华东师范大学出版社，2013。

[16] 麦少美，孙树珍主编：《学前儿童健康教育活动指导》[M]，上海：复旦大学出版社，2005。

[17] 梅纳新主编：《幼儿教师说课技能训练》[M]，上海：复旦大学出版社，2015。

[18] 郭亦勤主编：《学前儿童艺术教育活动指导》[M]，上海：复旦大学出版社，2009。

图书在版编目（CIP）数据

幼儿教师说课技能 / 朱乾娜，田甜主编. -- 北京：中国书籍出版社，2019.3

ISBN 978-7-5068-7244-7

Ⅰ.①幼… Ⅱ.①朱… ②田… Ⅲ.①学前教育–课堂教学–教学研究 Ⅳ.①G612

中国版本图书馆 CIP 数据核字(2019)第 043911 号

幼儿教师说课技能

朱乾娜　田甜　主编

责任编辑	襟　悦
责任印制	孙马飞　马　芝
封面设计	范　荣
出版发行	中国书籍出版社
地　　址	北京市丰台区三路居路 97 号（邮编：100073）
电　　话	（010）52257143（总编室）　　（010）52257140（发行部）
电子邮箱	eo@chinabp.com.cn
经　　销	全国新华书店
印　　刷	青岛环海瑞源印刷科技有限公司
开　　本	787 mm × 1092 mm　1 / 16
字　　数	296 千字
印　　张	14.75
版　　次	2019 年 3 月第 1 版　2019 年 3 月第 1 次印刷
书　　号	ISBN 978-7-5068-7244-7
定　　价	39.80 元

版权所有　翻印必究